全文現代語訳　浄土三部経

大角 修＝訳・解説

角川文庫
21250

全文現代語訳

浄土三部経

目次

［日本の浄土教と文化］

日本の浄土教の歴史

——はじめに　くりかえされる言葉——

浄土三部経とは、阿弥陀仏《あみだぶつ》と極楽浄土のことが説かれている浄土経典の中で無量寿《むりょうじゅ》経《きょう》・観無量寿経《かんむりょうじゅきょう》・阿弥陀経の三つをいう。その概略は次のとおりである。

【無量寿経】上下二巻。上巻で無量寿仏（阿弥陀仏）の四十八願と極楽国土の由来を説く。それが「南無阿弥陀仏」の念仏の典拠になった。下巻では極楽国土の美しさと功《く》徳《どく》を示す。

【観無量寿経】一巻。無量寿仏と観音《かんのん》・勢至《せいし》の両菩薩《ぼさつ》の姿や極楽浄土のようすを説く。それが浄土曼荼羅《まんだら》や阿弥陀堂などの浄土教美術に表される。また、臨終には無量寿仏と諸菩薩が迎えに現れると説き、いわゆる来迎図と臨終の儀式を生み出した。

【阿弥陀経】一巻。阿弥陀仏と極楽浄土の清らかで美しいことを讃《たた》える経典。漢文で二千字弱の短い経典で、よく法会《ほうえ》で全文が読誦《どくじゅ》される。

これらは釈迦《しゃか》如来が説いた聖典として経題に「仏説」と冠し、「仏説阿弥陀経」等とよぶのが通例である。

ところで、経典の冒頭では多数の大比丘衆《だいびくしゅ》（偉大な出家の弟子たち）や菩薩、天地の神々が釈尊の周囲に参集しているという集会《しゅうえ》のもようが語られる。たとえば阿弥陀経では千二百五十人の大比丘衆がいて、その名は「舎利弗《しゃりほつ》、摩訶目犍連《まかもつけんれん》、摩訶迦葉《まかかしょう》、摩訶迦旃延《まかかせんねん》……」と列記され、さらに菩薩の名がつづく。これは経典を開くにあたっての一種の招霊文であって、本来は黙って目で読むものではない。声に出して読経《どきょう》するときにはリズミカルに耳と心に届く。日本では古代から漢訳経典を霊典として奉じ、寺でも家の仏間でも、あるいは墓前でも漢訳経文が誦《じゅ》されてきた。それゆえ、漢語の響きは身心に浸透している。

しかし、通常の読書のように黙読すると、長々しい列記が苦痛にも感じられ、読み進める意欲を削《そ》がれることになる。そこで本書では、見た目にオープニングの雰囲気となるように、一名ずつ改行して一列に並べ、「智慧《ちえ》第一」「神通第一」などの徳性とサンスクリットの原名を付記した。

経典の内容もくりかえしが多い。阿弥陀経で諸仏が阿弥陀仏の功徳をたたえる箇所が典型的である。

東方にまた阿閦鞞仏《あしゆくびぶつ》・須弥相仏《しゆみそうぶつ》・大須弥仏《だいしゆみぶつ》・須弥光仏《しゆみこうぶつ》・妙音仏《みょうおんぶつ》、是《か》の如《ごと》き等《ら》の恒河沙数《ごうがしゃしゅ》の諸仏ましまし、おのおの其《そ》の国に於《おい》て広長《こうじょう》の舌相《ぜっそう》を出《いだ》し、偏《あまね》く三千大《さんぜんだい》千世界《せんせかい》を覆《おお》いて誠実《じょうじつ》の言《ごん》を説く。汝《なんじ》ら衆生《しゅじょう》、当《まさ》に是《こ》の不可思議の功徳《くどく》を称讃《しょうさん》し一切諸仏の護念《ごねん》する所の経を信ずべし、と。

つづいて「南方世界には日月灯仏《にちがつとうぶつ》・名聞光仏《みようもんこうぶつ》・大焔肩仏《だいえんけんぶつ》・須弥《しゆみ》灯仏《とうぶつ》・無量精進仏《むりようしようじんぶつ》、是の如き等の恒河沙数の諸仏ましまし」とあり、以下同じ言葉をくりかえす。

さらに「西方世界に」「北方世界に」「下方世界に」「上方世界に」と計六回、仏の名のほかはまったく同じ言葉がくりかえされる。この反復にも経典というものの本質がひそんでいる。


経典は当初、俗語のパーリ語で記された。そのパーリ経典はスリランカに伝わり、南アジア・東南アジアの南伝仏教圏では今も読誦されている。古代の西インド地方とみられるパーリ語圏を離れて他の言語圏に伝わったことからパーリ語は非日常的な言語となり、聖典の霊的な言葉として保持されたのだろう。

いっぽうインド本土ではパーリ経典がサンスクリットに改められ、紀元一世紀頃から編まれはじめる大乗経典は初めからサンスクリットで記された。

サンスクリットは仏教以前の古代インドでバラモンとよばれる司祭たちが神々を讃えて歌った叙事詩や祭文《さいもん》の言語である。サンスクリットを梵語《ぼんご》というのも、宇宙の根源の清らかさにつながる言語という意味だ。そして仏教の経典の言葉も、祭文としての性格を強くもっている。その性格を表すのが、独特な反復表現の多さなのである。神々の祭文は日本でもよく発達していて、典型的には神楽《かぐら》の祝詞《のりと》などにみられる。神々の物語を伝える神楽では、くりかえし同じような場面が演じられ、言葉は延々とくりかえされる。

古代インドの仏教寺院でも、大勢の僧が修道の生活を送ったころには、日々に読経の声が響き、仏像に花々や種々の供物が捧《ささ》げられ、香《こう》はあたりに満ちたはずである。

その祭礼のおりには、王や貴人たちも参列し、聖なる比丘《びく》（僧）たちが経典を誦しながら行道し、その前後に天の神々に扮《ふん》した行列が楽器を打ち鳴らしながら進んでいっただろう。また、今日の日本の寺々の行事でもおこなわれる散華《さんげ》の儀式のように、天界の花々に擬した花びらが散らされたりしたことだろう。

法会《ほうえ》の庭に設けられた貴賓席には、着飾った諸侯や富豪の婦人たちが列し、庶民は近づけなかったかも知れない。しかし、法会の賑《にぎ》やかな鳴り物の音は遠くにいても聞こえるし、僧たちの読経の声も聞こえただろう。祭礼の香は遠くまでただよい、散らされた花をお守りのようにもらって帰ることもできただろう。

その姿は今も遺跡の石の塔門や玉垣のレリーフなどに刻まれているが、じつは大乗の諸経典が編まれた紀元後数世紀の間は、インド各地で大規模な寺院が営まれた時期だった。そして法会の厳粛さと賑わいが経典の言葉として伝えられている。阿弥陀経の「東方、阿閦鞞仏・須弥相仏・大須弥仏……」「南方、日月灯仏・名聞光仏……」という場面も、あるいは仮面をつけて諸仏に扮した人が行道するようすを描写したのではないかと考えられる。

経典は、教義や思想だけを語るものではない。法会の賑わいこそが諸経典を生み出したであろう。たいていの経典は、釈迦牟尼仏のもとに比丘や菩薩たち、天の神々や地と空中の精霊たち、そして数知れぬ人びとが参集した場面から始まり、最後は皆が大きな歓喜をいだいて、それぞれの日常に戻っていくという記述で終わる。それも、ひとつの法会の始終を語るのであろう。

仏のもとに参集した人びとの数は無量無数と経典に説かれるのも、仏が身体から放った光明は十方諸仏の恒河沙《ごうがしゃ》(ガンジスの砂の数)の国土をくまなく照らしたというのも、花々が散らされたり楽器が打ち鳴らされたりする儀式・祭礼のシンボリズムにおいて、たとえ現実には少数でも、無量無数・恒河沙であることができる。

ところが、書物としての経典は、祭礼のにぎわいを欠き、象徴的な言葉が羅列される。前述したように、それを普通の読書のように読んでいくのは、かなり忍耐を要する作業である。そこで本書では、詩歌の文体にならって改行を多くするとともに、章題や小見出しを挿入して経文に区切りを設けた。

経典の現代語訳では語注を別記するのが通例だが、それでは文の流れが途切れるうえ、語注に目をうつすことによる読者の負担が大きい。本書では語句の説明も本文中に組み込むことで、あえて語注は付していない。また、経典の言葉の背景、それが説かれたときの状況などを前後一行あき、一字下げで挿入した。

ところで、浄土信仰が日本の歴史と文化に与えた影響ははかりしれない。そこで本書では、「日本の浄土教と文化」という記事を掲載した。

今でも寺々の阿弥陀堂に見られるように、極楽は濃密な信仰・文化とともに伝えられているのだが、今日、それを信じることは難しい。それについては「おわりに　極楽浄土を信じられるか」であらためて述べたい。

なお、無量寿経のサンスクリット経典の冒頭には「オーム。過去・現在・未来の一切の諸仏と求道者《ぐどうしゃ》たちに礼したてまつる」という意味の帰敬文《ききょうもん》がおかれている。それにならって本書でも各部の扉の裏に本文のリードをかねて帰敬文を掲載した。

【本書の構成】

浄土三部経に順序はない。本書では浄土各宗でよく読誦される阿弥陀経を最初におき、次に阿弥陀堂や臨終の儀式などの浄土教文化の源泉になった観無量寿経、そして浄土思想の典拠として重視される無量寿経を最後においた。

第一部

阿弥陀経

極楽の荘厳

三世《さんぜ》一切の諸仏と求法者《ぐほうしや》たちに礼したてまつる。
釈迦牟尼世尊《しやかむにせそん》は説示されました。
その国はスカーヴァティー（幸福の満ちるところ）といい、
ゆえに極楽と称する、と。

西方十万億土の彼方に

祇園精舎

それは釈迦牟尼世尊が祇園精舎《ぎおんしようじや》に滞在されたときのことでございました。

祇園精舎と申しますのは、遠い昔の舎衛城《しやえじよう》のほとりにあった僧園の名でございます。

舎衛城は、世尊が在世されたころのインドの大国コーサラの都でした。その都は富み栄えておりましたが、人びとは仏のみ教えを受けて諸行無常《しよぎようむじよう》（すべては変化している）という空《くう》の理法に明るく、よく身を慎んで暮らしました。

祇園精舎の僧園も、盛者必衰《じようしやひつすい》のことわりを知る清い心によって造られました。

舎衛城にスダッタ（須達多《すだつた》）という富豪がおりました。スダッタは困窮している孤独な人びとを憐《あわ》れんで、よく食《じき》を給しました。それで給孤独長者《ぎっこどくちょうじゃ》と呼ばれました。

給孤独長者はさらに、心の財になるものを布施したいと願いました。ある日、世尊の説法を聞き、精舎（僧園）を寄進しようと思ったのでございます。

「静かで清らかな土地に世尊とお弟子たちが留《とど》まる修道の園をつくりたい」

そう願って土地を探しましたところ、郊外に清らかな林があることを知りました。そこはコーサラの太子であるジェータ（祇陀《ぎだ》）王子の所有で、「祇陀太子の林」と呼ばれるところでした。

スダッタは太子に土地を買い取りたいと願い出ました。ところが、太子が要求した土地代は法外なものだったのです。

「わたしの土地を手にいれたいのなら、その土地に金貨を敷きつめなさい。それを代価として、土地を売りましょう」

スダッタはたじろぐことなく、金貨を王子の土地に運ばせました。そのようすを見て王子は疑問に思いました。

「スダッタはなぜ、惜しげもなく金貨を費やして、あの土地を手にいれようとするのか。何か重大なわけがあるにちがいない」

そして、世尊の僧団に寄進するためだと知ると、まだ金貨が完全に敷きつめられていないことを理由に、土地を売らないと言いました。

「あの土地は売りません。わたしの土地は、わたしが世尊に寄進しますから」

「それは困ります。わたしは必ず太子の土地を金貨でうめつくすつもりなのです」

太子とスダッタは、どちらも主張をゆずらなかったので、賢者たちの法廷で決着をつけることになりました。その判決は次のように下されます。

「太子に申し上げる。すでに金貨を敷きつめたところはスダッタに売り渡しなさい。しかし、まだ金貨を敷いていないところは売らなくてもよいこととする」

その土地はジェータ太子とスダッタ長者の二人から世尊の僧団に寄進されました。そうして造られた僧園は「祇陀太子と給孤独長者の僧園」すなわち「祇樹給孤独園」といい、祇園精舎と呼ばれることになったのです。

世尊は伝道の旅の途上、ここにとどまられることがよくございました。西方の極楽国土について皆に説示されたのも、この精舎でのことでございます。


わたくしはこのように聞いております。

あるとき、釈迦牟尼世尊はコーサラ国の都シュラーヴァスティー（舎衛城《しやえじよう》）の祇園精舎に大比丘衆《だいびくしゆ》千二百五十人と倶《とも》にありました。

比丘とは出家修道の方々です。千二百五十人の大比丘たちは皆、威大な阿羅漢《あらかん》、すなわち高い境地に達した聖者であり、世に広く知られた尊者《そんじゃ》でありました。

その名は、
舎利弗《しゃりほつ》――世尊の弟子たちの長老であり智慧《ちえ》第一の尊者、その名はシャーリプトラ。
摩訶目犍連《まかもっけんれん》――神通第一の尊者、その名はマハー・マウドガリヤーヤナ。
摩訶迦葉《まかかしょう》――欲望を離れる頭陀《ずだ》において第一の尊者、その名はマハー・カーシャパ。
摩訶迦旃延《まかかせんねん》――論議第一の尊者、その名はマハー・カーティヤーヤナ。
摩訶倶絺羅《まかくちら》――問答第一の尊者、その名はマハー・カウンシティリヤ。
離婆多《りはた》――坐禅《ざぜん》第一、少欲知足の尊者、その名はレーヴァタ。
周利槃陀伽《しゆりはんだか》――凡愚にして阿羅漢になりえた尊者、その名はシュッディパンタカ。
難陀《なんだ》――愛欲を絶つ調伏諸根《じようぶくしよこん》第一の尊者、その名はナンダ。
阿難陀《あなんだ》――多聞《たもん》第一の尊者、その名はアーナンダ。
羅睺羅《らごら》――世尊の実子、密《ひそ》かに修行する密行《みつぎよう》第一の尊者、その名はラーフラ。
憍梵波提《きようぼんはだい》――諸行無常をよく知る尊者、その名はガヴァーンパティ。
賓頭盧頗羅堕《びんずるはらだ》――雄弁にして獅子《しし》吼第一の尊者、その名はバラドヴァージャ。
迦留陀夷《かるだい》――毒蛇から世尊を守った尊者、その名はカーローダーイン。
摩訶劫賓那《まかこうひんな》――修行者の指導に勝《すぐ》れた教誡《きようかい》第一の尊者、その名はマハー・カルピナ。

薄拘羅《はつくら》——無病第一にして長寿の尊者、その名はヴァックラ。
阿㝹楼駄《あぬるだ》——すべてを見透す天眼《てんげん》第一の尊者、その名はアニルッダ。

この祇園精舎の集会《しゆうえ》には、これらの多くの弟子たちのほか、多くの菩薩《ぼざつ》が列していました。

文殊師利法王子《もんじゆしゆりほうおうじ》——法の王子にして妙吉祥《みようきつしよう》なる文殊菩薩。
阿逸多菩薩《あいったぼさつ》——敗れざる慈氏《じし》、弥勒《みろく》菩薩。
乾陀訶提菩薩《けんだかだいぼさつ》——雄象のごとく威力絶大なる香象《こうぞう》菩薩。
常精進菩薩《じようしようじんぼさつ》——衆生済度《しゆじようさいど》に怠りなき菩薩。

これらの偉大な弟子たちと大菩薩のほか、世の人びともおり、神々の帝王であるインドラ（釈提桓因《しやくだいかんいん》・帝釈天《たいしやくてん》）をはじめ無量の神々・天人らが参集しておりました。

極楽の名の由来

そのとき世尊は、弟子たちの長老である舎利弗《しやりほつ》を選んで、集会の皆に聞こえるように告げました。

「これより西方に十万億の仏国土《ぶっこくど》を過ぎて、ひとつの世界があります　その名を極楽といいます。その国に阿弥陀《あみだ》という名の仏があり、今も法を説いています」と。

世尊は説示されました。「我が弟子たちの長老、舎利弗に告げます。その国土がなぜ、極楽と呼ばれるのかを。その国の人びとに苦はなく、ただいろいろな楽を授かります。それ故にスカーヴァティー（幸福の満ちるところ）といい、極楽と称するのです」と。

ここに「仏国土」と申しますのは仏の国のことでございます。略して仏土《ぶつど》とも土《ど》とも申します。

諸仏は東西南北・上下、その他の十方にましまして、それぞれの世界で神々と人びとを統《す》べています。どの方角にも、どこまでも、どこまでも十方諸仏の国々があるのですが、そのなかで西方十万億の仏土の向こうに一人の仏の世界があるのでございます。

この極楽という仏国土の名は、今はもう、知らない方はございますまい。日々の祈りに、その国に生まれたいと願っている方も多くいられます。

国土の境界

世尊は説示されました。

＊

また長老、舎利弗に告げます。

極楽国土の周囲には七重の欄楯《らんじゅん》が巡らされています。欄楯とは欄干《らんかん》をつけた垣根で、宮殿の玉垣のように国土を囲って守り、清らかさを保っているのです。その欄楯は金・銀・瑠璃《るり》（ラピスラズリ）・玻璃《はり》（水晶）の四宝で造られ、輝かしく極楽国土を荘厳《しょうごん》しています。

この国の空《そら》には羅網《らもう》という透明な糸の網がかかって天蓋《てんがい》となり、その網の糸の結び目はキラキラと輝いています。網の結び目に四宝の珠玉がつけられ、無数に連なっているからです。しかも、その羅網は七重に重なっているので、天の穹窿《きゅうりゅう》はどこまでも光の粒が照らしあっています。

この国の天末《てんまつ》には、やはり金・銀・瑠璃・玻璃の四宝の樹々が立ち並んでいます。宝樹の並木は七重に国土を取り囲んで、聖なる仏土の結界《けっかい》をなしているのです。

その国土はこのように荘厳《しょうごん》されているゆえ、極楽と称されるのです。

極楽の宝池

また長老、舎利弗に告げます。

極楽国土の中に涼やかな池があります。この池は金・銀・瑠璃・玻璃・珊瑚《さんご》・瑪瑙《めのう》などの七宝で構築されていて、中には八功徳水《はっくどくすい》が満ち、池の底には一面に金の砂が敷きつめられています。

八功徳水とは、仏道の徳の働きがこもる霊水で、多くの善《よ》いことがあります。その八つの例をあげるならば、

一つには澄浄《とうじょう》、水が澄みきって清らかなことです。

二つには清冷、ひんやりと涼しいこと。

三つには甘美、飲むと甘くておいしいこと。

四つには軽軟、さらさらして軽やかなこと。

五つには潤沢、水がけっして枯れないこと。

六つには安和、水面は穏やかで、見る人の気持ちも和らぐこと。

七つには除飢渇《じょきかつ》、乾きを癒《いや》し、病を退けること。

八つには長養、健康を保つことです。

この極楽の宝池は端正な方形で、四辺の階段は、やはり金・銀・瑠璃・玻璃で組み立てられています。その上方に宮殿の楼閣《ろうかく》があり、その建物も金・銀・瑠璃・玻璃・硨磲《しゃこ》（白い貝殻）・赤珠《しゃくしゅ》・碼碯《めのう》の七宝で厳かに飾られています。

その池の中に、車輪ほど大きい蓮の花が咲いています。
青い蓮華は青い光、黄色の蓮華は黄の光、赤い蓮華は赤い光、白い蓮華は白い光を放って輝き、清らかな香りを漂わせています。
極楽国土は、このような功徳の荘厳を成就《じょうじゅ》しているのです。

―「日本の浄土教と文化❶」胸底に残る言葉……斎藤茂吉の赤光―

阿弥陀経の漢訳経文は本文千八百五十七字。般若心経《はんにゃしんぎょう》（本文二百六十六字）にくらべれば七倍の文字数になるが、浄土三部経のなかではたいへん短い経典だ。そのため、よく「お経」として読誦《どくじゅ》される。

近代の代表的な歌人の一人、斎藤茂吉《さいとうもきち》（一八八二～一九五三年）がその第一歌集を『赤光《しゃっこう》』と名づけたのも阿弥陀経の「黄色の蓮華《れんげ》は黄の光、赤い蓮華は赤い光……」という経文による。

茂吉は山形県金瓶《かなかめ》村（現上山市《かみのやまし》金瓶）に生まれた。生家は守谷《もりや》というが、茂吉は十四歳のとき東京の浅草で精神科の医院をいとなむ斎藤家に預けられ、養子になる。

生家の守谷家は時宗の宝泉寺《ほうせんじ》（のち浄土宗）の檀家《だんか》で、家の隣に寺があった。遊び仲間の雛法師《ひなほうし》（子どもの僧）がいつも阿弥陀経を唱えていたことから歌集を『赤光《しやくこう》』と名づけた。大正二年（一九一三）刊の初版本の跋《ばつ》（あとがき）に次のように記している。

　本書の「赤光」といふ名は仏説阿弥陀経から採ったのである。彼の経典には「池中蓮《ちちゆうれん》華《げ》大《だい》如《によ》車《しや》輪《りん》青《しよう》色《しき》青《しよう》　光《こう》黄《おう》色《しき》黄《おう》光《こう》赤《しやく》　色《しき》赤《しやつ》　光《こう》白《びやく》　色《しき》白《びやく》光《こう》微《み》妙《みよう》香《こう》潔《けつ》」といふところがある。予が未《いま》だ童子の時分に遊び仲間に雛法師が居て切りに御経を諳誦《あんじゆ》して居た。梅の実をひろふにも水を浴びるにも「しやくしき、しやくくわう、びやくしき、びやくくわう」と誦して居た。「しやくくわう」とは「赤い光」の事であると知ったのは東京に来て、新刻訓点浄土三部妙典といふ赤い表紙の本を買った時分であって、あたかも露伴《ろはん》の「日輪すでに赤し」の句を発見して嬉《うれ》しく思ったころであった。それから繰って見ると明治三十八年は予の廿《二十》四歳のときである。大正二年九月二十四日よるしるす。

（ルビを補足し、促音便は小文字に改めた）

子どもの頃に聞いた「しゃくくわう」が極楽の池に咲くという赤い蓮華の「赤光」のことだとは知らなかった。しかし、その音は二十四歳になっても耳の底で鳴っていたのだろう。そもそも経典は唱えるもので、語句の意味はわからなくても深く胸底《むなそこ》に響くのである。

歌集『赤光』には、やはり子どもの頃に寺で見た絵の記憶をもとに詠んだのであろう「地獄極楽図　明治三十九年作」という十一首（改訂版では四句）の短歌がある。「地獄極楽図」

とは地獄・餓鬼・畜生などの六道（死後にめぐるという六つの世界）と修行の世界、そして仏の国を一幅の掛け軸などにし、よくお寺で絵解きに用いた図画である。下部に地獄の様相が大きく描かれ、上部に極楽の宮殿や阿弥陀仏が描かれるのが普通で、「地獄極楽絵」ともいう。その十一首から六首をあげる。

浄玻璃《じようはり》にあらはれにけり脇差《わきざし》を差して女《おんな》をいぢめるところ（第一首）
飯《いい》の中《なか》ゆとろとろと上《のぼ》る炎《ほのお》見てほそき炎口《えんく》のおどろくところ（第二首）
人の世に嘘《うそ》をつきけるもろもろの亡者《もうじや》の舌を抜き居《い》るところ（第五首）
にんげんは牛馬《うしうま》となり岩負ひて牛頭馬頭《ごずめず》どもの追ひ行くところ（第七首）
白き華《はな》しろくかがやき赤き華あかき光を放ちゐるところ（第十首）
ゐるものは皆ありがたき顔をして雲ゆらゆらと下《お》り来るところ（第十一首）

第一首の「浄玻璃」は閻魔《えんま》大王の法廷に置かれている鏡で、生前のおこないが隠すところなく映しだされる。この亡者は脇差で女をいじめていたことを暴かれた。第二首の「炎口」は口から炎を吹き出している餓鬼である。第五首は、「嘘をつくと閻魔さんに舌を抜かれる」と昔はよく言われたことだ。第七首の「牛頭馬頭」は地獄の鬼。第十首・第十一首は極楽のようすで、ほぼ阿弥陀経に説かれているとおりである。

倶会一処の極楽世界

日々の仏事

また長老、舎利弗に告げます。

その仏の国では、いつも、天上の音楽が奏でられています。そして、極楽国土の黄金の大地には昼夜六時《ちゅうやろくじ》に天界の花マーンダーラヴァ（曼陀羅華《まんだらけ》）が降《ふ》ってまいります。

昼夜六時とは一日六回、念仏・読経《どきょう》などの仏事をおこなう時刻です。晨朝《じんじょう》（朝の勤行の時刻）に始まり、日中・日没《にちもつ》・初夜（夜の初め）・中夜《ちゅうや》（深夜）・後夜《ごや》（夜明け前）とつづきます。

その国ではいつも、静かにすがすがしく夜が明けます。その夜明けとともに人びとは、それぞれ、いろいろな花を器《うつわ》にもって、他の方角の十万億の国土におもむき、その国の仏にささげて供養します。阿弥陀仏の極楽国土の人びとには、それは簡単なことで、食事の時刻までに終えることができるのです。

そうして諸仏に詣《もう》でて食事の時刻になれば、もとの極楽国土にかえり、食後には念仏をしたり経を誦《じゅ》したりしながら静かに散策する時を過ごします。

長老、舎利弗に告げます。極楽国土はこのような功徳の荘厳を成就しているので、だれもが自然に仏道を歩んで無上の悟りに向かうことを。

法の響き

また長老、舎利弗に告げます。

その国にはいつも、種々の美しい色の鳥がいます。白鵠《びゃっこう》・孔雀《くじゃく》・鸚鵡《おうむ》・舎利《しゃり》・迦陵《かりょう》頻伽《びんが》・共命《ぐみょう》という鳥です。

白鵠は白い鶴のような鳥、舎利はシャーリカという鳥で人の言葉を話します。迦陵頻伽はカラヴィンカという鳥で、その鳴き声はきわめて美しいのです。共命は「ジーヴァ、ジーヴァ」と鳴き、その鳴き声から命命《みょうみょうちょう》鳥ともいい、頭部は二つの人の顔です。

これら、いろいろな多くの鳥が昼夜六時に和やかな雅《みや》びな声で鳴きます。その鳴き声は五根《ごこん》・五力《ごりき》の法を説いています。五根は煩悩を滅して悟りに向かうことの根本にあるもので、信《しん》・精進《しょうじん》・念《ねん》・定《じょう》（禅定《ぜんじょう》）・慧《え》（智慧）の五つであり、それらの働きが五力です。極楽国土の鳥たちは昼夜六時にさえずって人びとの心に五根・五力を呼び覚まします。

それらの鳥たちの声は七菩提分《しちぼだいぶん》、八聖道分《はっしょうどうぶん》の法を説いています。

七菩提分は悟り（覚《かく》）に向かう七つのことで、次の七覚支《かくし》があります。

一つには念覚支《ねんかくし》、しっかりと記憶して忘れないこと。
二つには択法覚支《ちゃくほうかくし》、正しい法を選ぶ智慧をもつこと。
三つには精進覚支《しょうじんかくし》、怠らず努めること。
四つには喜覚支《きかくし》、心に喜びをもつこと。
五つには軽安覚支《きょうあんかくし》、心が軽やかで穏やかであること。
六つには定覚支《じょうかくし》、心を統一して乱れないこと。
七つには捨覚支《しゃかくし》、喜怒哀楽に煩《わずら》わされないこと。

八聖道分は悟りに向かう八つの正しい道筋です。

一つには正見《しょうけん》、正しく見ること。

二つには正思惟《しょうしゆい》、正しく考えること。

三つには正語《しょうご》、正しく語ること。

四つには正業《しょうごう》、正しくおこなうこと。

五つには正命《しょうみょう》、正しく生活すること。

六つには正精進《しょうしょうじん》、正しく努めること。

七つには正念《しょうねん》、正しく思念すること。

八つには正定《しょうじょう》、正しく禅定《ぜんじょう》して、心を静かに保つことです。


その国の鳥たちの声は、このような法を説いているので、人びとは聞いて、皆ことごとく仏・法・僧の三宝を敬う心をもち、仏を念じ、法を念じ、僧を念じます。

長老、舎利弗に告げます。

あなたは、この鳥たちが哀れにも罪の報いを受けて鳥類の身に生まれたと思ってはなりません。なぜなら、その仏国土には三悪趣《さんあくしゅ》はなく、三悪趣という言葉さえありません。そもそも、そのようなものに実体はないのですから。

三悪趣とは、輪廻転生《りんねてんしょう》する者たちが趣《おもむ》く六つの世界、すなわち地獄・餓鬼・畜生・修羅・人間・天の六道のうち、地獄・餓鬼・畜生の三つです。

地獄は激しい苦に満たされた地下の牢獄《ろうごく》、餓鬼は飢渇《きかつ》に苦しむ幽鬼どもの世界、畜生は家畜の動物、鳥や虫などの世界です。

これらの鳥たちは畜生界の生き物ではなく、皆、阿弥陀仏が法音《ほうおん》（仏法を告げる声）を宣流《せんる》せしめんとして出現させたものなのです。

長老、舎利弗に告げます。

その仏の国土の空には微風《そよかぜ》がわたって宝樹の並木や宝玉の羅網をゆらし、美しい音をたてます。風が吹くと一斉に百千種の楽器が交響するかのように音楽を奏でるのです。この音を聞く者は皆、自然に念仏・念法・念僧の心を生じます。

舎利弗よ。かの極楽国土は、このような功徳の荘厳を成就しているのです。

光と命

では、舎利弗に問います。

あなたの心に、どのように思うであろうか。かの仏はなぜ、阿弥陀と呼ばれるのかを。

わたしは長老、舎利弗に告げます。かの仏の光明は無量にして十方諸仏の国々を照らし、その光をさえぎるものはありません。それゆえ、アミターバ（限りない光）といい、阿弥陀仏とも無量光仏とも呼ぶのです。

また、舎利弗に告げます。

かの仏も、その国の民も、寿命は無量無辺にして阿僧祇劫《あそうぎこう》の永遠の長さです。それゆえ、アミターユス（限りない命）といい、阿弥陀仏とも無量寿仏とも呼ぶのです。

長老、舎利弗に告げます。

阿弥陀仏は遠い昔に法蔵《ほうぞう》という名の修行者で、四十八の誓願を立てました。その誓願を成就して仏になったのは、今から十劫《じっこう》の過去のことです。

阿弥陀仏が成仏したのは、じつに十劫の時の彼方、久遠《くおん》の過去のことでした。

　劫は、カルパという時間の単位です。一劫の長さは、数を算して知ることはできません。人は、一年、二年と時を数えますが、千年、万年、億年と数えても、仏の世界の時の長さには足りないのです。一劫の長さは、ただ例話によって示されます。たとえば、天人が百年に一度舞い降りて、衣のすそで方四十里の大石をなでていくとします。百年に一度、何度も何度も舞い降りて、とうとう大石が磨《す》り減ってしまうくらい長い時が一劫にあたります。

舎利弗に告げます。かの仏は、久遠の時を超えてましまし、常に法を説いています。ですから、かの仏には無量無辺、無数の声聞《しょうもん》の弟子がいます。教えの声を聞いて自身の悟りをめざす出家修道の比丘《びく》たちです。かれらは皆、阿羅漢の聖者たちで、その数の多さを計算することはできません。かの仏のもとで菩薩の道をゆく求法者《ぐほうしゃ》たちの数もまた無数に多く、数えることはできません。

長老、舎利弗に告げます。かの国土はこのような功徳の荘厳を成就していることを。

倶会一処

また舎利弗、我が弟子たちの長老に告げます。

極楽国土に生まれた者は皆、もはや仏道において退くことのない不退転《ふたいてん》の境地に達しています。その多くは、今は兜率天《とそつてん》にいて次に仏になる弥勒菩薩《みろくぼさつ》に等しい一生補処《いっしょうふしょ》の菩薩です。この人びとは衆生《しゅじょう》を救う菩薩の道を歩んできて、もう一度だけ、輪廻転《りんねてん》生《しょう》の生涯を送り、次には必ず仏になります。

かれらは修行者のなかで最高の位まで来ました。極楽国土には、その人びとが非常に多く、その数を計算して知ることはできません。もしも無量無辺阿僧祇劫にわたって数えつづければ、ようやく数えおわるほどの多数です。

長老、舎利弗に告げます。

もしも人びとが、この極楽国土のことを聞くならば、発願《ほつがん》して、その国に往生したいと願うべきです。なぜなら、その国に生まれるなら、このように多くの上善人《じょうぜんにん》と倶会一処《くえいっしょ》であること、すなわち、もっとも勝れた聖者たちと自分が極楽国土に会い集うことができるからです。

南無阿弥陀仏

我が弟子たちの長老、舎利弗に告げます。

あなたがた人が、自分の力で修行をして、どんなに善根《ぜんごん》・福徳《ふくとく》を積んだとしても、その国に往生する因縁《いんねん》（原因と条件）としては、あまりに少ないのです。

ですから、わたしは舎利弗に告げます。

男であれ女であれ、もし、阿弥陀仏について説かれるのを聞いて往生を願い、「南無阿弥陀仏」の名号を称《とな》えたとします。そうして、もしも一日、もしも二日、もしも三日、もしも四日、もしも五日、もしも六日、もしも七日、一心不乱であるならば、その人の今生《こんじょう》の命が終わる臨終のときに、阿弥陀仏は多くの菩薩や聖者・天人たちを従えて来迎《らいごう》し、その人の前に現れます。

その人は、たとえ死に臨んで病は重く、身体は衰えていたとしても、心は乱れることなく安らいで、すぐに阿弥陀仏の極楽国土に往生することができます。

長老、舎利弗に告げます。

わたしは、人びとの永遠の福利がどこに生じるのかをよく知っています。それゆえ、もし人びとが、この教説を聞くならば、まさに極楽国土への往生を発願して生きていきなさい。

［日本の浄土教と文化❷］阿弥陀堂と浄土庭園

極楽浄土の大地は青い瑠璃《るり》に輝き、沐浴《もくよく》の池は金・銀・硨磲《しゃこ》・瑪瑙《めのう》などの七宝で構築されていて、水底には砂金が敷きつめられている。阿弥陀経が告げる浄土は、このように鉱質のイメージで、それに近いのは沙漠《さばく》のオアシス都市に発達したイスラム庭園であろう。四角い池の向こうに白亜の大理石の廟《びょう》が建つタージマハールのように、大理石やタイルを敷きつめた幾何学的な庭に池を配し、亭々と樹木が立つ。そのため、阿弥陀経は西北インドか西アジアのオアシスで編まれたのではないかという説もある。

日本の寺に見る浄土庭園は苔寺《こけでら》と称される京都・西芳寺《さいほうじ》の庭のように、しっとりと苔むした庭に、岸辺がゆるやかに曲線を描く池を配した池泉《ちせん》回遊式の庭園が多い。自然に溶け込むかのような庭だが、平安時代に豪華な阿弥陀堂が造られるようになったころのモデルは貴族の寝殿造《しんでんづくり》の邸宅であった。華麗な建物の前に広い池を配し、その池では美しく彩色した竜頭《りゅうとう》

平等院鳳凰堂　平安時代の天喜元年（1053）、極楽の楼閣さながらに華麗に造られた阿弥陀堂である。池の中島に建てられ、正面から見ると極楽の方角である西を望む。（写真提供：平等院）

鷁首《げきしゅ》の二艘《そう》の舟（舳先《へさき》に竜と鳥の頭をつけた舟）を浮かべて管弦や和歌の集いをした。

藤原道長《ふじわらのみちなが》（九六六～一〇二八年）がつくった法成寺《ほうじょうじ》阿弥陀堂も池に面していた。道長は平安貴族の頂点に立ったが、病弱で物《もの》の怪《け》にもおびえ、五十四歳で受戒して行観《ぎょうかん》（後に行覚《ぎょうかく》）という生前戒名を受け、邸宅の土《つち》御門殿《みかどどの》の隣に九体の阿弥陀像を安置する阿弥陀堂（無量寿院）を建立した。この堂をもとに、道長にとりいろうとする貴族らの寄進もあいついで薬師堂、釈迦堂、大日堂などの諸堂が建てられて寺号を法成寺といった。それは道長の栄華をあらわす大寺院だった。

平安時代の阿弥陀堂で現存し、有名なのは道長の子の藤原頼通《よりみち》（九九二～一〇七四年）が現在の宇治《うじ》市に造った国宝・平等院《びょうどういん》鳳凰堂《ほうおうどう》である。

平安時代後期に比叡山《ひえいざん》の皇円《こうえん》（？～一一六九年）が編んだ歴史書『扶桑略記《ふそうりゃっき》』によれば、永承《えいしょう》七年（一〇五二）の「三月二十八日、左大臣《さだいじん》（藤原頼通《ふじわらのよりみち》）、宇治《うじ》別業《べつごう》を捨て寺と為す。仏像を安置し法華《ほっけ》三昧《ざんまい》を初修《しょしゅ》して平等院《びょうどういん》と号す」という。

法華三昧とは天台の『摩訶止観《まかしかん》』に定められた行法で、二十一日間にわたって仏像の周囲を行道して読経し、坐禅《ざぜん》する行をくりかえすのであるが、一定の期間ひたすら法華経を読誦することもいう。藤原頼通は大勢の僧を招いて法華三昧を修することで宇治の別業（別荘）を寺に改めた。『扶桑略記』は、この年から末法に入ったとするが、当時はまだ平安貴族社会の最盛期だった。翌年、頼通は華麗な鳳凰堂《ほうおうどう》を建立して阿弥陀如来像を安置。鳳凰堂の前には舞台を設けて伎楽《ぎがく》・舞楽を奏して阿弥陀経や観無量寿経に説かれている極楽浄土のありさまを演じたのだった。

そのころ、中級貴族の慶滋保胤《よししげのやすたね》（？～一〇〇二年）も自邸の庭に阿弥陀堂を造った。天元《てんげん》五年（九八二）にあらわした随筆『池亭記《ちていき》』に「敷地は四方すべて十余畝《せ》。土地が高いところは小山にし、窪地《くぼち》には小池を掘った。その池の西に小堂を建てて阿弥陀仏を安置する」と記している。文人貴族の保胤は後に出家して比叡山に登り、二十五三昧会《ざんまいえ》（後述→351ページ）という念仏集団に加わった。

その後、鎌倉・室町時代には自然のままの苔の庭園や枯山水《かれさんすい》の庭が浄土庭園として多く造られるようになった。浄土庭園に決まりの形式はないが、池には蓮や睡蓮《すいれん》を植えて極楽を表すことが多い。

極楽の庭　この図は江戸時代の『絵入往生要集』の挿絵。現在の寺院の浄土庭園の多くは、このようなイメージで造られている。

十方諸仏の礼讃

阿弥陀仏を讃える

さて、釈迦牟尼世尊はさらに説示されました。

＊

我が弟子たちの長老、舎利弗《しゃりほつ》に告げます。わたしは今、阿弥陀仏の不可思議の功徳を讃《たた》えました。わたしはあなたがたに、この娑婆《しゃば》世界の教主として、阿弥陀仏の御名《みな》を念じることによって、すぐに極楽国土に往生できると語りました。

このように阿弥陀仏の不可思議の功徳を讃えるのは、わたしだけではありません。東方世界には阿閦鞞仏《あしゅくびぶつ》・須弥相仏《しゅみそうぶつ》・大須弥仏《だいしゅみぶつ》・須弥光仏《しゅみこうぶつ》・妙音仏《みようおんぶつ》など、ガンジスの砂の数ほど多く仏があります。東方諸仏は、それぞれ三千大千世界の国土を広く長い舌でおおい、真実の誠をもって宣じられます。「すべて命ある者よ。この経は、一切諸仏が阿弥陀仏の不可思議の功徳を称讃し、護念《ごねん》したまう所である。信じよ」と。

ここに三千大千世界と申しますのは、一人の仏の教化が及ぶ範囲です。世界は一つの須弥山《しゆみせん》を中央にして四つの大きな島と周囲の山々から成っています。しかし、それは、一つの須弥山世界にすぎません。その世界が千あつまって小さな千の世界、すなわち小千世界となります。そして一千の小千世界が中千世界となり、さらに一千の中千世界が大千世界となります。この大・中・小の千世界を「三千大千世界」と呼ぶのですが、それは十億の須弥山世界が浮かぶ虚空です。如来は御稜威《みいつ》きわまりなく、威光は三千大千世界に及び、その全体を一仏国土ともいいます。

そして今、十方諸仏の一人ひとりが三千大千世界に広長舌《こうちようぜつ》をもって御法《みのり》の声をとどろかせ、この阿弥陀経は「称讃不可思議功徳一切諸仏所護念経《しようさんふかしぎくどくいつさいしよぶつしよごねんぎよう》（一切諸仏が不可思議の功徳を称讃し護念したまう所の経である）」と告げているのです。

世尊はさらに説示されました。

＊

長老、舎利弗に告げます。

南方世界には日月灯仏《にちがつとうぶつ》・名聞光仏《みょうもんこうぶつ》・大焔肩仏《だいえんけんぶつ》・須弥《しゅみ》灯仏《とうぶつ》・無量精進仏《むりょうしょうじんぶつ》など、ガンジスの砂の数ほど多く仏があります。南方諸仏は、それぞれ三千大千世界の国土を広く長い舌でおおい、真実の誠をもって宣じられます。「すべて命ある者よ。この経は、一切諸仏が阿弥陀仏の不可思議の功徳を称讃し、護念したまう所である。信じよ」と。


長老、舎利弗に告げます。

西方世界には無量寿仏《むりょうじゅぶつ》・無量相仏《むりょうそうぶつ》・無量幢仏《むりょうどうぶつ》・大光仏《だいこうぶつ》・大明仏《だいみょうぶつ》・宝相仏《ほうそうぶつ》・浄光仏《じょうこうぶつ》など、ガンジスの砂の数ほど多く仏があります。西方諸仏は、それぞれ三千大千世界の国土を広く長い舌でおおい、真実の誠をもって宣じられます。「すべて命ある者よ。この経は、一切諸仏が阿弥陀仏の不可思議の功徳を称讃し、護念したまう所である。信じよ」と。


長老、舎利弗に告げます。

北方世界には焔肩仏《えんけんぶつ》・最勝音仏《さいしょうおんぶつ》・難沮《なんそ》仏《ぶつ》・日生仏《にっしょうぶつ》・網明仏《もうみょうぶつ》など、ガンジスの砂の数ほど多く仏があります。北方諸仏は、それぞれ三千大千世界の国土を広く長い舌でおおい、真実の誠をもって宣じられます。「すべて命ある者よ。この経は、一切諸仏が阿弥陀仏の不可思議の功徳を称讃し、護念したまう所である。信じよ」と。

長老、舎利弗に告げます。

下方世界には師子仏《ししぶつ》・名聞仏《みょうもんぶつ》・名光仏《みょうこうぶつ》・達摩仏《だつまぶつ》・法幢仏《ほうどうぶつ》・持法仏《じほうぶつ》など、ガンジスの砂の数ほど多く仏があります。下方諸仏は、それぞれ三千大千世界の国土を広く長い舌でおおい、真実の誠をもって宣じられます。「すべて命ある者よ。この経は、一切諸仏が阿弥陀仏の不可思議の功徳を称讃し、護念したまう所である。信じよ」と。

長老、舎利弗に告げます。

上方世界には梵音仏《ぼんのんぶつ》・宿王仏《しゅくおうぶつ》・香上仏《こうじょうぶつ》・香光仏《こうこうぶつ》・大焔肩仏《だいえんけんぶつ》・雑色宝華厳身仏《ざつしきほうけごんしんぶつ》・娑羅《しゃら》樹王仏《じゅおうぶつ》・宝華徳仏《ほうけとくぶつ》・見一切義仏《けんいっさいぎぶつ》・如須弥山仏《にょしゅみせんぶつ》など、ガンジスの砂の数ほど多く仏があります。上方諸仏は、それぞれ三千大千世界の国土を広く長い舌でおおい、真実の誠をもって宣じられます。「すべて命ある者よ。この経は、一切諸仏が阿弥陀仏の不可思議の功徳を称讃し、護念したまう所である。信じよ」と。

発願

舎利弗、我が弟子たちの長老に問います。

あなたの心に、どのように思うであろうか。この教えはなぜ、「一切諸仏の護念する所の経」と呼ばれるのかを。

わたしは舎利弗に告げます。

男であれ女であれ、これら諸仏が称讃して説かれる阿弥陀仏の御名《みな》と、この経の名を聞くならば、人びとは皆、一切諸仏が共に念じて守護される者となり、阿耨多羅三藐三菩提《あのくたらさんみゃくさんぼだい》と呼ばれる無上の悟りへの道において不退転の者になります。

このゆえ、わたしは舎利弗に告げます。「あなたがたは皆、わたしが阿弥陀仏と極楽国土について語ったことと、諸仏の言葉をまっすぐに信じるべきである」と。

舎利弗に告げます。

もし人が、阿弥陀仏の国に往生したいという願いを、もうすでに発《おこ》していたとしましょう。あるいは今、その願《がん》を発し、これから願を発したとしても、この人びとは皆、無上の悟りへの道において不退転の者になることができます。

この人びとはそれぞれに、かの国土にもう往生しているのですし、今ここで往生するのですし、これから往生するのです。それゆえ、舎利弗に告げます。「男であれ女であれ、どんな人でも、もし信をもつならば、ここに発願《ほつがん》して、かの国土に往生しなさい」と。

娑婆世界にて

我が弟子たちの長老、舎利弗に告げます。

わたしは今、阿弥陀仏の不可思議の功徳を称讃しました。同じように、十方諸仏もまた、わたしが娑婆世界にて法を説いて不可思議の功徳を施すことを称讃し、それぞれの国の人びとに告げています。

「釈迦牟尼仏、能《よ》く甚難希有《じんなんけう》の事《じ》をなして能《よ》く娑婆国土《しやばこくど》、五濁悪世《ごじよくあくせ》の劫濁《こうじよく》・見濁《けんじよく》・煩悩濁《ぼんのうじよく》・衆生濁《しゆじようじよく》・命濁《みようじよく》の中《なか》において阿耨多羅三藐三菩提《あのくたらさんみやくさんぼだい》を得《え》て諸《もろ》もろの衆生《しゆじよう》のために、この一切世間《いつさいせけん》、難信《なんしん》の法《ほう》を説《と》く」と。

世尊が娑婆世界において仏になり、法を説くことは非常に難しいことであったのです。なぜなら、ここは五濁悪世《ごじよくあくせ》の世界であるからです。

世は四劫《しこう》と呼ばれる生成と消滅の四つの時をめぐり、永劫《えいごう》の流転《るてん》のうちにあります。

まず成劫《じようごう》＝万物が生じる時。はじめに山や川が生じ、次に人や動物などの衆生が生まれます。

次に住劫《じゆうこう》＝万物が安定して維持される時期です。

次に壊劫《えこう》＝万物が衰滅していきます。まず、生き物の寿命がだんだん短くなり、ついにはいなくなります。その後、山も川も大地も消滅していきます。

次に空劫《くうごう》＝何も存在しない時で、世は無に満たされます。

この四つの時のそれぞれの長さは、先に告げたカルパ（劫）が二十です。しかし、空劫の無においても、二十劫がたてば、新たな生成の力が発動するのです。

そして現在、この娑婆世界は壊劫の時期にあり、生きとし生けるものが増大する苦しみに襲われています。釈迦牟尼世尊の国土をサハー（娑婆／苦を堪え忍んで生きているところ）といい、忍土《にんど》ともいうのは、それゆえです。

そして、この時に生じるのが五濁と呼ばれる世の衰退なのです。

劫濁《こうじょく》＝世の平安が失われ、飢饉《ききん》・疫病・争乱が増えてきます。

見濁《けんじょく》＝世の道理が失われて人びとは正しく見ることができなくなり、邪悪な信仰が広まります。

煩悩濁《ぼんのうじょく》＝人びとの心は貪《とん》（欲望）・瞋《じん》（怒り）・痴《ち》（愚かさ）の三毒をはじめとする煩悩にとらわれてしまいます。

衆生濁《しゅじょうじょく》＝人びとの資質がひどく衰えてしまい、父殺し・母殺しなどの五逆十悪といわれる恐ろしい罪でさえ平然と犯すようになります。

命濁《みょうじょく》＝生命力が衰え、寿命がだんだん縮まっていきます。

この五濁の悪世においては、人びとが自分の力で修行しても、その劣った資質にさまたげられて、悟りにつながる大きな善根を積むことは難しくなります。また、尊い教えを聞いても、煩悩の誘惑に負けてしまい、信じることが難しくなります。

世尊は舎利弗に告げました。

＊

舎利弗よ。あなたは知らねばなりません。わたしは、この五濁悪世において難事を行じて無上の悟りである阿耨多羅三藐三菩提を成就し、この世界に生きる者すべてのために、この法を説いたことを。

舎利弗に告げます。あなたは知らねばなりません。この阿弥陀仏と極楽浄土の教えは難信の法であり、これを説くことも甚《はなは》だ難事で希有なことであったことを。

＊

このように釈迦牟尼世尊が教えを説き終わると、舎利弗と大比丘衆たちも、天界の神々も、人間界の人びとも、阿修羅界の鬼神どもも、一切世間の者たちが世尊の言葉を聞いて歓喜し、教えを信受することができました。そして、それぞれ深く世尊に礼拝し、もとの自分たちの場所に戻っていったのでございます。

以上が「スカーヴァティービューハ」すなわち「極楽の荘厳」と名づけられまし

た仏説阿弥陀経でございます。
一切世間の人も精霊も、久遠にまします阿弥陀如来の光明に照らされ、現世においては安穏で、来世には極楽国土の善き人びとと倶《とも》にありますように。

［日本の浄土教と文化❸］祇園精舎の鐘の声

阿弥陀経は古代インドの僧園のひとつ、祇園精舎で説かれたという。その遺跡は北インドのウッタル・プラデーシュ州に現存し、仏教の聖地となっているが、日本では『平家物語』の冒頭の言葉で広く知られている。

祇園精舎《ぎおんしょうじゃ》の鐘の声　諸行無常《しょぎょうむじょう》の響《ひびき》あり
沙羅双樹《しゃらそうじゅ》の花の色　盛者必衰《じょうしゃひっすい》の理《ことわり》をあらわす

沙羅双樹とは二本のサーラ樹のこと。サーラはインドには普通に見られる高木で、釈迦は八十歳で入滅するとき、サーラ樹が二本ずつ四隅に立つ中にしつらえられた床に、頭を北に横たわり、顔を西に向けて世を去った。そのおり、沙羅双樹は時ならぬ花を咲かせたと伝えられている。

ブッダである釈迦は寿命を自在にできたのだが、入滅することによって全ては移ろうこと、すなわち諸行（万物）は無常であることを弟子や信徒に身をもって示したのだという。その場所はクシナガラという町だったのだが、『平家物語』は祇園精舎の鐘の音に諸行無常の響きを聞き、沙羅双樹の花も必ず色あせていくものだと告げる。

このような無常観は和歌にも物語にも色濃くただよっているのだが、むやみに世は無常だというのではない。平安中期の比叡山の僧＝源信《げんしん》の『往生要集《おうじょうようしゅう》』に「厭離穢土《おんりえど》・欣求浄土《ごんぐじょうど》（六道輪廻の穢《けが》れた世を厭《いと》い離れ、浄土を欣《ねが》い求めよ）」というように、世の無常を強調するのは、その向こうにある永遠の世界を強く心に描くためであった。それゆえ『平家物語』の末尾の「灌頂巻《かんじょうのまき》」は「みな往生の素懐《そがい》をとげけるとぞきこえし」という言葉で結ばれている。

平家は寿永《じゅえい》四年（元暦《げんりやく》二／一一八五）の壇《だん》ノ浦《うら》の戦いで滅んだ。多くの人が討ち死にしたり死罪に処されたりしたのだが、皆、往生の素懐すなわち極楽に往生したいという日頃の願いを遂げたと言われているということである。

この「灌頂巻」は建礼門院徳子《けんれいもんいんとくこ》、すなわち平清盛《たいらのきよもり》の娘で安徳《あんとく》天皇の母の話だ。壇ノ浦の戦いで安徳天皇はわずか八歳で入水《じゅすい》。建礼門院も入水したが、源氏の武者たちに引き上げられて命を長らえることになった。

その後、建礼門院は大原《おおはら》の寂光院《じゃっこういん》に隠棲《いんせい》し、平家一門の菩提を弔って暮らした。日々、西に向かって手を合わせ、「過去聖霊《かこしょうりょう》、一仏浄土《いちぶつじょうど》へ（先に逝った人びとが阿弥陀仏の極楽浄土に共に迎えられますように）」と祈った。そして、建保《けんぽう》元年（一二一三）六十歳のとき、手に阿弥陀仏の手から垂らした五色の糸を持って他界したという。

この建礼門院入寂の地の大原は京都の北方、比叡山の麓の山間の里で平安時代中頃から念《ねん》仏聖《ぶつひじり》が多く暮らすようになった。

そのころから、日本で極楽浄土といえば、そのような山間の地や山々がイメージされるようになった。紀伊《きい》半島の吉野《よしの》・熊野《くまの》、北陸の立山《たてやま》などもそうである。

阿弥陀経の極楽国土は古代の王の都のようなところで、平らに整然と区画され、金・銀・瑪瑙などの宝玉で飾られているのだが、日本では自然の山野の中に浄土が求められるようになったのだった。それでも阿弥陀堂の内部は今も燦然《さんぜん》と金色に造られ、経典の伝える輝かしい極楽浄土を思わせる。

ちなみに、源信の『往生要集』「臨終の別時」の項に、「祇園精舎の西北の隅に無常院《むじょういん》という堂があって臨終の病人を寝かせた。その無常院では病人の前に阿弥陀仏の立像を置き、その像の手から一本の五綵《ごさい》の幡《はた》（ひも）を垂らして病人ににぎらせ、阿弥陀仏に引かれて浄土に往《い》く意《こころ》をおこさせた」という。臨終行儀《りんじゅうぎょうぎ》とよばれる看取《みと》りの儀式の由来である。源信は比叡山で二十五三昧会《ざんまいえ》（後述↓351ページ）という念仏のなかまとともに、往生院という阿弥陀堂をつくり、重い病気になったりすると、そこに移して寝かせ、まわりで念仏をとなえながら看取る臨終行儀を実践したのだった。

その無常院が釈迦入滅の地であるクシナガラではなく祇園精舎にあったという伝承から『平家物語』でも「祇園精舎の鐘の声　諸行無常の響あり」と語られる。

第二部

観無量寿経

阿弥陀仏と観音・勢至の観法

三世《さんぜ》一切の諸仏と求法者《ぐほうしゃ》たちに礼したてまつる。
釈迦牟尼世尊《しゃかむにせそん》は極楽国土のありさまと、
阿弥陀仏《あみだぶつ》と観音《かんのん》・勢至菩薩《せいしぼさつ》の姿をつぶさに説示されました。
人びとが平生に幸福で、
臨終には不安や恐怖なくいられますように。

王舎城の悲劇

霊峰にて

インドのビハール州ラージギルというところに釈迦牟尼世尊が世にあられたころの城跡がございます。そこはマガダという国の都でした。この国の栄えはインドでも一、二を誇り、都はラージャグリハ、すなわち「王の都」と呼ばれました。都のなかの都であり、王舎城《おうしゃじょう》といいます。

王舎城は周囲を山に囲まれた盆地にあります。その山のひとつにグリドラクータ、すなわち「鷲《わし》の峰」と呼ばれる霊峰がございました。耆闍崛山《ぎしゃくつせん》とも霊鷲山《りょうじゅせん》ともいいます。

その頂きにある僧院は、世尊が伝道の旅のおりおりに、よく留《とど》まられたところでございます。

わたくしは、このように聞いております。そのとき、釈迦牟尼世尊は王舎城の耆闍崛山に在り、大比丘衆《だいびくしゅ》（出家の偉大な弟子たち）千二百人も共にございました。法の王子である文殊菩薩《もんじゅぼさつ》をはじめ三万二千の菩薩もいました。

呪われた王子

ところが、耆闍崛山の麓《ふもと》の王舎城では世にも恐ろしい事件が起こったのでございます。

マガダの王はビンビサーラ（頻婆娑羅《びんばしゃら》）、妃はヴァイデーヒー（韋提希《いだいけ》）と申しました。この王と王妃のもとで王舎城は繁栄して、貴人や富裕な商人たち、名高い学者たちが集い、世に知られた聖者たちも道場を構えて、にぎやかで麗しい都でした。世尊も若く修行されましたころに王舎城を訪れ、諸師に教えを求められたことがございます。

そのように御稜威《みいつ》この上ない都でありますのに、王と妃には悩みがありました。お世継ぎの御子《みこ》がなかったのです。それで王はバラモンの占師に問いました。「未来を知る者よ。我が後に国を統《す》べる者は出生するであろうか」と。

バラモンとは神々の祀《まつ》りをおこなう司祭たちです。その祀りをとおしてバラモンたちは、星々の運行や地の実りについて神々の意思を語りました。

その占師が申しますには、王妃は二年後に御子をみごもるということでございました。ヒマラヤの山中に年老いた仙人がおり、二年後に死んで王子として生まれかわるというのです。

王は、その二年を待つことができませんでした。家臣をヒマラヤにさしむけて仙人を殺してしまったのです。

すると、王妃はただちにみごもりましたが、占師は告げました。

「恐ろしいことでございます。殺された恨みをもって生まれる王子は、やがて父王を殺す者になりましょう」

そうして生まれた子を父王はアジャータシャトル（阿闍世《あじゃせ》）、すなわち「まだ恨みを生じていない者」と名づけて、その子の命を絶つために高い塔の上から投げ落としました。

しかし、何の力が働きましたものか、王子は不思議にも手の指を折っただけで助かったのでございます。

父王は人の愚かで悲しいことを知り、もはや我が子を殺そうとはしませんでした。そして、どの親もできぬほど王子を慈しまれたのです。王子が皮膚病にかかったおりには、父王は血膿《ちうみ》のたまった傷口に口をつけて膿を吸いだされました。それだけなら、おさなごの親ならすることでしょうが、父王は口いっぱいにたまった膿を吐き出したいのをこらえて、飲みこんでしまわれました。幼い子が自分の身体から出た赤黒い血膿を見ておびえてはならない。そう思われたからだと申します。

この悲しみを知る偉大な王のもとで王舎城は明るい陽ざしに包まれたかのように平穏でございました。阿闍世王子は、お世継ぎの太子としてすくすく成長なさいました。

そのころ、世尊の弟子たちも、よく王宮に出向きました。世尊を深く敬われていた王と王妃は、世尊に願って弟子たちを王宮に招き、説法を聞かれたのでございます。まことに王宮は明るく光につつまれて、一点の影もないように思われました。

ところが、あのお方が王宮に行かれ、他の弟子たちを王宮から遠ざけました。

あのお方はシャカ国の王族で、世尊のいとこでございました。その名はデーヴァダッタ、調達《じようだつ》とも提婆達多《だいばだつた》とも申しあげます。

提婆達多様は世尊と同じくらいのお歳でしたので、世尊がシッダールタという名の王子だった少年のころ、よく一緒に過ごされました。

こんなことがあったと申します。

お二人で森を散策されましたとき、梢《こずえ》から白い鳥が飛びたちました。提婆達多様はすぐに矢をつがえて、その鳥を射られました。

矢はまっすぐに飛んで鳥にささり、その白い鳥は悲しく啼《な》いて空から落ちてまいります。王子は走り、落ちてくる鳥を受けとめました。そして矢をぬき、鳥の命を助けたのです。

そこへ提婆達多様もかけつけて、お二人は諍《いさか》いをなさいました。

「王子よ。その鳥はわたしが射とめた。わたしによこしなさい」

「この鳥が死んでいるなら、きみのものかもしれない。でも、まだ生きている。命を助けたのはわたしだから、この鳥はわたしのものだ」

「矢で射なければ、鳥が落ちてくることはなかった。だから、わたしのものだ」

この言い争いは賢者たちの法廷で決着をつけることになりました。その判決は、次のように言い渡されました。

「生き物にとって、もっとも重要なものは命である。命がなければ生き物ではない。その鳥の命は王子によって救われたのであるから、鳥は王子のものである」

このように少年のころから、世尊と提婆達多様は正反対の御性分《ごしょうぶん》でしたが、どういうわけがございますのか、世尊はこの人をけっしてお見捨てにならず、僧団のお一人にお加えになりました。

それをよいことに提婆達多様は世尊の第一の高弟だといつわって王宮に出入り

し、太子の阿闍世王子に近づきました。そして、太子を恐ろしい予言の道に引き入れたのでございます。

提婆達多様は、このようにささやきました。

「太子よ。そなたは前世に自分がだれであったか、ご存じか」

「それは人が知りうることではございますまい。それに前世を知って何の益がありましょう」

「報いということを学べよう」

「報いとは、どのような……」

「そなたは前世には仙人であった。雪山《せっせん》の山中でよく修行し、余命の二年が過ぎれば、この大国の王の長子として出生するまでになったのじゃ。ところが、それを予言で知った王は急いで仙人を殺した。そなたは生《せ》まれながらに怨《うら》みをもつ者となった。そのことを恐れた王は、そなたを塔から投げ落として殺そうとしたのじゃ」

「信じられませぬ。父王はわたくしをこよなく慈しんで育ててくださいました」

「そなたの手の指に古い傷跡がある。塔から落とされたときに指が折れた。その傷じゃ」

「あの優しい父が、そんなことを……」

「人の心をあてにしてはならぬ。王位を手に入れたいなら、早く父王の命を絶つことじゃ。前世に殺され、生まれても殺されようとした恨みを呼び醒《さ》ませばよい。父王にはそれが自業の報いじゃ」

仏説観無量寿経《ぶつせつかんむりようじゆきよう》すなわち、釈迦牟尼世尊が説かれました「無量寿仏（阿弥陀仏）を観じる」というみ教えは、次のように、この王舎城の悲劇から始まります。

そのとき、王舎大城《おうしやだいじよう》に一人の太子がいた。名を阿闍世という。太子は調達悪友《じようだつあくう》（提婆達多）にそそのかされて父王・頻婆《びんば》娑羅《しやら》を拘束し、七重の壁を巡らせた部屋に監禁した。

しかも、群臣を制止して、そこへは誰一人として近づかせなかった。

こうして太子は王位を奪っただけでなく、父王に食べ物を与えずに餓死させようとしたのでございます。何もしなくても王位は阿闍世太子のものでしたのに、父王がたった二年を待つことができずに仙人を殺したように、阿闍世太子も愚かで、哀れでございました。

母の韋提希妃は、太子が望みどおりに王位についた今、時が過ぎて阿闍世王の心から復讐《ふくしゆう》の想いが消えることを願われたのか、父王の命がながらえるように、ひとつの謀《はか》らいをなさいました。

夫君の頻婆娑羅王を心から敬愛しておられました韋提希妃は、沐浴《もくよく》して身を清浄にし、練乳と蜜《みつ》でこねた小麦粉を身に塗りました。また、貴人の身を飾る瓔珞《ようらく》(宝飾の鎖)の粒には葡萄《ぶどう》の汁を容《い》れて、ひそかに父王のもとを訪れたのです。

牢《ろう》の門衛は牢に一人も近づけてはならぬと厳命されておりましたが、妃は食物などは何も持っておられないように見えましたし、ほかならぬ王妃が牢に入られるのをお止めすることはできなかったのでございます。

父王は、練乳と蜜でこねた小麦粉を食し、葡萄の果汁を飲んで命をつなぐことができました。そして、水で口をすすいで清めてから、うやうやしく合掌して耆闍崛山のほうに体を向け、遥《はる》かな山上にまします世尊に礼拝して、このように願いました。

「大目犍連《だいもつけんれん》は、これ吾《わ》が親友《しんぬ》なり。願わくは慈悲を興《おこ》して我れに八戒《はっかい》を授けしめたまえ」

大目犍連、略して目連《もくれん》と申しあげますのは、世尊の十大弟子のお一人でございます。阿羅漢《あらかん》(供物《くもつ》を受けるに価する聖者)と呼ばれる高い境地に達せられた尊者《そんじゃ》でございました。

この目連尊者は、マガダ国の王族のお生まれで、出家されて世尊の高弟になってからは王舎城の一族の方々から師として敬われていました。王が「私の親友」と申されましたのは、尊者が善《よ》き導き手だったからです。

八戒とは、在家の信者らが特定の日に一昼夜を限って守り、身を清めるための戒めです。不殺生《ふせつしょう》（殺すなかれ）・不偸盗《ふちゅうとう》（盗むなかれ）・不邪淫《ふじゃいん》（淫《みだ》らであるなかれ）・不飲酒《ふおんじゅ》（飲酒・放逸であるなかれ）などの八項目がございます。

世尊の威大なお弟子であり、神通力第一と讃《たた》えられる目連尊者から戒を授けられますれば、過去の過ちの罪を遠ざけることができましょう。我が子によって死の獄につながれた父王は、深くそれを願ったのでございます。

世尊はそれをお許しになられました。


目連尊者は鷹《たか》よりも、隼《はやぶさ》が飛ぶよりも速く、父王の牢に身を移して戒を授けました。そして父王は、日々に八戒を受けて身心を浄《きよ》く保持することができました。

さらに世尊は、やはり十大弟子のお一人である富楼那尊者《ふるなそんじゃ》を父王のところに遣《つか》わし、父王のために法を説き聞かせました。

富楼那尊者は、法を説いて聞法《もんぽう》の喜びを人びとに生じさせることに勝《すぐ》れて、説法第一と讃えられる偉大な阿羅漢でございます。

そうして三つの週を過ぎましても、父王の身心は健やかでございました。王妃がひそかに牢に持ちこむものを食し、八戒の清めと聞法の喜悦を得ておりましたので、顔は和やかで、喜びをたたえていたのでございます。

母妃の幽閉

ときに阿闍世王は、いつまでも父王の死の知らせがないことに疑念をもち、牢の門衛を問い糺《ただ》しました。「父王はまだ生きているのか」と。

門衛は王の怒りを恐れて白状いたしました。

「偉大な王に恐れながら申しあげます。じつは母妃様が、練乳と蜜でこねた小麦粉を身に塗り、瓔珞の玉に葡萄の汁を容れて先の王のところにお運びになっているのです。そのうえ、世尊の弟子の目連尊者と富楼那尊者が不思議な神力をあらわして空から現れ、先の王のために法を説いています。わたくしごとき門番には、とてもお止めすることができません」

これを聞いた阿闍世王は、母にも怒りをおこして言い放ちました。

「我が母も反逆者である。反逆の先王を助けたのだから同罪である。目連と富楼那、この僧どもも悪人だ。怪しい妖術《ようじゅつ》を使って悪王を何日も死なせずにいるではないか」

激しい怒りにとらわれた阿闍世王は、すぐさま剣をぬき、母を殺害しようとなさいました。

そのとき、さいわいにも知恵深く、経験豊かな一人の大臣がいました。名をチャンドラプラディーパ（月光《がっこう》）と申します。また、ジーヴァカ（耆婆《ぎば》）という名医がいました。阿闍世王の異母兄にあたる方でございます。

月光と耆婆は王に礼して、このように諫《いさ》めました。

＊

偉大な王よ。わたくしどもが聞き及んでおりますバラモンたちの言い伝えによりますれば、世の始まりから今までに大勢の悪《あ》しき王がございました。王位を奪うために父を殺害した王は数多く、一万八千もございます。しかしながら、非道にも母を殺《あや》めたということは、いまだ聞いたことがございません。

偉大な王よ。もし今、王が母殺しの大罪を犯されるなら王家を汚し、賤《いや》しい家柄となりましょう。もし、そのような聞くに堪えないことをなさるなら、もはや、この城に居ていただくこともできません。

＊

このように二人は諫言《かんげん》すると、手に剣を構えたまま、背を見せず後ずさりして退出しようとしました。

阿闍世王は驚き、恐怖し、うろたえて耆婆に言いました。

「おまえも、わたしを見捨てるのか。裏切って先王につくのか」

「偉大な王よ。どうか怒りをお鎮《しず》めになり、母君を殺めるのはおやめください」

王はこの言葉を聞いて懺悔《さんげ》し、大臣らにこれからも自分に仕えることを求めました。そして剣を捨てて母を殺めることは思いとどまったのですが、母妃に仕える者たちに命じて宮殿の奥深くに幽閉し、部屋から出られないようになさったのでございます。

王妃の歎き

我が子によって幽閉された韋提希王妃は愁《うれ》えに憂《うれ》えて、ひどく憔悴《しょうすい》なさいました。そうして、やつれた身で遠く耆闍崛山《ぎしゃくっせん》(霊鷲山)の世尊に向かって礼拝し、このように祈りました。

＊

世の救いにまします如来、釈迦牟尼世尊に願い申しあげます。かつて世尊には、いつも阿難尊者《あなんそんじゃ》をわたくしどものところへ遣《つか》わされ、慰めてくださいました。わたくしは今、悲しみ、憂いに深く沈んでおります。この哀れなわたくしには世尊の威徳はあまりに畏《おそ》れおおく、お目にかかることは望むべくもございません。どうか願わくは、目連尊者と阿難尊者をお遣わしくださり、お目にかかれますように。

＊

あの提婆達多様が阿闍世王にとりいって世尊の弟子たちを王宮から遠ざける以前には、目連尊者も阿難尊者もよく王宮に行き、王妃にもお目にかかりました。

あのころ王舎城は光に満ち、王も王妃も幸福でございました。なのに今は、忌《い》まわしい罪の黒雲におおわれて希望は失われてしまったかのようでした。

王妃は、世尊に願いの言葉を述べると、いっそう悲しみのあまり涙を雨のようにしたたらせて、遥かにましします世尊に深く礼拝いたしました。

そのとき世尊は、耆闍崛山の山上にて静かに坐《ざ》しておられて、深い三昧《さんまい》にございました。深く精神の集中にあられたのですが、王妃の心に念じることを察し、ふっと目を上げて、目連尊者と阿難尊者に勅《ちょく》せられました。

「二人は王宮におもむき、王妃にまみえよ」

そして世尊は、その神威によって二人を空中に浮かばせ、王宮に飛行させせました。

さらに世尊ご自身も、耆闍崛山から忽然《こつぜん》と消えて王宮にお姿を現出されました。それはそれは素速く、王妃が礼拝の頭を上げる前に、その囚《とら》われの部屋に到達されたのです。

王妃の驚きは、いかばかりでございましょう。まだ礼拝の身をおこしてもいないのに、釈迦牟尼世尊が目の前に現れたのですから。しかも、世尊の身は紫金色《しこんじき》に輝いていました。

世尊が坐す蓮華《れんげ》は百種類もの宝石でまばゆく荘厳《しょうごん》され、その左に目連尊者が控《ひか》え、阿難尊者は右に侍《はべ》りました。また、霊界をしろしめす神々の帝王インドラ（帝釈天《たいしゃくてん》）も、バラモンの至高の神ブラフマー（梵天《ぼんてん》）も、四天王《してんのう》ら世を護《まも》る神々も来て世尊に礼拝し、空中から天界の花々を散らして世尊にささげました。

王妃は仏の尊く厳かなお姿を目の当たりに見て、身を飾っていた瓔珞を断ち切り、王妃としてではなく、ただひとりの人間としての姿を世尊の御前《みまえ》にさらしました。身を投げ出して部屋の床に倒れこみ、号泣したのでございます。

そして、世尊に申しました。

＊

わたくしはなぜ、阿闍世のような悪しき子を生むことになったのでございましょうか。わたくしは前世に、どのような罪をおかし、この報いを受けているのでございましょうか。

もはやわたくしは、因果の理法という尊い教えにさえ、罪深い不信の念がおこるのをおさえることができません。全《まった》き善であられます世尊でさえ、よこしまな提婆達多様のおいとこであられます。そのうえ、提婆達多様を弟子とされ、あの悪人の師であられますのは、いったい何の因縁がましますのでしょうか。

どうか、苦しみのない世界のことをわたくしに説き、お示しください。わたくしは、そこへ往《い》きとうございます。その世界へ往生《おうじょう》しとうございます。

ここは閻浮提《えんぶだい》、須弥山《しゅみせん》南方の海上の島、濁悪《じょくあく》の世界と聞いております。ここはサハー（娑婆《しゃば》）、苦しみに耐え忍ばねばならない忍土《にんど》であるとも聞いております。この世界には、命あるものが廻《めぐ》る六道《ろくどう》のうちでも最悪の地獄《じごく》・餓鬼《がき》・畜生《ちくしょう》の苦しみが満ち、不善の者たちが充満しています。

もし願うことができるなら、未来に、欲望と怒りと愚かさにとらわれた者たちの悪しき声を聞かずにすみ、悪を為《な》す者たちを見ることなくいられますように。

わたくしはいま、世尊の御前に五体の全身を投げて礼拝し、懺悔《さんげ》いたします。どうか、哀れみを垂れられますように。

今はただ、闇を退ける朝の太陽のように威光あまねき世尊に、ひたすら願い申しあげます。

どうかわたくしに、清浄業処《しょうじょうごっしょ》と聞いております世界を観る法をお教えください。

＊

ここに「清浄業処」と申しますのは極楽浄土のことでございます。無量寿経に詳しく説かれておりますとおりに、阿弥陀仏が法蔵《ほうぞう》という名で菩薩の道を求められましたところ、四十八の誓願を立てて修行し、その清浄な業《ごう》によってつくられた仏の国土であります。

父王の救い

み仏には御稜威《みいつ》きわまりなくましまし、身に神威の御徴《みしるし》がさまざまにございます。眉間《みけん》に白い毛の渦巻きがあり、白毫《びやくごう》と呼ばれますのも、そのひとつです。

さて、王妃の前にて世尊の不思議には、眉間の白毫から光を放たれたのでございます。その光は金色《こんじき》に輝き、東方・南方・西方・北方・下方・上方など十方無量の世界をあまねく照らしました。そうして放射された光明は世尊の頭頂に戻り、金色の光の高台《こうだい》になりました。光明の高台は塔のようにそびえて、あたかも須弥山のように高い光の壇が造られたのでございます。

その光の中に十方諸仏の厳かで美しい国々が現れて、ことごとく見ることができました。

ある仏の国は、金・銀・瑠璃《るり》・瑪瑙《めのう》などの種々の宝玉（七宝）で構築されています。

ある仏の国は、美しい蓮華が見渡すかぎりに咲いておりました。

ある仏の国は、天界の宮殿のように煌《きら》びやかでした。

ある仏の国は、水晶の鏡のように輝いておりました。

それら十方諸仏の国々が皆、世尊の頭上の光の中に現れたのです。

世尊は、無量の諸仏の国土の荘厳を明瞭に観じることができるように、王妃にお見せになったのでございます。

それらは、王妃が見なければならないものでした。そのうえで王妃が世尊に申しあげますには、「この多くの仏の国々は皆、清らかで光に満ちておりますが、わたくしは極楽世界の阿弥陀仏のみもとに生まれとうございます」ということでした。そして世尊に、このように願ったのでした。

＊

世尊にひたすら願い申しあげます。どうか、わたくしに、極楽世界にまっすぐ心を向ける思惟《しゆい》の法をお教えくださいますように。どうか、わたくしに、極楽世界をありのままに、正しく受け止める法をお教えくださいますように。

＊

そのとき世尊は、王妃の願いが心よりおこったことを知って微笑し、さらに一つの不思議を現しました。口の中から五色の光を放たれたのです。

その光は、ひとすじひとすじ頻婆娑羅《びんばしゃら》大王の牢獄に至り、大王を頭上から照らしました。大王は我が子の阿闍世によって幽閉される苦しみを受けておりましたが、世尊の光明を浴びて心眼の曇りは晴れ、障《さわ》りは払われて、離れた牢獄にいながら世尊を仰ぎ見ることができました。それで大王は額を地につけて深く礼拝しました。

すると、自然に功徳《くどく》が積み増されてアナーガミン（阿那含《あなごん》）と呼ばれる境地に至りました。もはや苦の世界に戻り来ることはないという意味で不還《ふげん》とも不来《ふらい》ともいわれる境地です。あの阿闍世の父である悲劇の大王に、深い静かな安らぎが訪れたのでございます。

*

王妃に告げる

それから世尊は、王妃に告げました。

あなたは知っているかどうか。ここから阿弥陀仏のところまで、それほど遠くないことを。

あなたは今、心から阿弥陀仏の国に生まれたいと願っています。そうであれば、あなたは一心に念じて、その国をつくられた阿弥陀仏の姿を明瞭に観《かん》じねばなりません。それによって、あなたはよく浄業《じょうごう》（浄らかなおこない）をなし、仏道を歩んでいくことができます。わたしはいま、あなたがその国をはっきりと観じられるように、広く、そして、いろいろに教えましょう。

このことは、あなたのためばかりではありません。未来の世に遠く時が過ぎたときでも、その世の人びとがどんなに劣って欲望や愚かさなどの煩悩《ぼんのう》にとらわれてしまったとしても、浄業を修《しゅ》したいと願うなら西方極楽国土に生まれることができるようにします。

かの国に生まれたいと願う人は、三つの善（三福《さんぷく》）をおこなわねばなりません。

一つには、人として為すべき善行です。父母には孝養をつくしなさい。師や年長の人を敬い、皆に慈しみの心をもって、十善業《じゅうぜんごう》を修しなさい。

十善業とは次の十善戒を心がけることです。

一つ、不殺生《ふせっしょう》＝あなたは、殺すことなくありなさい。
一つ、不偸盗《ふちゅうとう》＝あなたは、盗《みだ》むことなくありなさい。
一つ、不邪淫《ふじゃいん》＝あなたは、淫らであってはなりません。
一つ、不妄語《ふもうご》＝あなたは、偽りを言ってはなりません。
一つ、不綺語《ふきご》＝あなたは、誠のないことを口にしてはなりません。
一つ、不悪口《ふあっく》＝あなたは、ののしることなくありなさい。
一つ、不両舌《ふりょうぜつ》＝あなたは、二枚舌を用いることがあってはなりません。
一つ、不貪欲《ふとんよく》＝あなたは、むさぼることなくありなさい。

一つ、不瞋恚《ふしんに》＝あなたは、怒ることなくありなさい。
一つ、不邪見《ふじやけん》＝あなたは、何事にもゆがんだまなざしを向けてはなりません。

三つの善（三福）の第二は、仏のもとに生きる者として、戒めを保持することです。仏・法・僧の三宝に帰依《きえ》し、あなたがたのそれぞれに示された戒めを保ちなさい。毅《き》然《ぜん》として威儀を正し、ゆるがずにいなさい。

そして第三には、菩提心《ぼだいしん》（さとりを求める心）を発《おこ》し、深く因果の道理を信じて、人びとを救う大きな乗り物である経典を読誦《どくじゅ》し、人びとが仏道をたゆまず歩むように励ましなさい。

このような三つのことが浄業《じょうごう》であり、身心を浄らかにしていく仏道なのです。

＊

世尊は韋提希王妃に告げました。「あなたはもう、わかっただろうか。この三種のおこないは、遠い過去においても未来においても、もちろん現在においても、三世の諸仏の浄業の正因《しょういん》であることを」と。

仏というものは、すべて、この三つの実践を直接の因として悟りを得たのでございます。そして、だれでも、このことを心に保持して歩むならば、その道は無上菩提（至高のさとり）に通じているのだと、そのように、わたくしは聞いております。そして世尊は極楽国土と阿弥陀仏を観じる法を十六に分けて説示されました。いわゆる十六観でございます。

【日本の浄土教と文化❹】当麻曼荼羅と中将姫の物語

奈良県葛城《かつらぎ》市の當麻寺《たいまでら》に当麻曼荼羅《たいままんだら》とよばれる織物の仏画が本尊として祀《まつ》られている。観無量寿経の十六観に説かれていることを描いたもので、いわゆる観経変相図《かんぎょうへんそうず》（浄土変）なのだが、阿弥陀仏を主尊として諸菩薩や天人らが集うようすから観経曼荼羅ともよばれる。その由来について鎌倉・光明寺《こうみょうじ》蔵の『当麻曼荼羅縁起』はおよそ次のように伝える。

当麻寺の起源は用明《ようめい》天皇の第三皇子の麿子《まろこのみこ》親王（聖徳太子の異母弟）の建立であるが、夢告により役行者《えんのぎょうじゃ》の故地に移された。淳仁《じゅんにん》天皇の御代に横佩大臣《よこはぎのおとど》の娘が称讃浄土経《しょうさんじょうどきょう》（阿弥陀経）千巻を書写して当麻寺に納めた。

天平宝字《てんぴょうほうじ》七年（七六三）、この姫は出家して尼になり、生身《しょうしん》の阿弥陀如来を見るまでは寺を出ないと発願《ほつがん》し、七日間を期して祈った。すると、一人の尼僧が現れ、九品《くほん》の教主（阿弥陀仏）を見せるから、蓮の茎百駄《だ》を集めよと告げた。

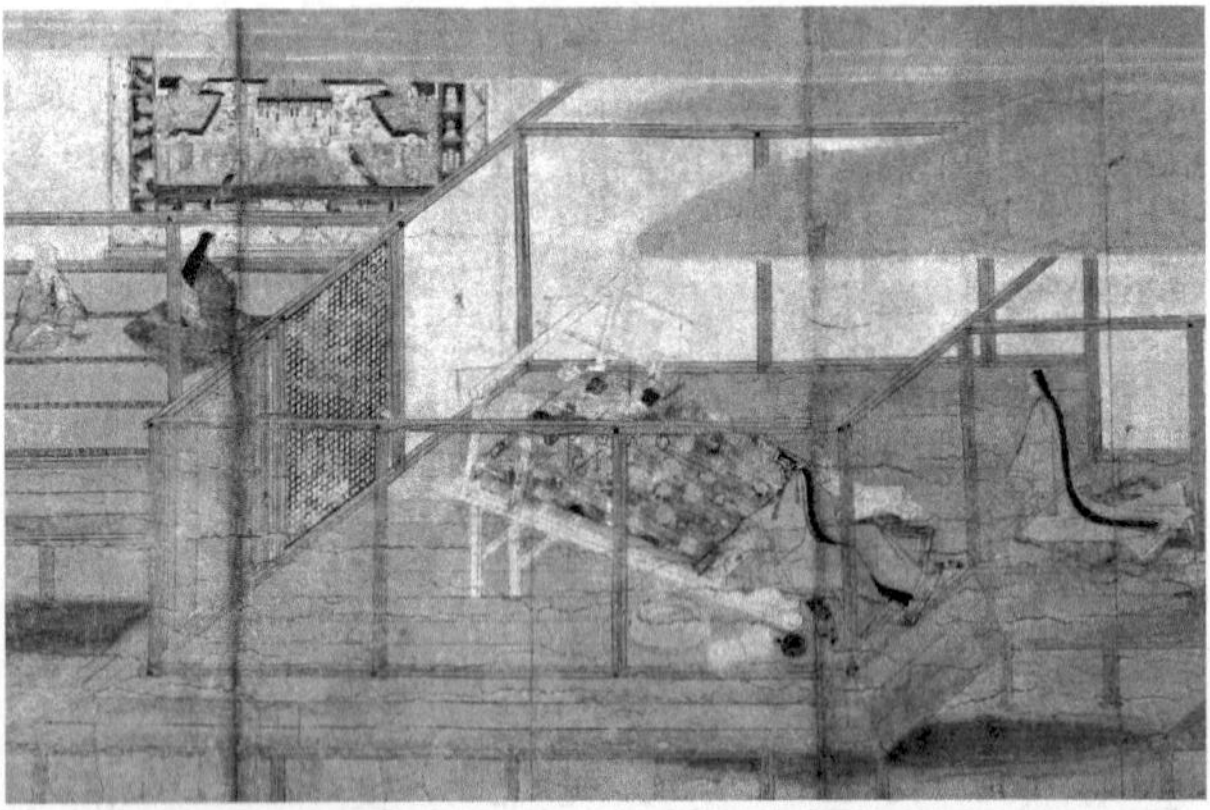

当麻曼荼羅縁起　姫が蓮の糸を集めると、天女が一夜にして織りあげた（上図右）。それを架けて阿弥陀仏の化身である尼僧が絵解きする（上図左側）。天女は五色の雲に乗って極楽浄土に飛び去ったという（次ページ図）。（光明寺蔵）

発願の尼（姫）は天皇に願い出て蓮の茎を集め、蓮糸をとった。その糸を染めるために井戸を掘ると渾々《こんこん》と水が湧き出し、蓮糸を漬けると自然に五色に染まった。そうして糸ができると、天から美女が降りてきて、一夜にして機《はた》で一丈五尺四方の曼荼羅を織り上げた。それを架けたところ、尼僧が姫の尼に、自分は阿弥陀仏の化身であると告げた。そして、曼荼羅の絵解きをして阿弥陀仏と極楽のことを説き聞かせた。

光仁《こうにん》天皇の宝亀《ほうき》六年（七七五）、姫の尼は願いのとおりに往生した。摂《せっ》取《しゅ》不《ふ》捨《しゃ》の教えのとおりに西方から楽の音とともに阿弥陀仏と二十五菩薩が来迎したのである。

当麻曼荼羅の由来ついては、光明寺蔵の絵巻のほかにも多くの伝承がある。極楽浄土に往生した娘は「中将姫」という呼び名でさまざまに語り伝えられた。奈良時代の右大臣藤原豊成《ふじわらのとよなり》の娘だともいう。

それらの伝承によれば豊成と妻の紫の前には長く子がなかったが、長谷寺《はせでら》の観音菩薩に祈ったところ、娘を授かった。ところが、五歳のときに母が死没。豊成は後妻に橘《たちばな》氏の照夜の前をめとった。

娘は観音菩薩の化身であるかのように聡明で愛らしく、技芸にも秀でていた。それで九歳の時には孝謙《こうけん》女帝に召し出されて内裏で琴を奏し、宮人たちを感動させた。そんな娘を継母《ままはは》は憎み、盗みの疑いをかけて折檻《せっかん》したりした。

十三歳のとき、娘は三位中将《さんみのちゅうじょう》の位を与えられて内侍《ないし》（後宮の女官）になった。それゆえ中将姫とよばれるのだが、継母はいっそう、中将姫を憎んだのである。

十四歳のとき、ついに継母は兵《つわもの》の家臣に中将姫を鶬山《ひばりやま》で斬り殺すように命じた。中将姫は身の上を悲しみ、けなげに浄土往生を願って「称讃阿弥陀経《しょうさんあみだきょう》」を唱えつづけるのだった。

そのようすに家臣は中将姫を殺すことはできなかった。それで山中にかくまっていると、その山に狩りに来た藤原豊成が行方知れずの中将姫と再会し、都の家に連れ帰った。

十六歳のとき、中将姫は淳仁《じゅんにん》天皇から入内《じゅだい》を望まれるが、出家を願って当麻寺に入り、法如《ほうによ》という名の尼僧になった。

そして「称讃阿弥陀経」千巻を写経するなど、往生極楽を願って過ごした中将姫は二十六歳のとき、長谷観音の夢告を受けて観経曼荼羅を織ることを発願《ほつがん》し、蓮の茎から筋をとって蓮糸を作り、一夜で一丈五尺（約四メートル）四方の曼荼羅を織りあげた。

こうした話が鎌倉時代の説話集『古今著聞集』にあるほか、室町時代の世阿弥《ぜあみ》の謡曲『当麻《たえま》』『雲雀山《ひばりやま》』、江戸時代の近松門左衛門《ちかまつもんざえもん》の浄瑠璃『当麻中将姫』などの文芸、民話でも世に知られ、韋提希《いだいけ》王妃と同じく女人往生の物語として語られた。

また、当麻曼荼羅は観経変相図として模写されて広まり、絵解きに用いられた。そのため「当麻曼荼羅」と称する浄土曼荼羅が多く現存する。江戸時代の模写が多いが、元の国宝・当麻曼荼羅図（当麻寺の本尊）は古いものである。

この中将姫の伝説に「称讃阿弥陀経」というのは奈良時代に用いられた阿弥陀経である。今日、普及しているのは鳩摩羅什《くまらじゅう》（三四四〜四一三年）訳の阿弥陀経だが、奈良時代には新訳の玄奘《げんじょう》（六〇二〜六六四年）訳『称讃浄土仏摂受経《しょうさんじょうどぶつしょうじゅきょう》（称讃浄土経）』がもっぱら用いられた。それが公式の追善の法会で読誦されたことは奈良時代の正史『続日本紀《しょくにほんぎ》』に、光明《こうみょう》皇后（七〇一〜七六〇年）の四十九日にあたって諸国の国分尼寺《こくぶにじ》に浄土変相図を掛け、一周忌にあたって奈良の国分尼寺である法華寺《ほっけじ》に阿弥陀浄土院を建て、「称讃阿弥陀経」を読誦して一周忌の

当麻曼荼羅　中央に極楽浄土の宮殿に坐す阿弥陀仏と観音・勢至菩薩、浄土の人びと、極楽の宝池などを描き、外周の右側に観無量寿経の十六観のうち第十三観まで、下段に第十四から第十六観の九品往生、左側に王舎城のようすをコマ割りで描く。
(町田市立国際版画美術館蔵)

當麻寺の練供養　阿弥陀仏と二十五菩薩の来迎のようすを演じて歩く。菩薩が掲げる蓮台の上に乗っているのは中将姫。（写真：時事通信フォト）

法会が営まれたと記されている。日本での阿弥陀堂建立の最初期の例である。

また、中将姫が臨終に阿弥陀仏と諸菩薩に迎えられた来迎のようすを演じる練供養《ねりくよう》（迎講《むかえこう》）が今も毎年五月に當麻寺でおこなわれる。面をかぶって行道することから「お面かぶり」ともいい、同様の練供養は法然《ほうねん》の誕生寺《たんじょうじ》（岡山県久米南町《くめなんちょう》）や九品《くほん》仏浄真寺《ぶつじょうしんじ》（東京都世田谷区《せたがや》）などでも恒例の行事となっている。

極楽の荘厳を思念せよ

第一観～第六観

悪世の人びとのために

ふたたび観無量寿経に戻ります。

そのとき、栄《は》えある王都である王舎城の誉《ほま》れには、世尊は阿難尊者と韋提希王妃に次のように宣じられたのでございます。

「諦《あきら》かに聴け、諦かに聴け。善《よ》くこれを思念せよ。如来は今、未来世《みらいせ》の一切衆生《いっさいしゅじょう》の煩《ぼん》悩《のう》の賊《ぞく》に害せらるる者の為に清浄業《しょうじょうごう》を説かん」と。

世尊はここに、煩悩に害せられて苦しみ迷う者たちを清浄の世界に導く行を説かれます。それは韋提希王妃が深い悲しみの中から問いを発したことによるのですから、世尊は王妃を嘉《よみ》して告げました。「あなたはすでに善《よ》きおこないをなしました。極楽世界にまっすぐ心を向ける法を問うことは、深く悲しみを知る王妃よ、あなたでなければできなかったのです」と。

そして世尊は、阿難尊者に勅《ちょく》を下しました。「わが弟子、阿難。あなたは、わたしがこれから述べることをよく心にとどめて、広く多くの人びとに宣《の》べ伝えよ」と。

そして世尊は、このように告げました。

「如来は今、韋提希および未来世の一切衆生をして西方極楽世界を観《かん》ぜしめん。仏力《ぶつりき》をもっての故に、まさにかの清浄国土を見うること、明鏡《みょうきょう》を執《と》って、みずから面像《めんぞう》を見るがごとくなるべし。かの国土の極妙《ごくみょう》の楽事《らくじ》を見て心の歓喜する故に、時に応じてすなわち無生法忍《むしょうぼうにん》を得ん」

世尊の宣じられますには、「今こそ、韋提希と未来の世の人びとが西方極楽世界を見えるように導く」とのことでございます。仏の力によって、一点の曇りもない鏡で自分の顔を見るかのように極楽世界の楽しく美しい光景を目の当たりにすれば、心から歓喜が湧き起こります。その時には、無生法忍とよばれる境地、すなわち一切の迷いを離れたところに達するのです。

阿弥陀仏の国は、清らかな幸いにみちた仏の国であることから、極楽浄土と申します。その仏の国は、さまざまな善いことで厳かで美しく荘厳されています。その美しさは、人がこの世にいて思い浮かべるだけでも身心が清められます。けれども、凡夫《ぼんぶ》とよばれる普通の人びとは心の集中を欠いて、そのことをよくなしえません。

世尊は韋提希王妃に告げました。

「あなたも凡夫ですから、心に極楽国土を想い描こうとしても、その力がありません。まだ天眼を得ていないので、遠く観ることもできません。しかし諸仏如来には異《い》の方《ほう》便《べん》、すなわち尋常ならざる手立てを講じる力があるので、あなたは極楽世界を見ることができるのです」

このとき王妃は世尊に申しあげました。

「世の救いにましまず世尊に申し上げます。わたくしは幸いにも今、み仏の力をもちまして、極楽国土を見ることができました。けれども、世尊の滅後の衰えた世には、悪がはびこり、善が滅びて、人びとはいろいろな苦しみに襲われます。生・老・病・死の四苦に加えて、愛すれば別れの苦にあうなど、種々の苦しみにせめられるでしょう。そのような衰えた世の人びとは、どうすれば阿弥陀仏の極楽世界を見ることができるのでしょうか」

この韋提希王妃の問いを受けて、世尊は極楽世界を見る観法《かんぼう》を十六項目に分けて説かれました。その十六観の第一は初観《しょかん》とも日想観《にっそうかん》とも申します。

第一観　日の想

世尊は、このように韋提希王妃に告げました。

＊

あなたも、後《のち》の世の人びとも、心を一つのところに定めて、想《そう》（思念）を西方に向けなさい。

では人びとは、どのように想を作《な》せばよいのでしょうか。

そのためには、目が不自由でない人びとなら西に没する夕日を見なさい。

極楽世界を見たいと願う心をおこし、西に向かって姿勢を正しくすわり、はっきりと夕日を観じて、心がゆらがないようにし、ひたすら想をこらして思いが他のことに移らないようにしなさい。日が没するときに、空に丸い太鼓が浮かんでいるかのように夕日を見るのです。

そうして夕日をよく見たのちには、目を閉じても、目を開けても、いつでも夕日が明るく、くっきりと見えるようになるのです。

これを「日想」といい、「初観」と呼びます。

第二観　水の想

次に水想《すいそう》の観を作《な》しなさい。静かに澄みきった水を見るのです。心の中でも明了に、きれいな水を思い、意識が分散しないようにしなさい。

そうして、はっきりと水を見ることができたら、その水が凍って氷になったと思いなさい。透《す》きとおった氷を見て、清らかな瑠璃《るり》の想を作すのです。

その想ができたら、透きとおった瑠璃の大地が地表も地下も照らしあっているのを思いなさい。

その瑠璃の大地の下には、金剛《こんごう》七宝の宝幢《ほうどう》（筒状の旗）が並んで地を支えています。それは礼拝堂の列柱のように八角柱の形をしていて、金・銀・金剛など種々の宝玉で飾られています。

その宝幢の柱は、八角のどの面にも百種の宝珠がつけられていて、一つ一つの宝珠が千すじの光明を放っています。その一すじ一すじの光明に八万四千の色彩があり、瑠璃の大地に照り映えて、億千の太陽が輝いているかのようですから、すべてを見とおすことはできません。

このような光の柱に支えられた極楽国土の瑠璃の大地は、偉大な帝王の煌《きら》びやかな都城のように黄金の縄で整然と区画されています。極楽国土の条坊は、金・銀・瑪瑙《めのう》などの七宝をもって規矩《きく》正しく区画されています。

それぞれの区画の七宝は皆、五百の色彩の光で輝き、一面に花が咲いたかのようです。また、宝幢の柱に支えられて光の台になっている極楽国土は、空に輝く月と星々に似ています。

この極楽国土には、百宝をもって造られた楼閣が千万も建ち並んでいます。そして、極楽国土の台の両端には百億の花々で飾られた幢《はた》が立ち並び、数限りない楽器が厳かに鳴っています。

それらの楽器は、光の中から吹く八種の清い風によって奏でられ、苦《く》・空《くう》・無常《むじょう》・無我《むが》の法音を響かせています。その音を聞けば、一切は苦であるという教えが心からわかり、万物は縁によって生起するものであるから常に変化しているという空・無常・無我の教えも心にしみて、いたずらに自我にこだわり、煩悩に苦しみ迷うこともなくなるのです。

このように観じることを「水想」といい、「第二の観」と呼びます。

第三観　地の想

第二の水想の観ができたら、極楽国土のようすを一つ一つ、はっきりと心に描いて、消えきわめて明了ならしめなさい。目を閉じても、目を開けても見えるようにして、消え散ることのないようにするのです。眠っているときを除いて、いつも、このことを思っていなさい。そのように観じることを「粗見極楽国地《そけんごくらくこくじ》」といいます。およそは極楽の大地を見たということです。

もし三昧《さんまい》と呼ばれる深い心の統一に至るなら、極楽の大地が微細なところまでくっきりと見えます。けれども、その美しさを言葉で表すことはできません。これを「地想」といい、「第三の観」と呼びます。

＊

そして世尊は「この観法を未来の世に伝えよ」と阿難尊者に命じました。

＊

我が弟子、阿難よ。わたしは人びとを救う仏として、あなたに言葉を授けました。あなたは未来世の一切大衆のために、このことを堅固に保持して伝えていきなさい。

わたしが世を去った後の未来の世において、どんな人でも、苦しみ多いところから脱したいと願うならば、その人のために、この観地の法を説きなさい。

もし、極楽の地を観ずる者は八十億劫《こう》の生死《しょうじ》の罪が除かれ、この娑婆《しゃば》世界での生涯を終えて来世に往くときには必ず浄らかな国に生まれます。この観をなすのが正観《しょうかん》であり、もし他の瞑想《めいそう》のようなことをするなら、それは迷いに踏み入る邪観です。

と告げました。

釈迦牟尼世尊は、阿難尊者と王妃に「第三の地想観ができたら、次に宝樹《ほうじゅ》を観ぜよ」

第四観　宝樹の想

第四には、極楽国土の宝樹に思念を向けなさい。一本ずつ宝樹を思い描いて、それが七重の並木になっているさまを観るのです。

＊

その樹の高さは八千由旬《ゆじゅん》、たとえば王の軍隊が八千日をかけて行軍する距離に等しい高さに聳《そび》えています。極楽国土には、この大きな樹木が整然と列をなして並んでいるのです。

極楽の並木は皆、金・銀・瑠璃《るり》・玻璃《はり》（水晶）・瑪瑙《めのう》などの七宝の花と葉におおわれています。しかも、その花と葉は、それぞれの宝玉とは異なる色で輝いています。青い瑠璃の花や葉から金色の光を放ち、透明な水晶は紅色に光り、石英玉髄《ぎょくずい》の瑪瑙は純白の貝のように輝き、硨磲《しゃこ》（白い貝殻）の花や葉が緑真珠の光を出しています。さらに、それらの樹々は珊瑚《さんご》や琥珀《こはく》など、あらゆる宝で厳かに飾られています。

このきらびやかな樹々の上には空高く、美しい真珠をつらねた網が架けられています。一本一本の樹の上を網は七重におおい、その一重一重の網の空中に五百億の美しい花々で飾られた宮殿が至高神ブラフマー（梵天王《ぼんてんのう》）の王宮のように浮かんで、その中に多くの天の童子たちがいます。

その天童子たちは首や胸の飾りに釈迦毘楞伽《しやかびりようが》という摩尼宝珠《まにほうしゆ》（宝玉の珠《たま》）のもっとも勝《すぐ》れた宝玉の瓔珞《ようらく》をつけています。その摩尼は、神々の帝王インドラ（帝釈天《たいしやくてん》）が首につけて須弥山《しゆみせん》上の三十三天を照らしている宝珠です。

極楽国土の並木の上の宮殿にいる天童子たちは、一人ひとりの瓔珞に、その宝珠を五百億もつらねて百由旬の広さを照らし、まるで百億の太陽と月を合わせたかのようであり、この輝きを言葉であらわすことはできません。さまざまな宝玉の輝きが交差する色彩は、このうえなく美しいのです。

このような宝樹が多くあり、一列一列並んで、葉と葉が重なりあい、その葉の間から美しい花が次々と咲き、その花の上には金・銀・瑪瑙などの七宝の果実が自然にみのっています。

これらの宝樹の葉は一枚一枚、みな、縦も横も二十五由旬です。たとえば王の軍隊が二十五日の行軍をして、ようやく端から端に到達する広さです。

この大きな葉には、神々の瓔珞のように千の色があり、百種の模様があります。多くの美しい花がもっとも高貴な黄金である閻浮檀金《えんぶだんごん》の金色《こんじき》に輝き、旋回する火輪のように葉の間をめぐって、何でも自在に涌《わ》き出させる帝釈天の水瓶《すいびよう》のように、いろいろな果実を生じさせています。

そして、それらの果実から大きな光明が放射されて天空に架かる幢幡《どうばん》（垂れ旗）になり、無数の宝の天蓋《てんがい》になります。

極楽国土の樹木から放つ光明で形成された天蓋の中には三千大千世界《さんぜんだいせんせかい》の広大な宇宙の全てが映し出され、万物に働く仏のみわざもくっきりと見えます。十方諸仏のそれぞれの三千大千世界、すなわち、あらゆる方角の仏の国々もまた、この天蓋の中に映し出されているのです。

このように極楽国土の宝樹を見ることができたら、またあらためて一本一本、宝樹を観じていきなさい。

樹幹も茎も枝葉も、花も果実も、順次に観じて、みな、はっきりと見えるようにするのです。これを「樹想」といい、「第四の観」と呼びます。

第五観　八功徳水の想

次に、かの池泉《ちせん》の水に思念を集中しなさい。極楽国土には八つの泉があり、清らかな水が八つの池になっています。これらの池の一つ一つが金・銀・瑠璃などの七宝でできているのに石の硬《かた》さはなく、水は柔らかくたゆとい、周囲の七宝を映して輝いています。

この池には、それぞれ中央に、どんな願いでもかなえる如意《によい》宝珠《ほうしゅ》の大きな玉があり、水はそこから湧きだしています。そして池をみたし、十四の水路に分かれて流れだしています。

それらの水路は黄金で造られ、七宝に輝いています。その水路の底には、いろいろな色彩の金剛石の砂が敷きつめられています。

この水路の一つ一つの水の中に六十億の七宝の蓮華《れんげ》が咲いています。この蓮《はす》の花はきちんとした球形で、十二由旬の大きさです。

宝珠の泉から湧きだした水は、これらの花の間に流れこみ、また、宝樹の並木に沿って流れています。その水音には心身を清める不思議な力があり、苦《く》・空《くう》・無常《むじょう》・無我《むが》の教えと六波羅蜜《ろくはらみつ》が心にしみます。

その水音はまた、諸仏の神々《こうごう》しい姿を讃えて尊い経文を誦《じゅ》しているように聞こえ、仏への敬いを増します。

極楽国土の池の如意宝珠からは、また、不思議な金色の光が放射されています。その光は空中に散って百の宝玉の色に輝く鳥の姿に変わります。その光の鳥たちは美しい声で鳴きかわして、いつも「念仏《ねんぶつ》・念法《ねんぽう》・念僧《ねんそう》」、すなわち、仏を尊く思い、法を尊く思い、僧を尊く思い、三宝《さんぽう》を讃えています。

これを「八功徳水想《はっくどくすいそう》」といい、「第五の観」と呼びます。

ここに六波羅蜜と申しますのは、仏道をゆく者が実践すべき次の六つのことです。

布施《ふせ》＝惜しまず施すこと。
持戒《じかい》＝規則正しく暮らすこと。
忍辱《にんにく》＝忍耐強くあること。
精進《しょうじん》＝たゆまず努力すること。
禅定《ぜんじょう》＝心が静かであること。
智慧《ちえ》＝心が明るく、ものごとを素直に見られること。

かの国土の池泉の水音は、これらのことを自然に呼び覚ますのでございます。その池泉に満ちている八功徳水とは、乾きをいやしたり、心身を清浄にするなど、多くの善《よ》いことがある霊水です。極楽国土の八つの泉から、もろもろの功徳のある水が湧きだしているのです。

第六観　総観の想

多くの宝玉で荘厳された極楽国土は偉大な帝王の都のように整然と区画されています。その条坊の一つ一つに五百億の楼閣があり、やはり宝玉で造られています。その楼閣の中には数限りなく多く天人・神々がいて、天の楽器を奏でて舞っています。

楼閣の外の空中にも、天に架けられた宝の幢《はた》のように多くの楽器が浮かんで、自然に鳴っています。これら無数の楽器が奏でる音は、尊い教えの帰依三宝《きえさんぽう》、すなわち「念仏・念法・念僧」と讃えています。

この想を観じることができたなら、極楽世界の宝樹と宝地と宝池のあらましは見ることができたので、これを「総観想」といい、「第六の観」と呼びます。

この総観の想をなせば、無限の過去から積み重ねてきた罪が、どんなに重い悪業《あくごう》であっても取り消されて、今生《こんじょう》の命が終わったあとは必ず極楽国土に生まれることができます。

このように観ずることが正観《しょうかん》、すなわち正しい観法であり、もし他の瞑想のようなことをするなら、それは迷いに踏み入る邪観です。

【日本の浄土教と文化❺】彼岸会の由来

彼岸は「向こう岸」という意味で、迷いの此岸《しがん》（この世）に対して悟りの岸辺をいい、波《は》羅《ら》蜜多《みった》（パーラミター／完成）の訳とされる。つまり極楽浄土のことである。先祖・故人の冥福《めいふく》を祈って墓参りをする春秋の彼岸会《ひがんえ》は中国や韓国にはない日本独自の仏事で、平安時代に始まった。藤原道綱母《ふじわらのみちつなのはは》の日記『蜻蛉日記《かげろう》』天禄《てんろく》二年（九七二）二月の項に「彼岸に入りぬれば、なほあるよりは（何もしないよりは）精進せむ」と敷物を取り替えて塵《ちり》払いしたという。

この彼岸会の由来とされるのが観無量寿経の十六観の第一、日想観である。「西に向かって姿勢を正しくすわり、はっきりと夕日を観じよ」と説かれている。そして太陽が真西に沈む春分・秋分の日を中日として前後三日、あわせて七日の彼岸の法会《ほうえ》が営まれるようになった。

この日想観の霊場が大阪の四天王寺《してんのうじ》である。その起こりを語る説話が天承《てんしょう》年間（一一三一～一一三二）に編まれた『拾遺往生伝《しゅういおうじょうでん》』（三善為康《みよしのためやす》撰）にある。次のような話である。

安助《あんじょ》上人という聖《ひじり》の信徒に一人の古老がいた。古老は四天王寺の門のところに林園をもっていた。あるとき、古老は夢に、その林園で上人の身が金色に変わっているのを見た。その夢のことを上人に告げると、上人は「四天王寺は極楽の東門（東の入口）だから、そこに一堂を建て、夕日を拝して念仏したい」という。古老は上人に仏堂を寄進した。その堂の仏の前で上人は端坐《たんざ》し、眠るがごとく入滅した。以後、この仏堂を往生院といい、念仏の行者が絶え間なく詣るようになった。（巻上第十八話）

また、巻下第四話には金峰山《みたけ》千手院《せんじゅいん》の永快《えいけつ》という僧が治暦《じりゃく》年中（一〇六五～一〇六九）の秋の彼岸に四天王寺に詣《もう》でて一心に念仏した。念仏が百万遍になると、弟子に持ち物を処分

四天王寺西門　鳥居の奥の楼門は極楽門とよばれ、極楽の東門だといわれた。鳥居の扁額に「釈迦如来転法輪処当極楽土東門中心（ここは釈迦如来が法を説くところであり極楽国土の東門の中心である）」と記されている。（写真：ピクスタ）

させ、夜三半（午前一時頃）に房《ぼう》から出て念仏をとなえ、礼拝《らいはい》し、西を向いて海辺で端坐合掌して死んだという。

昔は西門から難波の海を望むことができた。巻下第四話は深夜のことだが、夕方には西に沈む夕日に極楽を想って念仏したのである。平安末期の歌謡集『梁塵《りょうじん》秘抄《ひしょう》』には、「極楽浄土の東門は、難波の海にぞ対《むか》へたる、転法輪所《てんぽうりんじょ》の西門に、念仏する人参れとて。」（巻第二）と四天王寺が歌われている。

時宗の開祖＝一遍《いっぺん》（一二三九～一二八九年）が「南無阿弥陀仏」の札をくばる遊行の旅に出立したのも四天王寺からだった。

阿弥陀仏と観音・勢至菩薩の姿

第七観～第十三観

阿弥陀仏の現前

世の人びとに幸あれ。偉大な王の都である王舎城《おうしやじよう》の誉《ほま》れには、釈迦牟尼世尊は、阿《あ》難尊者《なんそんじや》と韋提希《いだいけ》王妃に次の宣教の勅《ちよく》を下されたのでございます。

＊

諦《あきら》かに聴け、諦かに聴け。善《よ》くこれを思念せよ。仏はまさに汝《なんじ》が為に苦悩を除く法を分別《ふんべつ》し解説《げせつ》すべし。汝等《なんじら》臆持《おくじ》して、広く大衆《だいしゆ》の為に、分別し解説せよ。

(よく聴いて、しっかりと理解しなさい。王妃よ、わたしは、あなたのために苦悩を取り除く教えを順序立ててわかりやすく説き明かします。あなたがたは、わたしの言葉をよく心に刻みこみ、いずれの日か、広く人びとのために順序立ててわかりやすく説き明かしなさい)

＊

このように世尊が宣じたとき、西方極楽国土の無量寿仏《むりようじゆぶつ》がお姿を現しました。アミターユス（無量の寿命をもつ者）ともアミターバ（無量の光明をもつ者）とも讃えられ、阿弥陀仏と申しあげる御仏《みほとけ》でございます。

無限の生命をもち、世を超えてましますす無量寿仏は王妃の眼前の空中に立ち、その左右に観世音菩薩《かんぜおんぼさつ》と大勢至菩薩《だいせいしぼさつ》が従っていました。

無量寿仏の熾盛《しじよう》の光明は輝いて、まばゆさのために細かいところまでは見えません。その輝きはもっとも高貴な黄金である閻浮檀金《えんぶだんごん》の金色《こんじき》を百千に倍しても比べることができません。

この無量寿仏の姿を見ることができた王妃は、空中に立つ仏のみ足を両手の掌《てのひら》にいただいて深く礼拝しました。そして王妃は釈迦牟尼世尊に申しました。

「世の救いにましますす世尊に申しあげます。わたくしは今、仏のお力によって無量寿仏と二人の菩薩を仰ぎ見ることができました。でも、後の世の人びとは、どのようにして無量寿仏と二菩薩のお姿を見ることができるのでしょうか」

第七観　華座の想

世尊は、王妃に告げました。

＊

韋提希よ、深く悲しみを知る王妃よ。極楽国土の仏を見たいと願う人びとには、このように思念するように伝えなさい。

まず、かの国土の七宝の地に咲いている大きな蓮の花を思い浮かべるのです。その花に思念を集中して、花弁の一枚一枚が百の宝玉の色彩を放つのが見えるように。

その花弁には八万四千のすじがあって、天上の絵画の文様のように美しく、一すじ一すじ、八万四千の光を放っています。そのようすがありありと見えるように、心の思いを集中させるのです。

この蓮華はとても大きく、花弁の小さなものでも縦横二百五十由旬《ゆじゅん》（たとえば王の軍隊が二百五十日を行軍して、やっと端にたどりつく長さ）です。

この蓮華は、このように大きな花弁が八万四千も重なって、ひとつの花になっているのです。その一枚一枚の花弁の間は、それぞれ百億の摩尼宝珠《まにほうしゅ》（宝玉の珠《たま》）で飾られています。そして八万四千・百億の宝珠の一つ一つが千の光明を放って光の天蓋《てんがい》をつくっています。七宝で造られた大きな傘が、その光で遍《あまね》く地上をおおっているのです。

これらの花弁がつく花托《かたく》は蓮華の芯《しん》にあり、釈迦毘楞伽宝《しゃかびりょうがほう》という最勝の宝珠《ほうしゅ》の台座《だいざ》になっています。

この蓮華座は、八万の金剛石《こんごうせき》と甄叔迦宝《けんしゅくかほう》（キンシュカ樹の赤い花のような宝石）と梵《ぼん》摩尼宝《まにほう》（清らかな摩尼）と尊い真珠の網で包まれ飾られています。

この台座の上には四本の宝幢《ほうどう》（垂れ旗）が柱のように立っています。それぞれの宝幢は百千万億の須弥山《しゅみせん》の高さにそびえて、その空高く宝玉をちりばめた幔幕《まんまく》が冥界の王マヤ（夜摩天《やまてん》）の天空の城のように張りめぐらされています。その宝幔《ほうまん》は五百億の美しい宝珠が照らしあって輝き、その一つ一つの宝珠が八万四千の光線を放っています。

その光は八万四千の光波が集まって金色に輝いています。その金色の光線は一すじ一すじ極楽の宝土にあまねく降りそそぎ、到達した地に応じて変化して、いろいろな形になります。あるいは金剛石の台座になり、あるいは真珠をつらねた網になり、いろいろな花々の雲にもなります。あらゆる方角のどこでも、それを見る人の心によって変現して、人びとを救う仏のみわざを現すのです。

このことを「華座想《けざそう》」といい、「第七の観」と呼びます。

＊

極楽世界に咲く蓮華が、このように巨大で美しく荘厳《しょうごん》されていることには深い理由があります。そのことを世尊は無量寿経で詳しくお説きになりました。

はるかな過去に菩薩の道をゆく法蔵比丘《ほうぞうびく》という修行者がいて、どんな人でも迎え入れる仏の国を造ろうと四十八項の本願を立て、十劫の過去に成就して阿弥陀仏になりました。そのときに阿弥陀仏の国である極楽世界は、その誓願を満たして造られたのですから、一つの花でも無量の福徳の力、すなわち功徳《くどく》をもっているのでございます。

この華座の想を説かれたときも世尊は阿難尊者に、このようにお告げになりました。

＊

いま語った蓮華の美しい輝きは、もとは法蔵比丘の本願の力によって創りだされたものです。もし、その仏の姿を思念したいと願うなら、まずこの華座の想を修しなさい。この想を修するときは、蓮華のいろいろな特徴を雑然と思い描くのではなく、一つ一つに思念を集中しなさい。

一枚一枚の花弁、一つ一つの宝珠、一つ一つの光の筋、一つ一つの台座、一つ一つの幢幡《どうばん》、それらがはっきりと、鏡に映った自分の顔を見るようになるまで思念を集中するのです。それができれば、五万劫の生死《しょうじ》の罪を除いて、必ず極楽世界に生まれることができます。

このように観ずることが正観であり、もし他の瞑想のようなことをするなら、それは邪観です。

第八観　像の想

世尊は阿難尊者と韋提希王妃に告げました。

＊

華座の想ができたら、次に仏の像（かたち）を、あなたがたの心に思い描きなさい。なぜなら、諸仏如来の身は法界《ほうかい》（森羅万象）に遍満して万物にあまねく現れるのですから、人びとがそれぞれの心に思うこと（心想）の中に入ります。

このゆえに、あなたがたが心に仏を思うとき、その心に応じて仏は三十二相・八十随形好《ずいぎょうこう》を現します。あなたがたの心が仏なのです。

三十二相とは頭頂が隆起して智慧の大きさと高みを示す肉髻《にっけい》、光を放って万物を照らす眉間の白毫《びゃくごう》など、諸仏の身体にそなわる三十二の瑞兆《ずいちょう》です。

八十随形好は、顔かたちや表情のことです。仏の耳は長くて肩に届き、のどには三本の筋があるなど、八十の喜ばしさがあります。

三十二相と八十随形好をあわせて相好《そうごう》といいます。

仏の相好は、あなたがたが諸仏如来に礼拝し、あなたがたの心が諸仏の栄光を讃えたところに生じます。諸仏の智慧は海のように大きくても、その仏の姿はあなたがたの心の思いに応じて生じるのです。ですから、一心に思念を集中して、偉大な覚者《かくしゃ》にして悟りの深奥より来たる如来の姿を、神々にも人びとにも供養を受ける尊き者の姿を、無上の悟りを成就せる仏陀《ぶつだ》の姿を見るべきなのです。

極楽国土の無量寿仏を拝したいと願うなら、まず、その像（かたち）を思い浮かべなさい。目を閉じていても、目を開けていても、一つの宝像がもっとも高貴な黄金である閻浮檀金《えんぶだんごん》のような金色《こんじき》に輝くのが見えるようになりなさい。その仏は、先に述べたように輝きわたる蓮華の上に坐しています。その坐像を見ることができたら、心眼を開くことができます。

その心眼によって、あなたは、どこまでも明らかに極楽国土の七宝に荘厳された宝地・宝池に宝樹が列しているのが見えます。その上空を天の神々の宝飾の幔幕《まんまく》がおおい、多くの宝玉をつらねた網が空いっぱいにたなびくのも目の当たりに見えます。

そうして極楽国土のようすが自分の手のひらの中を見るようにはっきりと見えたなら、次に、無量寿仏の蓮華座の左側にもう一つ、大きな蓮華があると思いなさい。

前に述べた蓮華に等しく、大きくて美しい蓮華の台座を思い描いて、仏の蓮華座と少しも違いがないように思念をこらし、その台座には観世音菩薩《かんぜおんぼさつ》が坐している像を思い描くのです。観音菩薩もまた金色の光を同じく放って、前に述べた仏の像と異なることなく輝いています。

次にまた、一つの大蓮華を思い描いて、それは無量寿仏の右側にあると思いなさい。その蓮華座には大勢至菩薩《だいせいしぼさつ》が坐している像を思い描くのです。このことを目の当たりにできれば、無量寿仏と観音・勢至菩薩の像がみな光明を放ちます。

その金色の光が極楽国土に列をなして並んでいる宝樹を照らすと、一本一本の樹下に、また三つの蓮華があります。それぞれの蓮華の上に無量寿仏と観音・勢至の二菩薩の像があって極楽国土にあまねく満ちているのです。

この想を行じる者は、極楽国土の水の流れも光明も、多くの宝樹も、池に遊ぶ鴨《かも》や雁《かり》や鴛鴦《おしどり》らの鳴き声も、みな、尊いみ法《のり》を説いているのを聞くことができます。

この想に集中する行を終えるときも、また入るときも、いつでも、み法《のり》の声が聞こえます。この想を行じる者は、そうして聞こえたことを、想の行を終えても心に保持し、捨てることがあってはなりません。あなたが読んでいる経典とも照らしてみなさい。もし、合致していないと思うなら、それは妄想《もうぞう》と呼ばれることです。もし合致すると思うことがあれば、おおまかには極楽世界を見ることができたといえます。

このことを「像想《ぞうそう》」といい、「第八の観」と呼びます。

この観をなせば、無量億劫の生死の罪を除き、現世の身で念仏三昧《ねんぶつざんまい》、すなわち阿弥陀仏を念じることにおいて揺るがない境地に至ります。

第九観　偏観一切色身の想（真身観）

世尊は阿難尊者と韋提希王妃に告げました。

像観を修することができたら、次には、さらに無量寿仏の身体と、その光明を観じなさい。

＊

阿難よ、あなたは今、このように知るところまできました。無量寿仏の身は百千万億の夜摩天《やまてん》の閻浮檀金色《えんぶだんごんじき》のごとくである、と。

その仏の身体は、天上界でももっとも高貴な黄金の輝きを百千万億に倍したよりも尊く輝いているのです。

無量寿仏の身体の高さは六十万億那由他《なゆた》恒河沙《ごうがしゃ》由旬《ゆじゅん》です。ガンジス川の砂の数を無限に倍した数ほどの由旬ですから、人びとの用いる長さの単位では数えることができません。はるかな高みに仏の身体はそびえて、眉間の白毫は右回りに渦巻き、その大きさは須弥山《しゅみせん》を五つ合わせたほどです。

その仏眼《ぶつげん》は須弥山の四方に洋々と広がる四大海のように広大です。純白の眼に瞳《ひとみ》は青く澄んでいます。

この仏は全身の毛孔《もうく》から、やはり須弥山のように広く大きく光明を放っています。そして、仏身《ぶっしん》の背後に輝く円光は百億の三千大千世界、すなわち、この世界が一つの宇宙だとすれば、それを百億も合わせたほど広大です。

その円光の中には百万億那由他恒河沙《なゆたごうがしや》の化仏《けぶつ》がいます。無量寿仏がみずから現出させた分身の仏が無数に円光の中に浮かびだしているのです。

先にわたしはあなたがたに、仏の姿には三十二相・八十随形好《ずいぎようこう》という喜ばしさがあると告げましたが、無量寿仏には八万四千の瑞相があり、一つ一つの相に、それぞれ八万四千の随形好がそなわっています。その一つ一つがまた八万四千の光明を放って輝き、それらの光明はあまねく十方の諸世界を照らしています。東方・南方・西方・北方・下方・上方など、十方のどこまでも、その光は届くのです。

光明《こうみよう》偏照《へんじよう》　十方世界《じつぽうせかい》　念仏衆生《ねんぶつしゆじよう》　摂取不捨《せつしゆふしや》（この四句を「観経文《かんぎようもん》」という）

すなわち、光明は偏《あまね》く十方世界を照《て》らして念仏の衆生を摂取して捨てたまわず。無量寿仏は光明を念仏する人びとの一人ひとりに向けて、たとえ、その人が衰えた末の世に生まれて愚かにも深い無明の闇に落ちていたとしても、けっして見捨てることはないのです。

このような無量寿仏の光明と身体の姿かたち、それに化仏のことを言葉で詳しく言い表すことはできません。ただ、これまで説いてきたことを手がかりとして、あなたがたの思念を強めなさい。心眼をもって無量寿仏の姿と光明を見るのです。

無量寿仏の姿と光明を見ることができれば、それはすなわち十方諸仏の全てを拝することになります。そのように諸仏を仰ぎ見れば、諸仏を念じることにおいて揺るがない境地に至ります。それゆえ、これを念仏三昧《ねんぶつざんまい》といいます。

この観をおこなうことは一切諸仏の仏身を観ずることです。そして仏身を観ずれば、おのずから仏心《ぶっしん》を見ることになります。

仏心とは大慈悲《だいじひ》です。わけへだてなく慈しみ、どんな人でも救いとります。

この観を成就すれば、現世の生涯を終えたのちの来世に諸仏の御前《みまえ》に生まれ、無生法忍《むしょうぼうにん》という境地に達します。そのとき、あなたは一切の無生《むしょう》なることを知り、あらゆる執着《しゅうちゃく》を離れて静かです。このゆえ、仏の智慧の明るみに心を開く人は、心を集中して、はっきりと無量寿仏を観ずるべきなのです。

無量寿仏を観ずるには、数限りない相好《そうごう》(三十二相など)を一度に見ようとするのではなく、一つの相好に思いを集中することから始めなさい。ただ眉間の白毫のみを観じて、きわめて明了に見えるようにするのです。そうして眉間の白毫を見れば、八万四千の相好が自然に目の当たりに立ち現れるでしょう。

このように無量寿仏を見ることとは、すなわち十方無量の諸仏を見ることです。無量の諸仏を見ることができれば、そのことをもって、諸仏が眼前に現れて、あなたがた

鎌倉大仏　像高約11.3m。人差し指を立てて親指に接する両手が「阿弥陀定印」という手の形なので阿弥陀仏像であるとわかる。鎌倉時代に浄光という僧が建立し、当初は木像で銅造につくりかえられた。浄光は名のほかには不明の僧であるが、多くの民衆に寄進を募る勧進聖だったのだろう。その銅の成分から、寄進された銅銭を鋳つぶして銅像がつくられたと考えられる。阿弥陀仏への思いをこめて、一銭一銭、寄進したのだろう。

もとより、どんなに巨大につくっても第九観の真身観に説かれている阿弥陀仏の姿には遠く及ばないのだが、第十三観には、阿弥陀仏はどんな大きさにもなるので、小さな仏像でも礼拝し、その姿を見よという。(写真：高徳院)

に未来記を授けて祝福します。「あなたはいつか未来に仏になる」という予告を、輝かしく厳粛な諸仏現前の場において受けることができるのです。

これが「偏観一切色身想《へんかんいっさいしきしんそう》（あまねく一切諸仏の身体の姿を観ずる想）」であり、「第九の観」といいます。

このように観ずることが正観であり、もし他の瞑想のようなことをするなら、それは邪観です。

＊

第十観　観世音菩薩の真実の色身を観ずる想

それから釈迦牟尼世尊は、阿難尊者と韋提希王妃に、このように告げました。

無量寿仏の姿をはっきりと見ることができたら、次に観世音菩薩の身体を観じなさい。

観世音菩薩の身は八十万億那由他由旬《なゆたゆじゅん》の高さにそびえています。たとえば王の軍隊が八十万億を千倍したほどの日数を行軍して、ようやく達せられるほどの距離の高さなのです。

この菩薩の大きな身体は紫金色《しこんじき》に輝き、はるかな高みの頭頂には、さらに高く肉髻《にっけい》が盛り上がっています。

仏の頭頂が至高の智慧を蔵して髻《もとどり》の形に盛り上がっているように、菩薩の頭頂も高いのです。そして、その頭部の後ろに円光があり、その径は縦横ともに百千由旬です。その円光の中に仏の分身である化仏《けぶつ》が五百、釈迦牟尼仏と同じ姿で空中に現れています。その一体一体の化仏のそばには五百の分身の菩薩と無数の天人・神々が侍者として控えています。

この菩薩は、その全身から光を放ち、その光の中に生死流転《しようじるてん》の輪廻の諸道に生をうけた者たちの姿をことごとく現しています。地下の牢獄である地獄界に落ちた者も、餓鬼界で苦しむ飢渇《きかつ》の幽鬼どもも、愚かな畜生界の暗がりにいる者も、哀れな人間界に迷っている者たちも、天界といえどもまだ無常の移ろいを逃れない者たちも、それらの者がみな、観音菩薩の光の中にいます。

この菩薩は頭頂の上に釈迦毘楞伽《しやかびりようが》（さまざまに変幻する力をもつもの）の摩尼宝珠《まにほうしゆ》（宝玉の珠《たま》）の冠《かんむり》を頂いています。その天冠の中に一人の化仏《けぶつ》（阿弥陀仏の像）が立ち、その高さは二十五由旬です。

観世音菩薩の顔はもっとも高貴な黄金である閻浮檀金《えんぶだんごん》の金色《こんじき》に輝いています。眉間の白毫は七種の宝玉の色を含んで八万四千種の光明を放ち、その一つ一つの光明に無量無数百千の化仏がいます。その化仏のそれぞれが、また無数の菩薩の化身を従えて侍者としています。

それら化身の仏菩薩《ぶつぼさつ》は変現自在で十方世界に満ち、たとえば紅蓮華《ぐれんげ》が色鮮やかに、どこまでもどこまでも一面に咲いているかのようです。

観世音菩薩は首や胸の飾りに、八十億の光の結晶でできた瓔珞《ようらく》をつけています。その瓔珞には極楽国土の荘厳がことごとく映しだされています。

観世音菩薩の手のひらは五百億のいろいろな蓮華の色で輝いています。その手の十指の先に、それぞれ八万四千の絵があり、印で押したようにくっきりと描かれています。その一つ一つの絵に八万四千の色があり、一つ一つの色に八万四千の光があります。その光はやわらかく、あらゆるものを照らします。観世音菩薩は、この宝手をさしのべて人びとを極楽世界に導くのです。

観世音菩薩の足の裏には千輻輪《せんぷくりん》の相があります。仏の瑞兆と同じく千の車軸が放射状に並んだ輪があるのです。菩薩がその足を上げると、千輻輪《せんぷくりん》の相は五百億の光明の台になり、足を下げると、金剛摩尼《こんごうまに》宝珠《ほうしゅ》の花が一面に咲いて、どこまでもどこまでも花でみたします。

このほか、いろいろな瑞兆が菩薩の身にそなわっていて仏と少しも異なることはないのですが、ただ頭頂の肉髻と、その無見頂の相（肉髻が目に見えない高みに達していること）においては仏ほどでないだけです。

これが「観世音菩薩の真実の色身《しきしん》（姿）を観ずる想（観音想）」であり、「第十の観」

といいます。

そして世尊は阿難尊者に、一心に観世音菩薩の姿を見たいと願う人の幸いを告げました。

＊

もし観世音菩薩を見たいと願うならば、今、わたしが説いた観を修しなさい。この観を修すれば、どんな災禍にもあうことはありません。過去のおこないによって生じた障《さわ》りを浄めて消し、果てしない過去からくりかえしてきた生死の罪を除きます。このような霊威をもつ菩薩ですから、その名を聞くだけでも、その人は無量の福を得ることができます。まして、その姿をあきらかに観ずる人の幸いは、それよりはるかに大きいのです。

もし観世音菩薩を観じたいと望むなら、まず頭頂の肉髻を観じ、次に天冠を観じなさい。

その他のいろいろな瑞兆は順次に観じて、それも明了に見えるようになるまで修し、自分の手のひらの中を見るように、はっきりと見えるようになりなさい。

この観をおこなうことが正観であり、もし他の観を修するなら、それは邪観といわねばなりません。

第十一観　大勢至の色身を観ずる想

無量寿如来のおそばに侍す大菩薩には、観音菩薩のほかに、勢至菩薩《せいしぼさつ》がございます。世尊は阿難尊者と王妃に、威大な勢至菩薩の姿も告げました。

＊

次には大勢至菩薩を観じなさい。この菩薩の身体の高さと大きさは観世音菩薩と同じです。背後の円光の径は百二十五由旬で、二百五十由旬の彼方《かなた》まで照らしています。全身から放つ光明は十方諸国を照らして紫金色《しこんじき》に輝かせ、幸いにも菩薩と縁のある人は皆、その光明をことごとく見ることができます。

この菩薩の一つの毛孔《もうく》から出た光を見るだけでも十方無量の諸仏の清らかで尊い光明が見えるのです。このゆえに、この菩薩を無辺光《むへんこう》、すなわち果てのない輝きという名でも呼びます。

この菩薩は智慧の光であまねく一切を照らして、地獄・餓鬼・畜生の三途《さんず》の苦しみを受けている者を救いだし、その闇の世界から離れさせます。そのような無上の威力をもっているので、この菩薩を大勢至という名で呼ぶのです。

大勢至菩薩の天冠には五百の宝玉の花があり、その一つ一つの宝玉の花に五百の宝玉の台があり、一つ一つの宝台に十方諸仏の清らかで美しい国土の広大な景観が、すみずみまで映しだされています。

大勢至菩薩の頭頂の肉髻は紅蓮華《ぐれんげ》の形をしています。その肉髻の上に宝玉で造られた一つの水瓶《すいびょう》があります。そこにさまざまな光明がいれられており、仏の働きをあまねく映します。

このほか、いろいろな身体のようすは観音菩薩と同じで、少しも異なるところはありません。

大勢至菩薩が歩むときには十方世界の一切が震動します。そして、地が動くところに五百億の宝玉の花々が現れます。その一つ一つの花が気高い美しさを現して、極楽世界の花々のようです。

大勢至菩薩が坐《すわ》るときは、金・銀・瑠璃《るり》などの七宝の国土が一斉に揺れ動きます。この娑婆世界の下方にまします金光仏《こんこうぶつ》の国土から、上方は光明王仏《こうみょうおうぶつ》の国土まで揺れ動くのです。その中間には無数の塵《ちり》の数ほどの仏国土があるのですが、それらも皆、揺れ動きます。

これらの諸世界に出現していた分身の無量寿仏は、分身の観世音・大勢至菩薩とともに、みなことごとく極楽国土に戻って雲のように集まり、大空に満ちます。そして、蓮華座に坐して尊いみ法《のり》を宣告し、いっそう高い境地に至りたいと願う人びとを導くのです。

この観を修することが正観であり、もし他の観をおこなうならば、それは邪観であるといわねばなりません。このように大勢至菩薩を見ることを「大勢至の色身（姿）を観ずる想（勢至観）」といい、「第十一の観」と呼びます。

この菩薩を観ずれば、数えることのできない無数の劫の間に生死《しょうじ》を重ねた罪を除きます。この観を修すれば、ふたたび苦しみの世界に生をうけることはなく、いつも諸仏の浄土で安らかに暮らすことができます。

この観を成就することを「観世音と大勢至を観ずることにおいて完全であること」といいます。

第十二観　普観想

無量寿如来と観音・勢至菩薩の身体の荘厳を見るとき、今度は自分の心をさらにしっかりと呼びさまして、自らについて想をなしなさい。自身が西方極楽世界に往生して蓮の花の中で結跏趺坐《けっかふざ》しているという思いをおこし、そのことに心を集中するのです。

結跏趺坐とは、坐禅の姿勢です。それは、悟りの静けさに坐している姿です。

初めに、その蓮の花は閉じていると思いなさい。あなたは蓮のつぼみの中で眼を閉じ、静かに坐しています。

そして、その花が開いていくと思いなさい。この花が開くときには、五百色の光がさしこんで、あなたの身を照らします。

その光がきたときに、あなたは眼を開きます。そのように思ったとき、諸仏・諸菩薩が空中に満ちているのが眼に見えます。

極楽世界では、水のせせらぎも鳥の鳴き声も樹林のさざめきも、もちろん諸仏の声も、みな尊いみ法《のり》の音を響かせています。その音声《おんじょう》は浄土の経典をはじめとする十二部経《じゅうにぶきょう》、すなわち十二種に分けられる全部の経典と合致してます。このことをしっかり想念するなら、その想を解いて現世に戻るときも、あなたの心から教えが離れることはありません。

このように見ることができれば、それを「見無量寿仏極楽世界《けんむりょうじゅぶつごくらくせかい》」の観と呼びます。これを「普観想《ふかんそう》」といい、「第十二の観」と呼びます。

無量寿仏とその化身は無数にましまし、観世音菩薩・大勢至菩薩は、いつでも、この観を修する人のところに来ます。

＊

第十三観　雑想観

世尊は、阿難尊者と王妃に告げました。

もし至心《ししん》に西方極楽世界に往生したいと願う人は、まず一体の丈六《じょうろく》の仏像を思い描き、涼やかな池に咲いた蓮華の上にあると思いなさい。

丈六の仏像は高さ一丈六尺、およそ五メートルほどです。人びとが大仏と呼ぶ大きさです。

わたしが先に告げたように、無量寿仏の真実身体の大きさは無量無辺ですから、普通の人が自分の心の力で見ることはできません。けれども、かの如来の本願の力によって、一心に見たいと願って想を観じるなら、必ず、この仏の真実の姿を見ることができます。

如来の本願力により、仏像を拝するだけでも無量の福を得るのです。まして、仏の真実の姿を観ずる功徳《くどく》の大きさは、はかりしれません。

阿弥陀仏は神通自在であり、意のままに十方の国々のどこにでも、自在に姿を変えて現れます。大きな身体で現れるときは大空いっぱいに広がりますし、小さな身体で現れるときは丈六の姿にもなり、その半分の八尺の姿にもなります。

そうして現れる阿弥陀如来の姿は、みな真の金色《こんじき》です。背後の円光の中の化仏《けぶつ》や宝玉の蓮華などのようすは先に説いたとおりです。

観世音菩薩と大勢至菩薩は、どこに現れるときも同じ背丈の二菩薩ですから、人びとには同じ姿に見えます。しかし、頭部を見れば、知り分けることができます。先に

阿弥陀三尊像　阿弥陀仏を中尊とし、向かって左（右脇士）が勢至菩薩、向かって右（左脇士）が観音菩薩。勢至菩薩は頭に水瓶、観音菩薩は阿弥陀仏の小像をつける。（浄土宗功徳林寺本尊）

肉髻《にっけい》に一つの水瓶《すいびょう》をつけています。大勢至菩薩は

述べたように、観世音菩薩は天冠に一人の化仏が立っています。大勢至菩薩は肉髻《にっけい》に一つの水瓶《すいびょう》をつけています。

この二菩薩は阿弥陀仏を助けて、あまねく一切衆生《いっさいしゅじょう》を導き、生きとし生けるものの救いとなります。このことを「雑想観《ざっそうかん》（いろいろな想の観）」といい、「第十三の観」と呼びます。

あらゆる人の救い

第十四観〜第十六観

第十四観　上輩生想──上品の人びとのために

人びとに幸あれ。無量寿仏の光明は遠い未来の末の世にも届きます。どんな人にも、その光が円《まど》かでありますように。

釈迦牟尼世尊は極楽世界への往生を願う人のため、その人の品《ほん》、すなわち、人それぞれの気質や能力に応じて適切であるように、平生の心得と臨終の様相を九種に分けて説かれました。上品上生《じょうぼんじょうしょう》から下品下生《げぼんげしょう》までの九つでございます。

まず、勝れた上品の人びとについて世尊は、阿難尊者と韋提希王妃にこのように説示しました。

＊

人びとのなかで、もっとも勝れて極楽世界に生まれたいと願う上品上生の人は、このようにありなさい。

その人は、三種の心《しん》（三心）をおこして往生します。

一つには至誠心《しじょうしん》、まことの心です。

二つには深心《じんしん》、かの仏の本願の力を深く信じる心です。

三つには回向発願心《えこうほつがんしん》、おこなった善の力を振り向けて往生を願う心です。

この三心をそなえれば、必ず極楽国土に往生できます。

また、次の三種の人びとも勝れて極楽世界に往生することができます。

一つには慈悲の心をもって、不殺生をはじめ、もろもろの戒をよくたもつ人です。

二つには大きな救いの乗り物である大乗経典を読誦《どくじゅ》する人です。

三つには六念《ろくねん》を修する人、すなわち、仏・法・僧の三宝を念じ、持戒《じかい》・布施《ふせ》・敬天《けいてん》の三つを念じる人です。

これらの人びとが、その善《よ》きおこないによって生じた福徳の力、すなわち功徳《くどく》を回向《えこう》し、極楽国土に往生したいという願いを発《おこ》して、一日でも七日でも、あるいは幾日でも、その功徳をそなえて往生を願うなら、その願いは必ずかなえられます。

その人は臨終に極楽国土に往生するとき、ひるむことなく努めて精進勇猛《しょうじんゆうみょう》であったゆえに、阿弥陀如来は観世音・大勢至菩薩とともに無数の化仏《けぶつ》（分身の仏）と百千の比丘《びく》（僧）たちと声聞大衆《しょうもんだいしゅ》（いろいろな修行者や信徒たち）と無数の天人・神々を従え、金・銀・瑠璃《るり》などの七宝の宮殿を現して来迎します。

観世音菩薩はその人を乗せる金剛台を両手にささげて、大勢至菩薩とともに、その人の前にやってきます。阿弥陀仏は大光明を放って、その人の身を照らします。そうして、多くの菩薩とともに手をさしのべて、その人を迎えに現れるのです。

観世音・大勢至菩薩は数知れぬ諸菩薩とともに、その人を祝福して讃歎《さんだん》の偈《げ》（詩歌）を誦《じゅ》します。その人は諸菩薩に励まされて、極楽国土に往生したいと願う心をいっそう強めます。ですから、その人は阿弥陀仏と諸菩薩らの来迎を見て歓喜踊躍《かんぎゆやく》します。たとえ臨死の病《やまい》は重く、身体は衰弱していても、心は躍《おど》りあがるばかりの喜びに満たされるのです。

そして、ふと自分の身を見れば、すでに金剛台に乗っています。そして、阿弥陀仏の後に付き従って、またたくまに極楽国土に往生します。

そして、その国に生まれたとたんに、その人は阿弥陀仏の身体の厳かにまします諸相をすべて見るのですし、多くの菩薩の身体の美しいことも、すべて見えるのです。また、極楽国土の光明の宝樹の林からは、尊いみ法《のり》の声が波のように響いてきて、その人の耳に届きます。その人は、み法の声を聞いて無生法忍《むしょうぼうにん》をさとります。一切の無《む》生《しょう》なることを知り、あらゆる執着《しゅうちゃく》を離れて静かな境地に至るのです。

ですから、その人はもう、諸仏が成就された無上の悟りから少しのところに来ています。

その人はしばらくは極楽世界を離れて諸仏の教えを受けます。広く十方の諸世界におもむいて、それぞれの世界の仏の御前に礼して順次に授記《じゅき》されるのです。「あなたは未来に仏になれる」と祝福の未来記（予告）を授けられてから阿弥陀仏の国に帰還するのです。

そのとき、その人は無量百千の陀羅尼門《だらにもん》を得ています。陀羅尼とは教えを身につける能力です。その人には、その力が無限にそなわるのです。このような人を「上品上生の者」と呼びます。

＊

世尊のみ教えには、この三心堅固《さんじんけんご》な人はもっとも善き人であるということでございます。そのような人びとは自身が往生するだけでなく、その人の姿は生死流転《しょうじるてん》の闇に点じられた灯火として、わたくしども導きとなりましょう。

この次に善き人について、世尊はこのように説かれました。

＊

次に上品中生《じょうぼんちゅうしょう》の人とは、このような人びとです。

その人は必ずしも、大乗経典を記憶して読誦《どくじゅ》することはしません。しかし、普遍平等の広大な経典の言葉が意味するところを深く理解しています。万物は流転《るてん》して空《くう》であるという根本の教え、仏法の第一義を聞いても、いたずらに虚無感にとらわれることなく、また、仏の姿の荘厳を聞いて疑念をおこすこともありません。その人の心は、広大無辺の教えを聞いて驚いて動揺したりせず、深く因果の理法を信じて、けっして大乗の教えを誹謗《ひぼう》したりしません。

その人は、このことの功徳の回向、すなわち、その人の善によって生じた福徳の力を振り向けて極楽国土に往生したいと願い求めます。

このように仏道を修する人が、現世の命を終えようとするとき、阿弥陀仏は観世音・大勢至菩薩をはじめ無量の聖衆《しょうじゅ》と極楽国土の天人・神々に取り囲まれ、その人が乗る紫金台《しこんだい》を持って、その人の前に現れます。

阿弥陀仏はその人を嘉《よみ》して、このように告げます。

「法《のり》の子よ。汝《なんじ》は大乗の仏道を修して第一義を了解《りょうげ》せり。この故に我《わ》れ今、来《きた》って汝を迎接《こうしょう》す」

この宣告が下されると、阿弥陀仏の千の化仏が一斉に手を差しのべるのです。そのとき、その人が自分を見ると、紫金台に坐し、合掌して諸仏に礼拝しています。

その人はまたたくまに、極楽国土の七宝の池の中に生じます。その紫金台は大きな宝玉の蓮華の蕾《つぼみ》のような形をしています。この蓮華の蕾の胎内で一夜が過ぎ、夜が明けると花弁が開きます。すると、その人の身は紫磨金色《しまこんじき》に輝き、足の下に七宝の蓮華が咲いています。

阿弥陀仏と諸菩薩はともに光を放って、その人の身を照らし、その人ははっきりと目覚めます。その人は、ここに生まれる前の善業《ぜんごう》（善いおこない）の然《しか》らしむるところにより、耳に聞こえてくる音はみな、尊い教えの第一義諦《だいいちぎたい》、すなわち万物は流転して空《くう》であると語っています。

こうして目覚めたその人は紫金台から下り、如来に礼拝し合掌します。

そして七日たつと、阿耨多羅三藐三菩提《あのくたらさんみやくさんぼだい》と呼ばれる無上の悟りへの道において退くことのない人になります。その人は、時に空中を飛行して十方の諸世界におもむき、諸仏の弟子になって教えを受けます。諸仏のみもとで深く三昧《さんまい》（精神集中）に入って仏道を修します。そして一小劫の未来に無生法忍《むしようぼうにん》の境地に至り、諸仏の御前で授記されます。このような人を「上品中生の者」と呼びます。

＊

この次に善き人は上品下生《じようぼんげしよう》の人びとです。その幸いについて世尊は、このように告げました。

＊

上品下生の人とは、このような人びとです。

その人は中生の善き人と同じく因果の理法を信じて尊い大乗の教えを誹謗《ひぼう》しないことはもちろんなのですが、ただ何よりも無上道心《むじょうどうしん》を発《おこ》したことが大切です。無上道心とは、至高の悟りを求める心です。その人は、この発心《ほっしん》の功徳を回向して極楽国土に往生したいと願い求めます。

その人が現世の命を終えようとするとき、阿弥陀仏は観世音・大勢至菩薩をはじめ極楽世界の聖衆とともに金蓮華《こんれんげ》の台を持って、その人の前に現れます。阿弥陀仏は五百の分身の姿を化仏として現し、その人の前に来迎します。五百の化仏は一斉に一時に手を差しのべ、その人を嘉して、このように告げます。

「法《のり》の子よ。汝《なんじ》は今、清浄《しょうじょう》にして無上道心を発す。この故に我《わ》れ来《きた》って汝を迎う」

このように来迎が見えたとき、その人が自分の身を見ると、すでに金蓮華台に坐していますその人が坐したときに金蓮華台の花弁が閉じて御輿《みこし》のような乗り物になり、阿弥陀仏の後について極楽国土の七宝の池の中に往生することができるのです。

そして蓮華の胎内で一昼夜たつと、金蓮華台の花弁が開き、七日後に極楽国土にましますする阿弥陀如来を拝することができます。しかし、そのときはまだ意識が明瞭ではなく、仏身を見ることができたといっても、如来のさまざまな荘厳ははっきりとは見えません。

阿弥陀如来の姿がはっきりと見えてくるのは、三つの週が過ぎた二十一日後です。そのとき、耳に聞こえるいろいろな音がみな、尊い法を説いて響いているのです。その後、その人は十方の諸世界に旅して諸仏を供養《くよう》して敬いをささげ、諸仏の御前において深い教えを聞きます。そうして三小劫の時を経た未来に、あらゆる教えを知る百法明門《ひやっぽうみょうもん》の力を得て歓喜地《かんぎじ》に住します。このような人を「上品下生の者」と呼びます。

これら上品の三種の善きありかたを思念すること、それを「上輩生想《じょうはいしょうそう》」といい、「第十四の観」と呼びます。

第十五観　中輩生想――中品の人びとのために

釈迦牟尼世尊は阿難尊者と韋提希王妃に、中品の上生から下生までの三種の善きありかたについて、このように説示されました。

＊

中品上生《ちゅうぼんじょうしょう》というのは、戒を受持《じゅじ》する人の往生です。

その人は、よく五戒《ごかい》を持し、よく八戒斎《はっさいかい》を保ちます。

その人は、さまざまな戒をよく修して、五逆の罪をつくらず、どんな過ちや患《わずら》いもありません。

その人は、その善根《ぜんごん》を回向して西方極楽世界に往生したいと願い求めます。

山越阿弥陀図　日本では極楽は山の向こうにあるとイメージされ、そこから阿弥陀仏と観音・勢至菩薩らが臨終の人の前に現れる来迎図がよく描かれた。この来迎図の阿弥陀仏は手に糸をつけている。阿弥陀仏の手から糸を引いて臨終の人に持たせる臨終行儀に用いられた屏風の仏画である。阿弥陀仏と観音・勢至菩薩の身体の大きさが手前の山並みによって表されている。（金戒光明寺蔵）

五戒とは、殺生をせず（不殺生《ふせっしょう》）、盗まず（不偸盗《ふちゅうとう》）、淫《みだ》らでなく（不邪淫《ふじゃいん》）、偽りを言わず（不妄語《ふもうご》）、飲酒などの誘惑におぼれず（不飲酒《ふおんじゅ》）でございます。

この五戒に三つの慎みを加えて八戒とします。一つには豪奢《ごうしゃ》な寝台を用いるなどの贅沢《ぜいたく》をしてはなりません。二つには歌舞や化粧に心を奪われてはなりません。三つには、決まりの時刻を守らずに食を取ってはなりません。これら八戒は、在家の人でも月に六日の六斎日《ろくさいにち》に守るべきことで、八戒斎と申します。

ところが世の中には、父を殺してしまったり、母を殺してしまったり、出家の聖者を殺《あや》めてしまったりし、これら三つの大罪を犯して恐ろしくも哀しい境遇に身を置く人がいます。また、信仰の人びとをひがんで害したり、仏への敬いを喪失して仏像を傷つけたりし、この二つの大罪ゆえに荒廃した心をもち、無間地獄の苦を受ける人がいます。しかし、戒をよく受持する人は、これら五逆の罪を造らず、どんな過ちや患《わずら》いもないことでございます。

また、戒を持すことは善根《ぜんごん》（未来の幸いにつながる蓄積）となり、その善の力が回向、すなわち振り向けられますゆえ、極楽世界に往生したいという願いも心からのものになるのでございます。

その人の臨終のとき、阿弥陀仏は多くの清らかな僧たちや侍者に囲まれ、金色の光を放ちながら、その人のところにやってきて、苦・空・無常・無我の法を説き、その人は出家の聖者のように衆苦《しゅく》を離れられると祝福します。それを見て、その人の心は大いに歓喜し、自分の身を見れば、蓮華台に坐しています。その人はひざまずいて合掌し、仏に礼拝します。そして、礼拝の頭をあげると、その人はたちまち極楽世界に往生しているのです。すぐに蓮華台の胎の花弁が開き、そのとき、四諦《したい》の讃《たた》えを誦《じゅ》す多くの声が聞こえてきます。

その人は四諦八正道の阿羅漢《あらかん》（出家の聖者の最高位）の道をゆき、聖者の智慧によって三明《さんみょう》・六神通《ろくじんずう》といわれる種々の不思議な力を身につけます。また、空の瞑想などの八種の三昧《さんまい》（八解脱《はちげだつ》）によって欲望のとらわれから離れた静けさに至ります。

このような人を「中品上生の者」と呼びます。

ここに四諦と申しますのは四つのことを諦《あきら》かに知ることです。それは四聖諦《ししょうたい》、すなわち「四つの聖なる真理」と呼ばれる尊い教えの指針です。

①苦諦《くたい》＝一切は苦であると申します。人は誰もが、生まれては老い、病にかかり、死にゆくものです。その四苦から、いたずらに逃れようとしてはなりません。

②集諦《じったい》＝苦はさまざまな原因が集まって生じます。あらゆる事物は、その原因が

周囲の条件（縁）にふれて生起した結果であり、生成と消滅をくりかえしていきます。さまざまな苦も同じです。

③滅諦《めったい》＝苦の原因をなくせば、苦を滅することができます。

④道諦《どうたい》＝そのためには正しい道を行かねばなりません。

その道が次の八正道《はっしょうどう》です。

①正見《しょうけん》＝正しく見ること。

②正思惟《しょうしゆい》＝正しく考えること。

③正語《しょうご》＝正しく語ること。

④正業《しょうみょう》＝正しくおこなうこと。

⑤正　命《しょうしょうじん》＝正しく生活すること。

⑥正　精進《しょうねん》＝正しく努めること。

⑦正念《しょうじょう》＝正しく思念すること。

⑧正　定《ぜんじょう》＝正しく禅定・精神統一すること。

いつまでも変わらずにいる我《が》はないのに、それがあるかのように我《が》にとらわれてはなりません。

三明・六神通は無明《むみょう》の闇を破る明《みょう》（智慧の明るみ）によって仏がもつという種々の不思議な力です。およそ次のような力だと申します。

①神足通《じんそくつう》＝どこにでも思うままに行く力。
②天耳通《てんにつう》＝どんな人の声でも聞き取る力。
③他心通《たしんつう》＝他の者の心を知る力。
④宿命通《しゅくみょうつう》＝前世を知る力。
⑤天眼通《てんげんつう》＝来世を知る力。
⑥漏尽通《ろじんつう》＝煩悩がなくなった状態を知る力。

このうち宿命通・天眼通・漏尽通が三明でございます。

＊

次に中品中生《ちゅうぼんちゅうしょう》の人とは、このような人びとです。

その人は、あるいは一昼夜でも八戒斎《はっさいかい》を受持し、あるいは一昼夜でも沙弥戒《しゃみかい》を持《じ》し、あるいは一昼夜でも具足戒《ぐそくかい》を持して威儀に欠くるところがありません。

八戒斎は不殺生・不偸盗《ふちゅうとう》などで、先に述べたように在家の人でも守るべき戒です。

次に沙弥とは少年僧・見習い僧のことで、その戒は先に述べた十善戒、すなわち、不殺生・不偸盗・不邪淫《ふじゃいん》などの五戒に不慳貪《ふけんどん》（惜しむことなかれ）・不瞋恚《ふしんに》（怒ることなかれ）などの五つを加えた戒めです。

具足戒は出家修行者の戒で、男の僧であれば二百五十戒です。

その人は、この持戒の功徳を回向して極楽国土に往生したいと願い求めます。その人は戒の香りで身を清らかに燻蒸《くんじょう》されています。

このような人は、その臨終のときに阿弥陀仏が多くの眷属《けんぞく》（侍者など）とともに金色の光を放ちながら、七宝の蓮華を持って、その人の前に現れます。そのようすを見て、その人の耳に聞こえるのは、その人を嘉《よみ》して空中に響く阿弥陀仏の声です。

「善良なる人よ。汝《なんじ》のごとき善人は過去・現在・未来の三世《さんぜ》諸仏の教《きょう》に随順《ずいじゅん》せるが故に我《わ》れ来《きた》って汝を迎う」

そのとき、その人が自分を見れば蓮華の上に坐し、蓮華台の花弁はすぐに閉じて乗り物になります。そして、西方極楽世界に往生して、宝池の中に生まれるのです。

その人は蓮華の胎内で七日を過ごすと、蓮華の胎が開きます。その人は目を開き、合掌して、阿弥陀仏を讃歎《さんだん》します。それから尊い教えを受けて聞法歓喜《もんぽうかんぎ》し、須陀洹《しゅだおん》という聖者の位の最初の段階に至ります。そして半劫の未来に、聖者の最高位の阿羅漢になります。

このような人を「中品中生の者」と呼びます。

＊

中品の人のうち、次に善き人は中品下生《ちゅうぼんげしょう》の人びとです。その幸いについて世尊は、このように説かれました。

＊

中品下生の人とは、このような人びとです。

男であれ女であれ、父母に孝養し、世俗の世間において徳高く人びとに仁愛をほどこしたとします。その人が仏の教えとは縁なく過ごしてきても、幸いにも臨終のときに善知識《ぜんちしき》（仏道を導いてくれる人）に出会ったとします。善知識は広く阿弥陀仏の国土の安らぎを説き、また法蔵比丘《ほうぞうびく》の四十八願のことを教えたとします。

その人が、このことを聞いてから命を終えれば、たとえば壮健な男が腕を屈伸するくらいの短い時間に西方極楽世界に往生します。そして蓮華の胎内で七日が過ぎると、胎が開き、観世音菩薩と大勢至菩薩に拝して教えを受け、聞法歓喜します。それから一小劫の未来に、その人は阿羅漢《あらかん》になります。このような人を「中品下生の者」と呼びます。

以上の三つを「中輩生想《ちゆうはいしようそう》」といい「第十五の観」と呼びます。

第十六観　下輩生想──下品の人びとのために

世の人びとに幸あれ。法蔵比丘の四十八願は、無量寿経にくわしく説かれておりますように、すべて成就せられ、どんなに劣った末の世の人でも阿弥陀仏の極楽国土に迎えられます。

釈迦牟尼世尊は、劣った下品《げぼん》の人びとについて阿難尊者と韋提希王妃に、やはり上生・中生・下生の三つにわけて説示されました。

＊

下品上生の人とは、このような人びとです。

世の人びとのなかには、いろいろな悪にとらわれて業《ごう》を積み重ねてしまう人がいます。尊い教えの大乗経典を誹謗《ひぼう》することだけはしないといえども、その人は愚かで、種々の悪を多くなしても恥じず悔いず、慚愧《ざんき》の思いをもつことがありません。

そのような人でも命を終えるときに、仏道を導く善知識《ぜんちしき》がいて、その人のために種々の大乗経典を讃えて経題を誦《じゅ》してくれたとしましょう。そのように諸経の名を聞くだけでも、その功徳によって千劫の極重《ごくじゅう》の悪業が除かれ、消し去られます。

また、善知識の智者が、その人に手を組ませて合掌するように教え、南無阿弥陀仏と称《とな》えさせれば、仏名《ぶつみょう》を称える念仏のゆえに五十億劫の未来にわたって生死を重ねる罪を除きます。

そのとき、阿弥陀仏は自身の化仏と、観世音・大勢至菩薩の化身を、その人の前に遣《つか》わし、その人を祝福して告げます。

「善き人よ。汝は仏名を称するが故に諸罪消滅せり。我れ来って汝を迎う」

この言葉が宣じられたとき、その人は化仏の光明の輝きが室内に満ちるのを見ます。

その人は、たとえ罪深い生涯を送り、今は重い病の苦痛にさいなまれていたとしても、この光を見て歓喜して命を終えます。そして、宝蓮華《ほうれんげ》に乗って化仏の後についていき、宝池の中に生まれるのです。そして蓮華の胎内で七週が過ぎた四十九日後に、その蓮華の胎が開きます。すると、大きな慈悲をもつ観世音菩薩と大勢至菩薩が大光明を放ちながら、その人の前にとどまり、甚深《じんじん》の十二部経を説き聞かせます。深く尊い教えが十二種の経典にわけて説かれるのです。

その人は、それを聞いて信じ、よくわかって、無上の悟りに至る仏道をゆく心をおこします。そして十小劫の未来に、すべての教えを知る百法明門《ひやつぽうみようもん》の智慧を身につけ、十段階ある菩薩の位階の最初、歓喜地と呼ばれる初地《しよじ》に至ることができます。

このような人を「下品上生の者」と呼びます。その人は、諸仏の名《みな》のなかでも阿弥陀仏の名を聞き、法の名のなかでも大乗十二部経の経題を聞き、僧のなかでも極楽世界の聖衆《しようじゆ》の名を聞くことができます。その人は聖なる三宝の名を聞くことにより、浄土に往生できるのです。

＊

世の中には、さらに深く悪と愚かさに染まった人びとがいます。そのような人にも仏は救いの手を差しのべます。

次に世尊は、下品中生《げぼんちゅうしょう》の人について阿難尊者と王妃に説きました。

*

下品中生の人とは、このような人びとです。

仏道を正しく歩むための戒めである五戒・八戒および具足戒を破り犯す人がいます。そのような人は暗愚《あんぐ》から逃れられずに寺や教団のものを掠《かす》めとったり、僧に布施されたものを盗んだりし、また、よこしまな意図をもって不浄の説法をします。そうして恥じず悔いず、慚愧《ざんき》の思いをもつことがないどころか、いろいろな悪いおこないを自慢さえし、悪事で自分を飾りたてます。このような罪深い人は、その悪業のゆえに地獄に堕《お》ちるでしょう。その人が命を終えるときには地獄の炎が燃えさかって一挙に迫ってきます。

しかし、仏道に導く善知識がいて、大慈悲をもって、その人のために法を説くとします。阿弥陀仏の十力威徳《じゅうりきいとく》の大きな智慧の力は悪人にも働き、阿弥陀仏の広大な光《こう》明神力《みょうじんりき》の輝きを説き、また戒・定《じょう》・慧《え》・解脱《げだつ》・解脱知見《げだつちけん》を讃える言葉を聞くことがあったとします。

戒をよく持《じ》し、深く禅定《ぜんじょう》に入り、智慧の明るみに開かれて、煩悩の迷いから解脱し、解脱の安らぎを知る。これら悟りの功徳が讃えられると、その人は、これを聞いて八十億劫の生死の罪を除かれます。地獄の猛火は清涼の風となり、空中に吹いて多くの天界の花々を舞い散らします。

その花々は、一枚一枚の花弁にみな、仏と菩薩の化身がましまし、その人に手をさしのべて迎え摂《と》ります。

その人は、一瞬の思いのうちに西方極楽国土に往生することができます。そして七宝池の中の蓮華の胎内に生じます。そして六劫の時が過ぎた未来に、その蓮華が開くと、観世音・大勢至菩薩が清らかな声で、その人を慰め、安らぎを与えて、その人のために大乗甚深の経典を説きます。その人は尊い教えの法を聞いて、すぐに無上の悟りに至る仏道をゆく心をおこします。

このような人を「下品中生の者」と呼びます。

＊

世の中には、さらに深く悪と愚かさに染まって地獄・餓鬼などの悪道になじんでしまう人びとがいます。そのような人でも、仏はけっして見放されることはありません。

次に世尊は、下品下生《げぼんげしょう》の人について阿難尊者と王妃に説かれました。

＊

下品下生の人とは、このような人びとです。

もっとも不善のおこないである五逆十悪をなす人がいます。

五逆とは、父を殺してしまったり、母を殺してしまったり、出家の聖者を殺《あや》めてしまったり、また、信仰の人びとを害したり、仏への敬いを喪失して仏像を傷つけたり、これら五つの大罪です。十悪は不殺生《ふせつしょう》（殺すなかれ）・不偸盗《ふちゅうとう》（盗むなかれ）など十善戒を破って犯す悪行です。

その人は、これらの戒めから離れて五逆・十悪の不善になじみ、愚かにも、その悪業のゆえに地獄・餓鬼・畜生の三つの悪い世界に堕《お》ちて流転し、果てしなく劫を経ても逃れることができずに極度に苦しみつづけます。

このような愚かさから離れられずに生涯を送って、その命を終えようとするときに、善知識がいて、いろいろに慰めて、その人のために尊い仏法を説き、念仏を教えて勧めたとしましょう。阿弥陀仏を心に念じて、極楽国土の荘厳に思念を集中するように諭すのです。

しかし、いろいろな不善になじんで生涯を送った人は、臨終の苦しみが非常に多く、激しく動揺しています。とても仏を念じることができません。

そこで、仏道の善き友、先ほどの善知識がこのように告げます。「あなたは、もし心を集中して念ずることができないのなら、無量寿仏の御名《みな》を称えなさい」と。

この勧めによって、その人が心をこめて、声を絶やさず、十念欠けることなく、南無阿弥陀仏と称えたとします。すると、阿弥陀仏の御名を称えたことにより、一念を称えるごとに八十億劫の生死の罪が除かれます。そうして、悶《もだ》え苦しんでいた人も、いよいよ命を終えるときには、その人を極楽世界に乗せていく金蓮華を見るのです。

その金蓮華は太陽のように大きく輝いて、その人の前の空中に浮かびます。そして一瞬のうちに極楽世界に往生することができます。

その蓮華の胎内で十二大劫が過ぎ、花弁が開くと、観世音・大勢至菩薩が大悲の音《おん》声《じょう》をもって、その人のために広く諸法実相《しょほうじっそう》の法、すなわち万物の真実の姿を説き明かし、除滅罪《じょめつざい》の法、すなわち罪を払い清める法を説きます。

罪深い五逆十悪の人でも、この教えを聞いて歓喜し、菩提《ぼだい》（悟り）を求める心をおこします。

このような人を「下品下生の者」と呼びます。そして、以上の三つを「下輩生想《げはいしょうそう》」といい「第十六の観」と呼びます。

【日本の浄土教と文化❻】九品仏と藤原道長の往生

上品・中品・下品の三種にそれぞれの往生がある。この区分による九体の阿弥陀仏をまとめて九品仏《くほんぶつ》、また九体仏という。37ページで述べたように古くは平安時代の藤原道長の法成寺《ほうじょうじ》阿弥陀堂や浄瑠璃寺《じょうるりじ》（京都府木津川市《きづがわし》）に九品仏が祀られ、各地に広まった。

九品仏の姿は同じだが、手の形、すなわち印《いん》によって区別される。そのなかで来迎の仏像がとる印契を来迎印という。どれを来迎印とするかは仏像の作例によって異なるが、浄土系宗派では下品下生印、すなわち、どんな悪人でも救うという立ち姿の阿弥陀仏の印を来迎印とすることが多い。

藤原道長は自身が建立した法成寺阿弥陀堂で万寿《まんじゅ》四年（一〇二七）十二月に六十二歳で没した。平安時代の歴史物語『栄花物語』巻三十「つるのはやし」はその年の十月、前月に亡くなった次女の妍子《けんし》（三条天皇中宮）の月命日の法事を気にかけ、自身も重い病だった道長のようすから書きおこされている。

道長は死に臨んで病気平癒の祈禱《きとう》・修法《しゅほう》を強く拒絶したという。

「さらにさらに。おのれをあはれと思はん人は、このたびの心地に祈りせんはなかなか恨みんとす。おのれをば悪道に堕ちよとこそはあらめ。ただ念仏をのみぞ聞くべき。この君達《きんだち》、さらにさらにな寄りいませぞ」など仰せらるれば、「御物《おんもの》の怪《け》の思はせたてま

上品上生印（阿弥陀定印）の
阿弥陀仏

下品上生印の阿弥陀仏

上品上生

上品中生

上品下生

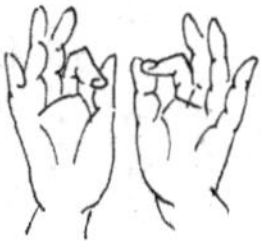

中品上生

中品中生

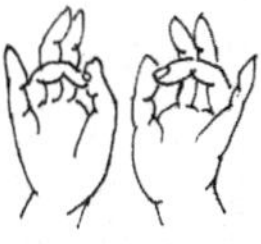

中品下生

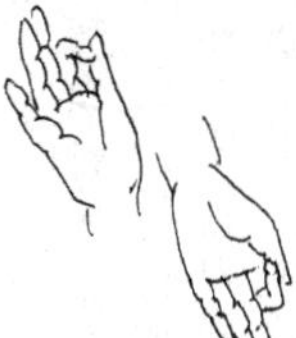

下品上生

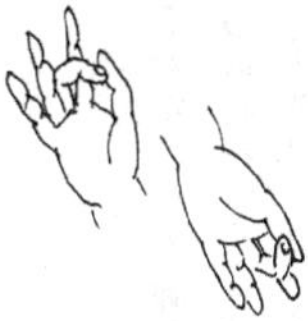

下品中生

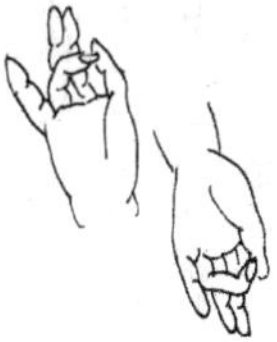

下品下生

阿弥陀仏の九品印　両手とも親指と他の指で輪をつくる。

つるなめり」など、ささめきのたまはすれば、御祈り絶えたり。

［意訳］「まったくまったく。私を哀れと思う人が、このたびの病気で祈禱なんかしたら、かえって恨むぞ。私を地獄などの悪道に堕とすようなことだ。ただ念仏だけ聞きたい。公達《きんだち》らは絶対に近寄らないでくれ」などと仰せになるので、公達らは「物の怪がこのようなことを思わせているのだろう」などとひそひそ話し、御祈禱は中止になった。

十一月、道長は日常の邸の土御門殿《つちみかどどの》から法成寺阿弥陀堂に身を移した。念誦《ねんじゅ》の間《ま》に屛風を高く立て回して閉じこもった。

ただ今はすべてこの世に心とまるべく見えさせたまはず。この立てたる御屛風の西《にし》面《おもて》をあけさせたまひて、九体《くたい》の阿弥陀仏をまもらへさせたてまつらせたまへり。

［意訳］今はこの世に執着する心はまったく見えない。立て回した屛風の西側だけ開けて、九体の阿弥陀仏を見守っておられた。

それから僧たちが念仏を聞かせ、小康をえたときにはみずから念仏して過ごし、十二月四日に没した。されど胸から上は温かく、なお念仏をとなえているように見えたという。

ちなみに巻名の「つるのはやし」は釈迦が沙羅双樹《さらそうじゅ》の林で入滅したとき、沙羅双樹が枯れて鶴のように白くなったという伝説から死に臨む場所を「鶴林《かくりん》」ということによる。

人びとの中へ

王妃の喜び

あの王舎城《おうしやじよう》での出来事は、どんなに過去のこととなりましても、どなたにとりましても、深い思いを呼びさまさずにはいられません。その国の栄えはインドでも一、二を誇り、都は輝かしくラージャグリハ（王の都）と讃えられておりましたのに、太子の阿闍世《あじやせ》王子は父の頻婆娑羅《びんばしやら》王を捕らえて王位を奪い、父王を牢に押し込めて飢えと死に追いやりました。そればかりか母の韋提希《いだいけ》王妃をも殺《あや》めようとしたのです。あの邪悪なお方、釈迦牟尼世尊のおいとこであられる提婆達多《だいばだった》様の恐ろしい誘惑があったのでございます。

阿闍世王は家臣の諫《いさ》めによって母殺しの罪だけは逃れましたものの、母妃を幽閉してしまいました。韋提希王妃は深く悲しみ、この世を厭《いと》って、耆闍崛山《ぎしやくつせん》（霊鷲山《りようじゆせん》）にましますに世尊に救いを求めたのでございます。

世尊は目連尊者と阿難尊者に、幽閉された王妃のところへ行くように命じられました。さらに世尊ご自身も王妃の前に姿を現して、これまでお話ししてまいりました観無量寿経の教えを垂れられたのでございます。

そのとき韋提希王妃には五百人の侍女が仕えていました。

王妃と侍女らは、世尊のみ教えに浴して仏の言葉を聞き、極楽世界の広大な勝れたようすを見ることができました。阿弥陀仏の仏身の荘厳と、観世音・大勢至菩薩の身体の荘厳を見て、心に未曾有《みぞう》の歓喜を生じたのでございます。

王妃は我が子に幽閉されるという悲しみを超えて、心は晴れわたり、一切のこだわりをなくして無生法忍《むしようぼうにん》の境地を得ることができました。五百人の侍女も無上の悟りを求める心をおこして、かの極楽国に生まれたいと願いました。その願いを嘉《よみ》して世尊は、侍女らにことごとく「みな往生できます」と予言の言葉を授けたのでございます。

「あなたがたは、かの国に生まれて諸仏現前三昧《しよぶつげんぜんざんまい》の境地に至るであろう」と。

諸仏現前三昧は、諸仏が目《ま》のあたりに立ち現れるという意味から仏立三昧《ぶつりゆうざんまい》といい、もとのインドの言葉から般舟三昧《はんじゅさんまい》とも申します。

このとき王舎城には天の神々も無数に参集して世尊の教えを聞いておりましたが、その神々も無上の悟りに至る仏道をゆく心をおこしたのでございます。

人中の分陀利華

阿難尊者はこのとき、この尊い教えをどのように人びとに伝えていけばよいのかと思いました。今は観無量寿経すなわち「無量寿仏を観じる経」と呼ばれておりますが、この教えを聞いたときには、まだ名が定まっていなかったのでございます。

阿難尊者は、ひざまずいて教えを聞いていた座から立ち、世尊の御前に進みでて申しました。

「世尊に問い申し上げます。このみ教えは、どのような経名で呼べばよいのでしょうか。この法の要は、どのように受けとり、保持すべきでしょうか」

世尊は、このように告げました。

＊

この経を「観極楽国土・無量寿仏・観世音菩薩・大勢至菩薩」と名づけます。略せば「観無量寿経」です。また「浄除業障《じょうじょごっしょう》 生諸仏前《しょうしょぶつぜん》」と名づけます。「業障を浄除して諸仏の前に生まれる経」という意味です。

我が弟子、阿難。あなたはこの経を受持して、けっして忘失してはなりません。

これまで説いてきた三昧《さんまい》（精神集中）を修する人は、現世の身で無量寿仏と観世音菩薩・大勢至菩薩を見ることができます。男であれ女であれ、ただ阿弥陀仏と二菩薩の御名を聞くだけでも無量劫の生死の罪を除くのです。まして、阿弥陀仏と二菩薩を憶念する人の幸いの大きなことはいうまでもありません。

まさに知るべきことは、念仏する人は人中《にんじゆう》の分陀利華《ふんだりけ》、すなわち濁った世の煩悩《ぼんのう》の多い人びとの中にあっても汚れずに咲く白い蓮の花です。どんなにつらいことがあっても、観世音菩薩と大勢至菩薩が力強い友になって、その人を守護します。その人はどこにいても、未来には悟りの座に坐し、諸仏の悟りの家に生まれるでしょう。

＊

そして世尊は阿難尊者に「あなたは、わたしが説き示したこの教えをしっかりと胸に刻み込みなさい。この教えを胸に刻み込むとは、無量寿仏の御名を胸に刻み込むことにほかなりません」と勅《ちよく》を下しました。

世尊は阿難尊者に、仏の御名をしっかりと心に刻んで、「南無阿弥陀仏」の念仏を世の人びとに伝え、その救いを広めるように命じたのでございます。目連尊者も韋提希王妃らも、世尊の御言葉を聞き、みな大いに歓喜いたしました。

そして世尊は大空を歩んで、王妃の幽閉の部屋から耆闍崛山に戻りました。この霊峰にて世尊が法を説かれるおりには、天の神々も、水界の支配者である龍王たちも、冥界の夜叉《やしゃ》や鬼神どもも無数に参集してまいります。

このときも、そうでございました。耆闍崛山にて弟子や信徒らに改めて王舎城でのことを説かれますと、無量の天・龍・夜叉らも聞いて、みな大いに歓喜しました。そして世尊に礼拝し、それぞれの世界に戻っていったのでございます。

以上が仏の説かれた観無量寿経でございます。

天・龍・夜叉の世界は、現世の人間界と同様に無常であり、生死流転の苦の世界です。しかし、それぞれ、どんな世界にありましても仏の御名をしっかりと心に刻み、極楽国土の荘厳に思念を向けて、「南無阿弥陀仏」と御名を称えてまいることでございます。

【日本の浄土教と文化❼】妙好人

観無量寿経に「念仏する人は人中の分陀利華《ふんだりけ》」、すなわち濁った水の中に咲く白い蓮のようであると説かれている。

この経典について中国唐代の浄土教の祖師＝善導《ぜんどう》（六一三～六八一年）が解説した『観無量寿経疏《かんむりようじゆきようしよ》（観経疏《かんぎようしよ》）』には、よく念仏する人は「人中の妙好人《みようこうにん》なり」とある。そこから、念仏の篤信者を妙好人というようになった。とくに仏教が生活に浸透した江戸時代に理想の念仏者として語られるようになり、石見《いわみ》（島根県）の浄土真宗の僧＝仰誓《ごうせい》（一七二一～一七九四年）が編んだ『妙好人伝』をはじめとして、明治時代には鈴木大拙《すずきだいせつ》も『妙好人』を編むなど、その行状は広く伝えられた。

かれらは来世の往生浄土もさることながら、現世において何事も仏のはからいだ、ありがたい、と楽天的に生きる人びとだった。ここでは仰誓の『妙好人伝』第一話「芸州喜兵衛《きへい》」と『庄松《しようまつ》ありのままの記』から意訳で抄出する。

芸州喜兵衛

寛永のころ、安芸国山県郡戸谷村《あきのくにやまかたこおりとたにむら》（広島県北広島町《きたひろしま》）に白楽《はくらく》（馬を売買する博労）を生業《なりわい》とする喜兵衛という人がいた。深く阿弥陀仏の本願を信じ、行住坐臥《ざが》に称名して途切れることはなかった。家族や同朋《どうぼう》など、親しい人が寝ていると、ときどき揺すり起こした。起こされた人がただの返事をすると、「お留守、お留守」といい、また、揺すり起こしたときに「南無阿弥陀仏、南無阿弥陀仏」と念仏すれば、「めでたし、めでたし。お内にござる」と言って、自分も一緒に念仏した。

庄松ありのままの記

讃岐《さぬき》（香川県）の庄松（一七九八？～一八七一年）は真宗勝覚寺《しょうかくじ》の門徒だった。

ある日、庄松が富田村の菊蔵と連れだって勝覚寺にお詣《まい》りした。庄松さんは本堂にあがるなり、「ああ疲れた、疲れた」と、阿弥陀様に礼拝もせずに畳の上に寝転んでしまった。

菊蔵が「おいおい庄松さん、いきなり御仏前に寝転ぶとは、なんてことを」と咎《とが》めると、庄松は「ここは親の家じゃ、遠慮にはおよばん。そういうおまえも養子であろう」と言って笑ったのだった。

庄松ありのままの記　「ここは親の家じゃ」と寺の阿弥陀仏の前で寝転ぶ庄松。（国立国会図書館デジタルコレクション）

悪人の救い

阿闍世王の回心

さて、釈迦牟尼世尊の観無量寿経の説示は先にお話ししたことで終わりでございますが、そのほかに聞いておりますことを、すこし付けたしてお伝えいたします。それは、あの悲しい阿《あ》闍世《じゃせ》王と提婆《だいば》達多《だった》様のことでございます。

釈迦牟尼世尊は阿闍世王の行く末をたいへん気にかけられて、「自分は阿闍世のために無量無《むりょうむ》辺阿《へんあ》僧祇《そうぎ》劫《こう》に涅槃《ねはん》に入らず」とまでおっしゃられたことがあるのです。

お話は、すこし前に戻ります。

あれは阿闍世王が父の頻婆《びんば》娑羅《しゃら》王を牢に入れて餓死させようとしたときのことでした。

そのころ、罪深い阿闍世に安らぎはありません。いらだって日を過ごすうちに、阿闍世王の子が皮膚病にかかりました。王は苦しむ子の膚《はだ》をさすり、ただれた患部に口をつけて、膿をすいだしました。

そのようすを見て、母妃は「ああっ」と深いためいきをつきました。

「母上、なぜ、ためいきを？」

「あなたも子どものころ、皮膚病にかかったことがありました。そのとき、父君も口で膿をすいだされたのです」

それを聞いた阿闍世は父王の慈愛を知って、ただちに牢獄から救いだそうとしました。

けれどもそのとき、父王は争いのない世に生まれることを願いながら命を終えていたのでございます。

ただ、その前に世尊は王妃の祈りを受けて王舎城に出現されました。前にお話ししたように世尊の光は父王の牢獄にとどき、大王を頭上から照らしました。大王は世尊の光明を浴びて、心眼の曇りは晴れて阿那含《あなごん》と呼ばれる境地に至り、ふたたび苦の世界に戻り来ることはないところに行ったのでした。

また、阿闍世王自身が病にかかり、皮膚にたくさん瘡《かさ》ができたことがあります。そのときも世尊は光明を放って、王の瘡を癒《いや》しました。

このようなことがあって阿闍世王は罪を懺悔《さんげ》し、世尊に帰依《きえ》いたしました。世にも悲しいことには、父を死に追いやるという不孝ののちに、阿闍世王はようやく回心できたのです。

このように哀れな人びとのために世尊は大般涅槃経《だいはつねはんぎょう》にて次の言葉を告げました。

＊

わたしは阿闍世のために涅槃に入らない。それは、一切の五逆を造る凡夫《ぼんぶ》のために涅槃に入らないということである。

わたしは、煩悩に満ちている一切の迷いの衆生《しゅじょう》のために涅槃に入らない。また、いまだ悟りを開くことができず、悟りへの道を求めることのない一切の衆生のために、わたしは涅槃に入らない。

＊

涅槃とは煩悩が消えた静かなさとりのことですが、仏の入滅をさす言葉でもあります。大般涅槃経は釈迦牟尼世尊の入滅のようすを伝える経典でございます。この経典に一切衆生悉有仏性《いっさいしゅじょうしつうぶつしょう》（生きとし生けるものは皆、仏になる性質をもっている）と説かれ、また、どんな悪人でも成仏できると説かれているのでございます。

そのことは日本の人びとにも早くから伝わり、平安時代の末ごろ《ころ》に編まれた『今昔物語集』の巻三（天竺《てんじく》篇）第二十七話「阿闍世王、父王を不せる語」にくわしく語られています。

その「今は昔」のお話には、阿闍世王があの提婆達多様にそそのかされて父王を幽閉して餓死させようとしたばかりか、母妃を剣で殺害しようとするのを医師の耆婆《ぎば》に諫《いさ》められて思いとどまったことなどが語られています。

そして、釈迦牟尼世尊は鳩尸《くし》那城《なじょう》の抜提河《ばつだいが》（クシナガラのヒランヤバーディ川）のほとり、沙羅林《しゃらりん》の中にましまして大涅槃《だいねはん》の教法（臨終の説法すなわち大般涅槃経）を説かれたのでございます。

そのとき王舎城にいた阿闍世王に耆婆が告げました。

「我が王よ、あなたは逆罪を造りたもうゆえ、必ず地獄に堕ちましょう。しかし今、釈迦牟尼仏が鳩尸那城の沙羅林にて常住仏性《じょうじゅうぶっしょう》の教法（常に仏性があること）を説き、一切衆生《いっさいしゅじょう》を利益《りやく》したまう。速やかに参り、罪を懺悔《さんげ》されますよう」

「父を殺した私を仏が許されることはないであろう。会うこともかなうまい」

「仏は善を修する人も、悪をなす人も見そなわします。一切衆生を等しく、皆を一人の子として悲しみを垂れます」

「逆罪を造った私は、もはや無間地獄に堕ちるにちがいない。たとえ仏を見たてまつるとも罪が消えることはあるまい。それに、私はもう年老いた。いまさら仏のみもとに詣でて恥をかいても益はあるまい」

「我が王よ、このたび仏を見たてまつりて父王を殺した罪を滅したまわずば、いずれの世に、その罪を滅せられましょうか。もし無間地獄に堕ちられるなら、そこから出られる時は来ません。必ず参られますよう」

そのとき、釈迦牟尼仏は沙羅林から光を放って阿闍世王を照らしました。それで王は言いました。

「劫《こう》尽きて世界が終わるとき、日と月が三つずつ出て世を照らすという。この光はそれなのか」

「我が王よ。たとえば、ある人に多くの子がいたとします。そのなかに病気をもつ子がいても、父母は慈しんで育てるでしょう。我が王が父を殺された罪は重くても、それは我が子の病が重いのと同じではないでしょうか。仏は一人の子を悲しまれるのです。今の光は、仏が王を救おうとして放たれたのでしょう」

「ならば試みに仏のみもとに詣でよう。そなたも供をせよ。私は五逆の大罪を造ったゆえ、そこへ行く途上で大地が裂け、私は地獄に堕ちるだろう。もしそうなれば、そなたは捕らえられよう」

そうして阿闍世王は耆婆大臣を従えて出立しました。

王の隊列は五万二千両の車に法幢《ほうどう》（軍旗の幟《のぼり》）と傘蓋《さんがい》（威厳を示す傘）を架け、大きな象に皆、七宝の飾りをつけ、高い身分の臣下らを多く従えて行進し、沙羅林に到着して仏の御前に進んだのでした。

仏は王を見て、ただちに王は未来に仏になれると記（予言）を授けて告げました。

「大王よ。わたしはあなたを悟りの平安への道に導きます。あなたはわたしのもとに来たのですから、すでに仏道に入っています」

阿闍世王は仏に見《まみ》えて三界（輪廻の世界）の迷いを断じて修道の最初の果報を得たのでございます。

提婆達多の未来

邪悪にとらわれた提婆達多様も、悲しい人でございました。大罪のために炎の熱風に焼かれながら地獄のいちばん深い底に墜落していったといわれております。ただし、地獄の炎が迫ってきた瞬間に、わずかに一言、「南無仏」と称《とな》えることができました。世尊のみ教えには、遠い未来には地獄から引き上げられて、天界にも生まれ、さらに人間界に戻って、今度は正しい修行者になるということでございます。

また世尊は法華経にて、ご自身が仏道に入ったのは提婆達多様の導きがあったからだと語られたことがございます。

遠い過去の世に世尊がまだ仏陀になられる前のこと、世尊はある国の王でした。その国は栄えて、王は何でも望みのものを手に入れることができました。しかし、心の満足は得られません。そこで王は、「絶対の安らぎを得られる道を教えてくれる師があれば、わたしは王位を捨て、僕《しもべ》として仕えよう」と天下に布告しました。その布告を見て、「道を知っている」という一人の聖《ひじり》が現れ、「もし大王が我が僕として忠実に仕えるなら、道を教えよう」と述べたのでございます。

王はただちに出家して聖の僕になりました。

そして食べ物をととのえたり、水汲《く》みや薪とりをし、夜は自分の身体を寝台にして聖を寝かせて仕えました。

道のためですから疲れを覚えることもなく、一千年もの間、王は聖に仕えました。このことによって世尊は無上の悟りに至る仏道に入られたということでございます。そのときの聖が、今の提婆達多様であるということです。

世尊は提婆達多様が過去に師であったことを告げて、遠い未来には仏になれると予告されました。その仏の御名を天王如来（神々の王）といい、その仏の国を「天道（神々の道）」というのでございます。

提婆達多様は、逆縁《ぎゃくえん》の人でありました。逆縁とは、悪いことが機縁となって仏道に導かれることです。幸いにも善良な人は、よい仏縁に恵まれて、そのまま仏道に入ることができます。それは幸福な順縁《じゅんえん》の人です。

しかし、不幸にも悪いことによってしか仏と縁の結ばれない人もいます。世尊はどんな人でもけっしてお見捨てにならず、それぞれの縁に従って、かの無上菩提（至高のさとり）に到る光の道を示されるのでございます。大きな悲劇に包まれていた王舎城にて観無量寿経が説かれましたのも、けっして故のないことではございません。

現世はどんなに苦しいことが多くても、釈迦牟尼世尊は、いつでも、世の人びとに勇気と希望をもつように励ましを与えておられます。そのことを中国は唐の善導大師《ぜんどうだいし》という方が深く観無量寿経をお読みになり、二河白道《にがびやくどう》の喩《たと》えによって示されました。

二河白道の喩え

西に向かって歩む一人の旅人がございました。ところが、途中で火の河、水の河があり、ゆくてをはばまれました。

それは煩悩の河です。遠く西に見える岸辺は静かなのに、その前で炎は激しく燃えさかって旅人を焼こうと迫り、水は逆巻いて旅人を飲み込んでしまおうとします。その中間に細い道が白く見えるのですが、無事に渡れるとは思えません。

どうしたものか迷っているうちに、後ろから群賊や猛獣がおしよせてきました。東の岸部に留《とど》まっていたら、群賊や猛獣に襲われてしまいます。といって、荒れ狂う炎と水に挟まれた細い道を行く勇気がありません。

そのとき、釈迦牟尼世尊の声が聞こえました。

「早く、その道をゆきなさい。恐れることはありません」

西の向こう岸からは阿弥陀仏の声が聞こえました。

「わたしがかならず守るから、一心に渡ってきなさい」

旅人はその言葉を信じて白道をわたり、西の岸にたどりつきました。

いうまでもなく、西の彼岸（向こうの岸辺）は極楽浄土、東の此岸《しがん》（こちらの岸辺）はこの世のことでございます。

そして、その道をはばむ火の河、水の河は、自分自身の心の迷いです。その迷いを勇気をもって断つように、こちらでは世尊、向こうでは阿弥陀仏が励ましてくださるのです。

毎年の春分・秋分の日にお彼岸の仏事を営んでご先祖をしのぶのも、この教えがあるからでございます。

観無量寿経の十六観の最初は「日想」、すなわち夕日を観じることでございます。春分・秋分の日には夕日が真西に没して、三界万霊が安らぐ極楽世界の方角をまっすぐに示してくれます。また、天末の輝きは極楽国土の荘厳に似て、わたくしどもは欣《ごん》求浄土《ぐじょうど》（浄土を欣《ねが》い求めること）の思いを強めるのでございます。

立山曼荼羅の白道　富山県の立山は地獄・極楽めぐりの霊場だ。その霊場を描く立山曼荼羅に、白い布を敷いた道を進む行列の場面がある。その白道は閻魔堂を出て浄土堂に入る。すなわち地獄から極楽浄土に渡るのだが、さらに墓地のほうへ進んで行く。かつての野辺の送りの風習を伝える場面だ。（立山博物館蔵「吉祥坊本」部分）

芦峅寺の閻魔大王　立山は神仏習合の修験の霊場で、江戸時代には多くの登山者があったが、明治の神仏分離で破壊され、今は芦峅寺とよばれる寺の閻魔堂だけが残る。（著者撮影）

立山の布橋灌頂会　死装束の白い着物をまとい、目隠しをして橋を渡る。昔、立山に女性は登ることができなかった。そこで女人往生（女性の救済）のために山麓に開かれたのが布橋灌頂の道場である。明治に信仰の登山は衰退し、布橋灌頂もおこなわれなくなったが、1996年に復活し、春秋の彼岸におこなわれる。1回渡っておくと、死後に閻魔大王に会ったとき「罪払いを済ませている」ということで地獄に行かなくていいという。（写真提供：富山県立山町）

布橋　昔はあった浄土堂と閻魔堂の間を流れる谷川にかけられている。布橋灌頂会のときは白い布が敷かれる。橋の向こうに極楽浄土があるという霊峰立山を望む。（著者撮影）

第三部

無量寿経【巻上】阿弥陀仏の四十八の本願

三世《さんぜ》一切の諸仏と求法者《ぐほうしや》たちに礼したてまつる。
ここに釈迦牟尼世尊《しやかむにせそん》が説示されましたのは、
極楽浄土がつくられたわけについてでございます。
遠い十劫《じつこう》の過去に、西方十万億の諸仏の国土を過ぎたところに、
かの仏の国が興されたのでございます。

山上の会衆

霊峰にて

わたくしは、このように聞いております。

あるとき、釈迦牟尼世尊《しやかむにせそん》はマガダの王都ラージャグリハ（王舎城《おうしやじよう》）の郊外にそびえる霊峰グリドラクータにございました。その山は耆闍崛山《ぎしやくつせん》とも霊鷲山《りようじゆせん》とも申します。

そのとき、世尊のもとには一万二千の比丘《びく》たちがおりました。

比丘とは、尊い出家の僧たちでございます。一万二千の比丘たちは大いに尊敬されるべき聖者であり、みな智慧《ちえ》の不思議な力を身にそなえていました。

その名は――、

尊者アジュニャカウンディンヤ（了本際《りょうほんざい》・阿若憍陳如《あにゃきょうじんにょ》）
尊者アシャヴァジート（正願《しょうがん》）
尊者ヴァシュパ（正語《しょうご》）
尊者マハー・ナーマン（大号《だいごう》）
尊者バドリカ（仁賢《にんげん》）
尊者ヴィマラ（離垢《りく》）
尊者ヤショーデーヴァ（名聞《みょうもん》）
尊者スバーフ（善実《ぜんじつ》）
尊者プールナカ（具足《ぐそく》）
尊者ガヴァーンパティ（牛王《ごおう》）
尊者ウルヴィルヴァー・カーシャパ（優楼頻蠃迦葉《うるびんらかしょう》）
尊者ガヤー・カーシャパ（伽耶迦葉《がやかしょう》）
尊者ナディー・カーシャパ（那提迦葉《なだいかしょう》）
尊者マハー・カーシャパ（摩訶迦葉《まかかしょう》）
尊者シャーリプトラ（舎利弗《しゃりほつ》）
尊者マハー・マウドガリヤーヤナ（摩訶目犍連《まかもつけんれん》）
尊者マハー・カルピナ（劫賓那《こうひんな》）

尊者マハー・カウンシティリヤ（大住《だいじゆう》・摩訶倶絺羅《まかくちら》）
尊者マハー・カーティヤーヤナ（大浄志《だいじようし》・摩訶迦旃延《まかかせんねん》）
尊者マハー・チュンダ（摩訶周那《まかしゆな》）
尊者プールナ・マイトラーヤニー・プトラ（満願子《まんがんし》）
尊者アヌルッダ（離障《りしよう》・阿那律《あなりつ》）
尊者レーヴァタ・カディラヴァニカ（流灌《るかん》・離婆多《りはた》）
尊者カンピラ（堅伏《けんぷく》）
尊者モーガ・ラージャ（面王《めんのう》）
尊者パーラーヤニカ（異乗《いじよう》）
尊者ヴァクラ（仁性《にんじよう》）
尊者ナンダ（嘉楽《からく》・難陀《なんだ》）
尊者スヴァーガタ（善来《ぜんらい》）
尊者ラーフラ（羅云《らうん》・羅睺羅《らごら》）
尊者アーナンダ（阿難陀《あなんだ》）

これら大比丘衆は世尊のお弟子の上首《じようしゆ》でございます。
また、大乗《だいじよう》の菩薩《ぼさつ》たちも数多く、世尊のみもとにありました。普賢《ふげん》菩薩・文殊《もんじゆ》菩薩・

弥勒《みろく》菩薩など、現在賢劫《げんざいけんごう》の一切の菩薩が参じていました。

ここに現在賢劫と申しますのは、遠い流転《るてん》の世のひとつとして伝えられてきたことでございます。

わたくしどもは、どこか知れないところから、この世に生まれ、この世を生きて、やがて、いずこかへ去っていきます。無から生まれ、無に戻ります。

世界全体もまた、生死流転《しょうじるてん》の相にあり、四つのカルパ、すなわち四劫《しこう》とよばれる四つの時期をへて流転すると申します。万物が生成される成劫《じょうごう》、それらが安定して維持される住劫《じゅうごう》、このとき人の寿命は何万年にも延びます。しかし、次の壊劫《えこう》には万物が衰退し、人の寿命も縮んでいきます。そして、すべて消滅する空劫《くうごう》が訪れて、次に生成の力が発動されるまでは何も存在しない時期がつづきます。

諸仏も、この流転の宇宙において出現します。過去荘厳劫《かこしょうごんこう》とよばれる時期には、この世に次々に千仏が現れたと言われております。その次が現在賢劫で、やはり千仏が現れます。さらに未来星宿劫《みらいしょうしゅくごう》にも千仏が現れると申します。

釈迦牟尼世尊も、この三千仏の連なりの中にあり、現在賢劫において世に現れました。そして諸仏がそれぞれに諸菩薩を従えているように、釈迦牟尼世尊のもとにも現在賢劫の一切の菩薩が集まっているのでございます。

あの耆闍崛山《ぎしゃくつせん》の山上の集会《しゅうえ》のおりには、賢護《けんご》大士《だいじ》ら、十六人の偉大な菩薩がおりました。大士とはマハーサットヴァすなわち大いなる志をもつ者で、ボーディサットヴァ（悟りを求める者）＝菩薩のことでございます。

それら菩薩大士の名は──。

善思議《ぜんしぎ》菩薩　信慧《しんね》菩薩　空無《くうむ》菩薩　神通華《じんずうけ》菩薩
光英《こうえい》菩薩　慧上《えじょう》菩薩　智幢《ちどう》菩薩　寂根《じゃくこん》菩薩
願慧《がんね》菩薩　香象《こうぞう》菩薩　宝英《ほうよう》菩薩　中住《ちゅうじゅう》　菩薩
制行《せいぎょう》　菩薩　解脱《げだつ》菩薩　等

これら大士は慈悲ぶかい普賢菩薩の徳を遵守《じゅんしゅ》して人びとを救いたいと願って菩薩の道をゆき、一切の功徳《くどく》をゆるぎなく成就《じょうじゅ》しておりました。また、十方の諸世界に自在におもむいて方便をもって救いを示しました。

それとともに、菩薩らはみずから仏の境涯に入って悟りを求め、あらゆる世界においてブッダ（仏陀《ぶつだ》）の悟りに到る姿を示しました。

すなわち、

兜率天《とそつてん》に生まれて法を宣布し、
天宮を捨てて神《しん》（魂魄《こんぱく》）を母の胎内に降ろし、
右脇より出生して七歩の歩みを現し、
光明《こうみよう》顕曜《けんよう》にして普《あまね》く十方を照らす。

ブッダの八相成道

覚者たるブッダ、如来の生涯には八相成道《はつそうじようどう》とよばれる八つの場面がございます。ここに参集の菩薩らはブッダの八相成道を現し、さとりへの道を示したのでございます。以下は、八相成道の段階に触れながら、ここで世尊が説かれましたことを述べてまいります。

八相成道の第一は降兜率《ごうとそつ》。

ブッダは前世にはボーディサットヴァ（さとりを求める者）すなわち菩薩であり、トゥシタとよばれる天界、すなわち兜率天《とそつてん》にありました。そこは弥勒菩薩の浄土として知られますように、ブッダも菩薩として法を宣布し、やがて兜率の天宮を捨てて魂魄を人の胎内に降ろします。

それが八相の第二、入胎でございます。釈迦牟尼世尊のばあいで申しますと、白象に乗って天から下り、シャーキャ国の王妃マーヤーの胎内に下りました。

第三が出胎。

ブッダは普通の人とは異なって母の右脇から生まれ、七歩あゆむ姿を現します。その身体から光明が輝いてあまねく十方の諸仏の国を照らし、それら無量の国土が揺れ動きます。そして幼な子のブッダが「われ、この世において無上尊となるべし」と宣じたとき、世を司《つかさど》るバラモンの至高神ブラフマー（梵天《ぼんてん》）と神々の帝王インドラ（帝《たい》釈天《しゃくてん》）がかしずき、神々も人びとも仰ぎ見て礼拝しました。

それから少年になりますと、算術・文芸・弓術・馬術などの文武両道に熟達し、書物・典籍に通暁《つうぎょう》いたします。城の後宮にて王子として暮らして武芸を楽しみ、普通の人と同じく結婚して過ごしますが、やがて老・病・死を観じて無常をさとり、国と財と地位を捨てて山に入ります。八相の第四、出家です。

こうしてブッダへの道に踏み出した王子は騎乗していた白馬、身を飾っていた宝冠・瓔珞《ようらく》を従者に命じて王宮に戻させ、王族の高貴な衣装を修行者の衣に着替えて、鬚《ひげ》と髪を剃《そ》り、樹下に端坐《たんざ》して苦行六年。この五濁《ごじょく》の国、すなわち、さまざまに劣化した世において他の修行者と同じく行じます。

しかし、苦行六年のうちに身に塵垢《じんく》がたまります。それゆえ、釈迦牟尼世尊がナイランジャナー川（尼連禅河《にれんぜんが》）で身を清めたように、清流で沐浴《もくよく》します。その水から出るとき、身は苦行で体力が失われておりますゆえ、天の神々が樹の枝を下ろして助けます。

それから王子がブッダのさとりの座に歩まれるときには神鳥が両翼をひろげて従い、天の童子が現れて悟りの兆しを讃《たた》えてクサ（吉祥草《きちじようそう》）をささげます。布施されたクサを王子は哀れみを垂れて受け、菩提樹下に敷いて坐します。そして、輝く光明を放って、ブッダの成道の時が来たことを魔に知らしめるのです。

そこで八相の第五に降魔《ごうま》があります。

魔は欲望・怒り・恐怖などの眷属《けんぞく》を率いて誘惑し、攻撃をしかけますが、ブッダは智慧の威力をもって魔の軍勢を打ち破り、ことごとく降伏《ごうぶく》させます。

この降魔の後にブッダは微妙《みみよう》の法を得て最正覚《さいしようがく》（至高の悟り）を成就します。それが八相の第六、成道です。

ときに、バラモンの至高神ブラフマーとインドラはブッダに礼拝して法輪を転じることを要請します。ブッダは至高の神々の請いをうけて伝道を開始するのです。八相の第七、転法輪《てんぼうりん》です。

法輪はダルマ・チャクラと申します。ダルマは万物の法則・理法であり、ブッダの真理であり、ブッダによって世の神々や人びとに垂示された教えでもあります。

チャクラは古《いにしえ》の聖王の持す車輪の形の武器で、仏具・法具では輪宝《りんぽう》と申します。ブッダの歩みをもって輪宝が転じられるとき、万法が転じます。

ブッダは獅子《しし》のごとく吼《く》し、法の鼓《こ》を打ち、法の貝笛《かいぶえ》を吹き鳴らし、法の剣をとり、法の幢《はた》を立て、法の雷鳴をとどろかせ、法の雷電を輝かせ、法の雨をそそぎ、法の恵みを施し、常に法音をもって世の人びとを目覚めさせます。そして、ブッダの光明はあまねく無量の諸仏の国土を照らし、一切の世界が種々に震動いたします。

これらのことは総じて魔界を包摂し、魔の宮殿を揺るがせるためです。魔どもは恐れ、戦慄《せんりつ》して、どんな魔物もブッダに帰伏いたします。

そのとき邪悪の網は破られ、邪見は除かれて煩悩《ぼんのう》の塵《ちり》は払われ、愛欲の砦《とりで》は打ち壊されます。法の城は堅固に護《まも》られて法門は開かれ、穢《けが》れを洗い流して世を清白《しょうびゃく》に浄《きよ》めます。そうして仏法を輝かせ、仏法は広くゆきわたって正しい教化がおこなわれます。

ブッダは、釈迦牟尼世尊が旅をしたように、人びとの国におもむいて托鉢《たくはつ》し、食物の布施を受けることによって人びとが功徳《くどく》を積めるようにし、幸福の育つ田、すなわち福田《ふくでん》となります。

ブッダは人びとにほほえみをもって法を説き、教えの妙薬をもって苦しみから救い、道を求める心の功徳無量《くどくむりょう》を明らかにして、菩薩の道をゆく修行者たちの未来を祝福して如来の悟りの近くに至らしめます。

そうしてブッダの生涯の最後に、八相の第八、すなわち入滅《にゅうめつ》がございます。身は消してもブッダの人びとを救済すること極まりなく、諸欲の煩悩を消除させて多く功徳のもとになる善を植え、功徳を具足《ぐそく》せしむることは微妙《みみょう》・不可思議であります。

菩薩の道

ブッダは、他の諸仏の国に行って道を教え、清浄に行を修します。それはたとえば、幻術師がいろいろに姿を現して、男にでも女にでも、意のままに姿を変えるかのようです。

ここに参集の菩薩たちもまた同じです。菩薩たちは一切の法を学んで衆生済度《しゅじょうさいど》に練達し、法においてゆるがずに、人びとを教化します。

菩薩は無数の諸仏の国に身を現して人びとを哀れみ、慈悲を垂れる者です。大乗経典を奉じて、それを究め、菩薩の名において、あまねく十方諸世界を教化し、そのとき無量の諸仏が共に護念します。

諸仏は常に、ここにあります。そして如来はそれぞれに教えを宣布して、多くの菩薩たちの師となり、深い心の静けさと智慧をもって人びとを導きます。

諸仏は万物の本性を知り、人びとの性質を見きわめて、諸国の闇を払って明了ならしめます。そして菩薩たちは諸仏に礼拝・供養し、その身を電光のごとく諸国に現すのです。

無畏《むい》の網を執《と》って人びとの心から恐怖を除く菩薩は、一切は空であるという法をよく知っています。魔網《まもう》を引き裂いて欲望・誘惑の囚《とら》われを解き、出家の聖者である声《しょう》聞《もん》・縁覚《えんがく》の小乗の仏道を超越して大乗の菩薩の境地において揺らがないこと、すなわち空・無相・無願の三昧《さんまい》を得ています。

空とは、万物は因（それが生じる原因）が縁（周囲の条件）に触れて生起し消滅し、流転していく現象であること、諸行無常《しょぎょうむじょう》・諸法無我《しょほうむが》であります。

無相は全てに固定した姿はないことです。そのことによって万物は無差別・平等の相にあります。

無願は無作《むさ》ともいい、いたずらに恣意《しい》の思いをもっておこなわないことです。

菩薩は救いの手立てをたくみに講じて、人びとを声聞・縁覚の二乗の仏道に入れ、さらに菩薩の大乗に導きます。その中途において滅度の姿をとることはあっても、諸法の空の相においては所作《しょさ》（身・口・意のおこない）もなく所有《しょう》（輪廻転生《りんねてんしょう》の迷いの世界）もありません。

諸法・万物は生起することも消滅することもなく、菩薩はその平等の法を会得しております。それゆえ、無量の陀羅尼《だらに》（全てを保持する言葉の威力）と、百千の三昧（種々の集中）と、視覚・味覚・嗅覚《きゅうかく》などの五感と意識によって生じることを知りつくす智慧をもち、深い禅定《ぜんじょう》をもって菩薩の法の蔵に入り、広普寂定《こうふじゃくじょう》・華厳三昧《けごんざんまい》とよばれる境地を得て一切の経典を説きひろめます。そして深く定《じょう》（瞑想《めいそう》・三昧）の門に住し、念じること一瞬のうちに現在の無量の諸仏をことごとく観たてまつります。

また、地獄・餓鬼・畜生界のけわしい難路にあろうとも、仏道に勤《いそ》しむ人もそうはできない人も救い、それぞれの実際を知り分けて法を明らかに示します。

菩薩は如来の弁才の智を得ており、どんな言語でも教えを説き明かすことができます。菩薩は通常の世間の法を超越しており、しかも心は常に世を渡る道にいます。一切万物において、菩薩は随意自在であり、世の人びとの友です。不請《ふしょう》の友、すなわち求めていない人びとにも友になって、人びとの重荷を自分が背負っていきます。

菩薩は如来の甚深《じんじん》の法の蔵を保持し、どんな人でももっている仏の種子・仏性《ぶっしょう》を護って、それがなくなることのないようにします。

菩薩は大悲をおこして衆生を哀れみ、慈しみの言葉をかけて、法の眼《まなこ》を授けます。地獄・餓鬼・畜生の三悪道に墜《お》ちる道を閉ざし、善界への門を開きます

菩薩は、真心の孝行の子が父母を愛し敬うかのように、不請の法（人びとが求めず

とも与える救いの手立て）をもって人びとに施し、自己を見るかのように人びとに眼《まな》差《ざ》しをそそぎます。

そして善《よ》き人びとを皆、彼岸《ひがん》の浄土に渡します。菩薩は諸仏の無量の功徳をことごとく体得して智慧聖明《ちえしょうみょう》なること不可思議です。

王都ラージャグリハの霊峰グリドラクータの山上の集会《しゅうえ》には、このような菩薩大士が数えきれないほど多く参集していたのでございます。

【日本の浄土教と文化❽】『方丈記』の不請の阿弥陀仏

「ゆく河の流れは絶えずして、しかも、もとの水にあらず」と始まる『方丈記《ほうじょうき》』は鴨長明《かものちょうめい》（一一五五～一二一六年）が六十の還暦を前に思うところを記したという随筆である。無常を語る随筆として有名だが、ただ人生は無常だと歎《なげ》くのではない。無常を歎くのは、その向こうに永遠の世界、つまり極楽浄土への往生を願うためである。

長明の方丈（約三メートル四方）の庵《いおり》には北側の壁に阿弥陀仏と普賢菩薩の絵像を掛け、その前に法華経を置いた。日々に法華経を読誦《どくじゅ》しながら極楽往生を願うのは平安時代から普通のことだった。普賢菩薩は法華経および観普賢菩薩行法経に懺悔《さんげ》滅罪の菩薩として説かれている。

そうして長明は極楽往生を願うのだが、どうも気が乗らない。『方丈記』の末尾は「ただ、かたはらに舌根《ぜっこん》をやとひて、不請の阿弥陀仏、両三遍申して、やみぬ」という物憂《ものう》い気分の言葉で結ばれ、「桑門《そうもん》（僧）の蓮胤《れんいん》、外山の庵にしてこれを記す」と僧名で署名している。その結びの部分を口語訳であげる。

＊

もはや一生の月は西に傾き、余命の山の端《は》に近づいている。すぐに三途の闇に向かう時だ。この期《ご》に及んで悔《く》いごとを言っても何の甲斐《かい》があろうか。仏が人に教えたまうのは、何事につけても執着してはいけないということだ。今のように草庵に愛着することも来世の科《とが》になる。閑寂にこだわれば罪障が生じるだろう。無用の楽しみを述べて（このころ鴨長明は説話集『発心集《ほっしんしゅう》』を編んでいた）、いたずらに時を過ごすのも同様である。

静かな暁《あかつき》に、この道理を思いつづけて、みずから心に問うた。「俗世を離れて山林に住んだのは、心を修め、道を行じるためではなかったか。それなのに、おまえの姿は聖《ひじり》（遁世《とんぜ》僧《そう》）に似ているだけで、心は執着などの煩悩の濁りに染まっている。住家だけはあの維摩居《ゆいまこ》士《じ》の家に似せているけれど、修道は釈迦の弟子の中でももっとも愚かだったという周梨槃特《しゅりはんどく》にも及ばない。これは貧賤にこだわって生きてきた報いが心を悩ましているのか、あるいは妄心が襲って心を狂わせているのか」と。

このように自問してみても、心は何も答えてくれない。ただ、生身の舌を用いて、不請《ふしょう》の阿弥陀仏を二、三度唱えて止めた。

＊

この「不請の阿弥陀仏」は何を意味するのかについては諸説ある。気が乗らない念仏とか準備が整わない念仏、いやいやながらの念仏などと解釈されるが、無量寿経にある「不請の友」「不請の法」の「不請」とするのが妥当であろう。阿弥陀仏はたとえ極楽往生を願わない者にも手をさしのべて迎えるという。しかし長明は、その「不請の阿弥陀仏」でさえ、なかなか信じるには至らなかったようである。

延徳本という写本には最後に「墨ぞめの衣ににたるこゝろかととふ人あらばいかゞこたへむ（墨染めの衣を身につけていても、おまえの心はそれにふさわしいのかと問う人があれば、どう答えればよいのだろうか）」という和歌がそえられている。

阿弥陀仏を信じようとしても、なかなかそうはいかない。その点は鎌倉新仏教の開祖も悩んだ。浄土宗の開祖＝法然《ほうねん》（一一三三～一二一二年）は主著『選択本願念仏集』の冒頭に「南無阿弥陀仏　往生之業《おうじょうのごう》　念仏為《ねんぶつい》本《ほん》（往生のためのおこないは念仏を本と為す）」また「念仏為先」と記して、ともかく口に念仏を称《とな》えよという。しかし、その専修念仏の門に学んだ浄土真宗の開祖＝親鸞《しんらん》（一一七三～一二六三年）は「信心為本（信心を本と為す）」とし、その信心とは何かを究めるために主著『教行信証』をあらわした。

さらに時宗の開祖＝一遍《いっぺん》（一二三九～一二八九年）は「信・不信を選ばず善悪を問わず念仏せよ」といい、念仏札を配って人びとが阿弥陀仏と結縁《けちえん》することを重視した。

四十八の本願の由来

阿難尊者の問い

そのとき、釈迦牟尼世尊には心身すべてに喜びがあり、姿は清浄にして、顔は晴れやかに輝いていました。尊者アーナンダ（阿難）は、このとき、仏の聖旨《しょうし》を受けて座より立ち、作法にしたがって衣の右肩を脱いで地にひざまずいて礼拝し、合掌して世尊に申しました。

「今日《こんにち》、世尊には諸根悦予《しょこんえつよ》し、姿色清浄《ししきしょうじょう》にして光顔巍巍《こうげんぎぎ》とましますこと、明浄《みょうじょう》なる鏡の影の表裏に暢《とお》るがごとくございます」

世尊の姿の明るく清らかなことは、鏡に映る姿が裏側まで透きとおっているかのようです。阿難尊者は、世尊の姿が今日かつてなく清らかであることを見て申しました。

今日、釈迦牟尼世尊には奇特の法に住《じゅう》したまえり。

今日、世の雄者《せおう》たる世尊には、仏の住む所に住したまえり。

今日、世の眼《まなこ》である世尊には、人びとを導く師の行に住したまえり。

今日、世の英傑である世尊には、最勝の道《どう》に住したまえり。

今日、神々を超える天尊たる世尊には、如来の徳を行じたまえり。

＊

その日、阿難尊者の目に世尊はこのように輝かしく映りましたので、尊者は問いました。「過去・未来・現在の諸仏は、仏と仏と互いに念じあってございます。釈迦牟尼世尊もまた諸仏を念じられているのでございましょう。今日、このように威神光々《いじんこうこう》にましますこと、わたくしにはそうとしか思えません。いかがでございましょうか」と。

世尊は阿難尊者に告げました。「アーナンダよ。天の神々があなたに、仏に問うように教えたのか。あるいは、みずから妙観察《みょうかんざつ》の智によって、そのように問うのか」と。

阿難尊者は世尊に申しました。「天の神々は一人も、ここに来てわたくしに教える者はございません。わたくしはただ、みずから見たことの意味を問い申し上げたのでございます」と。

世尊は阿難尊者の答を肯《うけが》い、その問いを嘉《よみ》して告げました。

「アーナンダよ。あなたは深い智慧をもつ比丘です。衆生を哀愍《あいみん》するゆえに言葉の才を発揮し、よく問いました」

そもそも如来は無窮《むきゆう》の大悲をもって三界（すべての世界）に哀れみを垂れます。世に出《い》ずるのは道を教え、光を示して群萠《ぐんもう》（衆生）を救い、真実の利益《りやく》を恵みたいと欲してです。

しかしながら、仏には無量億劫《むりようおくこう》にも出会うことは難しく、仰ぎ見る機会の稀有《けう》なことは三千年に一度の優曇華《うどんげ》の花のようです。その稀有な花でも時が至れば咲くのです。阿難尊者の問いは、その花を開かせるように多く利益し、一切の神々と人びとに門を開いて導くのです。

世尊は説示しました。

「アーナンダよ。まさに知るべきは、如来の正覚（悟り）の智慧を推量することは困難であることとです。如来は衆生を多く導き、その智慧を妨げるものはありません。わずか一食の力で保つ寿命の長さは億百千劫にして無数無量、またそれよりも長く保つことができます。諸根（眼・耳・鼻などの六根）の喜びが毀損《きそん》されることはありません。姿は変じず、顔の輝きの異なることもありません。なぜなら、如来は禅定《ぜんじよう》と智慧を究めて、一切の法において自在であるからです。アーナンダよ。あきらかに聴きなさい。あなたのために語るべき時がきました」

阿難尊者は威儀を正して申しました。「わたくしは心からの願いにおいて、世尊の御言葉を承ります」と。

遠い過去に

釈迦牟尼世尊は阿難尊者に、このように告げました。

「久遠《くおん》の過去の無量不可思議・無央数劫《むおうしゅこう》の彼方に、ディーパンカラ（燃燈《ねんとう》仏・錠光《じょうこう》仏）という仏がありました。この錠光如来は世に出てから無数の人びとを教化して悟りの安らぎに導いてから世を去りました」

世尊の説示には、次に光遠《こうおん》という如来が世に現れ、同じく人びとを導いてから世を去っていきました。世尊の告げた過去の諸仏の御名は――、

錠光如来　光遠如来　月光《がっこう》如来　梅檀香《せんだんこう》如来
善山王《ぜんせんのう》如来　須弥《しゅみ》天冠《てんがん》如来　須弥《しゅみ》等曜《とうよう》如来　月色《がっしき》如来
正念《しょうねん》如来　離垢《りく》如来　無著《むじゃく》如来　龍天《りゅうてん》如来
夜光《やこう》如来　安明頂《あんみょうちょう》如来　不動地《ふどうじ》如来　瑠璃《るり》妙華《みょうけ》如来
瑠璃《るり》金色《こんじき》如来　金蔵《こんぞう》如来　焔光《えんこう》如来　焔根《えんこん》如来
地動《じどう》如来　月像《がつぞう》如来　日音《にっとん》如来　解脱華《げだつげ》如来

荘厳光明《しようごんこうみよう》如来　　海覚神通《かいがくじんずう》如来　　水光《すいこう》如来　　大香《だいこう》如来
離塵垢《りじんく》如来　　捨厭意《しやえんり》如来　　宝焔《ほうえん》如来　　妙頂《みようちよう》如来
勇立《ゆうりゆう》如来　　功徳持慧《くどくじえ》如来　　蔽日月光《へいにちがつこう》如来　　日月瑠璃光《にちがつるりこう》如来
無上瑠璃光《むじようるりこう》如来　　最上首《さいじようしゆ》如来　　菩提華《ぼだいけ》如来　　月明《がつみよう》如来
日光《につこう》如来　　華色王《けしきおう》如来　　水月光《すいがつこう》如来　　除痴瞑《じよちみよう》如来
度蓋行《どがいぎよう》如来　　浄信《じようしん》如来　　善宿《ぜんしゆく》如来　　威神《いじん》如来
法慧《ほうえ》如来　　鸞音《らんのん》如来　　獅子音《ししおん》如来　　龍音《りゆうおん》如来
処世《しよせ》如来

これらの諸仏の次に、ローケーシヴァラ・ラージャ（世に自在なる王者）、すなわち世自在王仏《せじざいおうぶつ》と呼ばれる仏が現れ、神々も人びとも、十号といわれる種々の称号をもって讃えたのでございます。

御名は褒《ほ》められます。

如来（悟りの世界から来た救い主）・応供《おうぐ》（供養を受けるにふさわしい尊者）・等正覚《とうしようがく》（普遍の正しい悟りを得た聖者）・明行足《みようぎようそく》（智慧と行を共に具足する聖者）・善逝《ぜんぜい》（よく彼岸に逝《い》った聖者）・世間解《せけんげ》（世間と人間によく通じている聖者）・無上士《むじようし》（最勝の尊者）・調御《じようご》丈夫《じようぶ》（修行者を率いる御者）・天人師《てんにんし》（神々と人びとの尊師）・仏《ぶつ》（覚者たるブッダ）・世

尊（世に尊ばれる聖者）と。

ある国王の願い

釈迦牟尼世尊は、この世自在王仏の世に、ひとりの国王がいたと説示しました。その王は世自在王仏の説法を聞いて心に喜びをもち、無上の悟りへの道を求める心をおこしました。それゆえに国を捨て、王位を投げ捨てて出家し、沙門《しゃもん》（僧）すなわち比丘《びく》になったのでございます。その比丘の名をダルマーカラ（法の蔵）、法蔵《ほうぞう》と申します。法蔵比丘は才高く、勇気と聡明さは世間の人びとから隔絶した求法者《ぐほうしゃ》でございました。

比丘は世自在王仏のみもとに詣《もう》でてひざまずき、御足《みあし》をいただいて礼拝しました。さらに古来の礼法にしたがって右に繞《めぐ》ること三回りして敬いを表してから礼拝・合掌し、偈頌《げじゅ》をもって世自在王如来・世尊を讃え、誓いを述べました。「歎仏頌《たんぶつじゅ》（讃仏頌）」とよばれる偈でございます。

＊

光顔巍巍《こうげんぎぎ》として威神極《いじんきわ》まりなく、
是《かく》の如《ごと》き焔明《えんみょう》は与《とも》に等《ひと》しき者《もの》なし。
日月《にちがつ》・摩尼《まに》・珠光《しゅこう》・焔耀《えんにょう》も

皆《みな》ことごとく隠蔽《おんぺい》せられて猶《な》お聚墨《じゅもく》の如《ごと》し。

光の尊顔は堂々と霊威かぎりなく、炎の明るく輝くように等しいものなし。
日月、宝珠のきらめきさえ、如来の光に隠れて墨のように暗い。

如来《にょらい》の容顔《ようげん》は世《よ》を超《こ》えて倫《とも》なく、
正覚《しょうがく》の大音《だいおん》は響《ひび》き十方《じっぽう》に流《なが》る。
戒《かい》・聞《もん》・精進《しょうじん》・三昧《さんまい》・智慧《ちえ》、
威徳《いとく》に侶《ともがら》なく殊勝希有《しゅしょうけう》なり。

如来の尊容は世を超えてたぐいなく、悟りの声は響き十方にわたる。
持戒と多聞と精進と三昧と智慧の威徳は並ぶものなく勝《すぐ》れたり。

深《ふか》く諦《あきら》かに善《よ》く諸仏《しょぶつ》の法海《ほっかい》を念《ねん》じ、
深《じん》を窮《きわ》め奥《おう》を尽《つく》して其《そ》の涯底《がいてい》を究《きわ》む。
無明《むみょう》と欲《よく》と怒《いかり》は世尊《せそん》に永《なが》く無《な》く、
人雄師子《にんのうしし》は神徳無量《じんとくむりょう》なり。

深く明らかに諸仏の法界を念じて、深遠を見つめて秘奥の底に達す。
無明の迷いと欲と怒りは世尊には長く滅し、人中の雄々しい獅子は神徳無量なり。

功勲広大《くくんこうだい》、智慧深妙《ちえじんみよう》にして、
光明《こうみよう》の威相《いそう》は大千《だいせん》を震《ゆ》り動《うご》かす。
願《ねが》わくは我《われ》も作仏《さぶつ》して聖法《しようほう》の王《おう》と斉《ひと》しく、
生死《しようじ》を過度《かど》して解脱《げだつ》せずことなからしめん。

世尊には功勲広大・智慧深妙にして、光は三千大千の全世界を震り動かす。
願わくは我も仏となりて聖法王・世尊と等しく、生死の衆生の解脱せぬ者なからしめん。

布施《ふせ》・調意《じようい》・戒《かい》・忍《にん》・精進《しようじん》、
是《かく》の如《ごと》き三昧《さんまい》と智慧《ちえ》とを上《すぐ》れたりと為《な》す。
吾《わ》れ誓《ちか》う、仏《ほとけ》を得《え》んに普《あまね》く此《こ》の願《がん》を行《ぎよう》じて、
一切恐懼《いつさいくく》の為《ため》に大安《だいあん》を作《な》さん。

布施と調意と戒と忍辱《にんにく》と精進と、それらの三昧と智慧を勝れたこととし、
我れ仏とならばこの願をあまねく行じ、
一切衆生の恐怖を取り去って平安ならしめんことを誓う。

たとい仏《ほとけ》ましまして百千億万、

無量《むりよう》の大聖《だいしよう》、その数《かず》、恒沙《ごうじや》の如《ごと》くならんに、
一切《いつさい》の斯等《これら》の諸仏《しよぶつ》を供養《くよう》せんより、
道《どう》を求《もと》め堅正《けんしよう》にして却《しりぞ》かざらんには如《し》かじ。

たとえ諸仏が百千億万、ガンジスの砂の数ほど無量にましまし、
それら一切の諸仏に礼拝・供養するより、我れは道を求めて堅固に励まん。

譬《たと》えば恒沙《ごうじや》の如《ごと》き諸仏《しよぶつ》の世界《せかい》、
また計《かぞ》うべからざる無数《むしゆ》の刹土《せつど》あらんに、
光明《こうみよう》ことごとく照《て》らして此《こ》の諸《もろもろ》の国《くに》に徧《あまね》くせん。
是《かく》の如《ごと》く精進《しようじん》にして威神量《いじんはか》り難《がた》くあらん。

たとえばガンジスの砂の数ほど諸仏の世界は多く、仏土は無数に数え切れなくあれど、
我が光明で諸仏の国を照らさん。かく精進して我が威神はかりがたくあろう。

我《わ》れ仏《ほとけ》に作《な》らんに国土《こくど》をして第一《だいいち》ならしめ、
其《そ》の衆《しゆ》は奇妙《きみよう》にして道場《どうじよう》は超絶《ちようぜつ》ならん。
国《くに》は泥洹《ないおん》の如《ごと》くにして等《ひと》しく雙《なら》ぶものなからしめ、
我《わ》れ当《まさ》に哀愍《あいみん》して一切《いつさい》を度脱《どだつ》せん。

我れ仏となって国土を第一ならしめ、我が国土の民と悟りの座は勝れて、
静まり他に並ぶ国なくあらしめん。我れ衆生を哀愍して一切を解脱せしめん。

十方《じっぽう》より来生《らいしょう》せんものは心悦清浄《しんねつしょうじょう》ならしめ、
すでに我《わ》が国《くに》に到《いた》らば快楽安穏《けらくあんのん》ならん。
幸《ねが》わくは仏《ほとけ》、信明《しんみょう》したまえ、是《こ》れ我《わ》が真証《しんしょう》なり。
願《がん》を発《おこ》して彼《かれ》において所欲《しょよく》を力精《りきしょう》せん。

十方より転生して来る者を清浄ならしめ、我が国土に到れば快楽安穏ならしめん。
願わくば如来、我が誓いの証となりたまえ。この願により必ず精進せん。

十方《じっぽう》の世尊《せそん》は智慧無碍《ちえむげ》なり、
常《つね》に此《こ》の尊《そん》をして我《わ》が心行《しんぎょう》を知《し》らしめん。
たとい身《み》を諸《もろもろ》の苦毒《くどく》の中《うち》に止《とど》むとも、
我《わ》が行《ぎょう》は精進《しょうじん》にして忍《しの》びて終《つい》に悔《く》いじ。

智慧無碍なる十方諸仏には、常に我が誓願を知られよ。
たとえ身は多くの苦難を受けようとも、我れは精進を行じて忍び、悔いることなし。

国土の選択と五劫思惟

それから釈迦牟尼世尊は阿難尊者に告げました。

法蔵比丘はこの頌《じゅ》をもって仏を讃え、自分の願いを表明したのち、世自在王仏に申しました。

＊

「世に自在なる世尊に誠をもって申し上げます。わたくしは無上の正覚（悟り）を求めて発心《ほっしん》いたしました。わたくしに広くみ教えを賜りますように願い申し上げます。わたくしは修行し、無量の諸仏の国土の中から清浄にして荘厳《しょうごん》の国土を選択摂取《せんちゃくせっしゅ》いたします。衆生の苦しみ迷う世において速やかに正覚を成就し、人びとの生死の苦の本《もと》を抜き取ることが、どうか、わたくしにかないますように」

ここに国土と申しますのは仏の領国のことでございます。諸仏はそれぞれ、語り伝えられます徳高い転輪聖王《てんりんじょうおう》のように、その国の人びとに慈悲を垂れ、導いておられるのです。その国土を仏国土とも仏土とも刹土《せつど》ともいい、清らかな幸福の国であることから浄土とも浄刹《じょうせつ》とも申します。

法蔵比丘は人びとのために求法《ぐほう》の菩薩として修行し、自分も仏になって、無数にある諸仏の国のそれぞれから勝れたところを選んで国土を構築し、清らかに荘厳して人びとを迎えたいと願ったのでございます。
それは、どのような国でございましょうか。

世自在王仏は法蔵比丘に「あなたが修行するのですから、自分自身で諸仏の国々の勝れたところを知り、その良いところを選択して摂取せよ」と諭されたのでした。しかし、まだ修行の比丘である法蔵菩薩に、どうしてそれが知れましょう。菩薩は世自在王仏に、さらに教えを乞《こ》うたのでした。

「諸仏の境界は広大で深く、わたくしの知り得るところではございません。それゆえ、ひたすら世尊に願い申し上げます。わたくしに、諸仏の浄土のありさまをお説きください。わたくしは、み言葉に従って修行し、必ず願いを果たします」

世自在王仏は法蔵菩薩の志が高く深いことを知り、菩薩に言葉を授けました。

「たとえば一人の人が大海の水を一升《ます》ずつすくって量を測るようなことでも、幾劫も続けるならば目的を成就できるであろう。大海の水を汲《く》み尽くして、海底の妙宝を手に入れることもできよう。それと同じく、人が至心に精進して道を求め続けるなら、それは必ずなしとげられよう。いかなる願いも、かなえられぬものはない」

それから世自在王仏は、法蔵菩薩に二百十億の諸仏の国の神々や人びとの善悪と、国土の粗雑・絶妙の異なる特色を説き、菩薩の心の望むところに従って、そのようすを現して観察させました。

法蔵菩薩は世自在王仏の力によって示された諸仏の国々の厳かで清らかなありさまを知り、皆ことごとく観察して、みずから無上最勝の国土を立てようと発願《ほつがん》いたしました。

そして菩薩は沈思の行に入りました。

菩薩の心は静かに澄みわたりました。寂静《じやくじよう》の心に執着は何もなく、生死の一切世間を超えることは、誰ひとりとして及ぶところのないところでございました。

そうして五劫《ごこう》という長い時を満たして思惟《しゆい》し、国土を荘厳すべき清浄の特性を選択し摂取したのでございます。

このことを五劫思惟《ごこうしゆい》と申しますが、「劫」とは遠い昔の神々の世界における時の単位として語り伝えられたことで、元はカルパと申します。

仏と神々の世界の時は極めて長く、一劫ですら、人の世界の億年の時をもっても数えることはできません。ただ例話で示されるのみでございます。

たとえば王の軍隊が一日に進む距離を一つのヨージャナ（由旬《ゆじゆん》）として、一辺が一由旬の四角い岩があるといたしましょう。その巨大な岩に百年に一度、天人が舞い降りて衣の袖でふわりと撫《な》でていきます。軽い天衣で撫でても少しは岩が摩滅します。そうして岩が完全に摩滅してなくなるほど長い時が一劫にあたるのだといわれます。

そのとき、菩薩の師の世自在王仏は、ずっと世にございました。阿難尊者が釈迦牟尼世尊に、「世自在王仏の寿命の長さはどれほどでございましょう」と問いましたところ、世尊は「その仏の寿命は四十二劫の長さである」と答えられたのです。

*

四十八の誓願

釈迦牟尼世尊は、さらに阿難尊者に説示しました。

法蔵菩薩は久遠の五劫にわたって二百十億の諸仏の国土の荘厳《しょうごん》を観察し、それぞれの清浄な特性を選択し摂取しました。その沈思の行を修しおえると、菩薩は世自在王仏のもとに詣《もう》でて足をいただいて稽首《けいしゅ》・礼拝し、仏の周囲を三度めぐって敬いを表してから合掌し、「わたくしは、我が国土を荘厳して清浄にそなえるべき特性を知ることができました」と奏上したのです。

その奏に対して世自在王仏は、このように告げました。

「では、菩薩よ。その国土の特性を申しなさい。今、時が熟しました。それを語って一切衆生の心に勇気と喜びを与えなさい。そのことを聞けば、菩薩の道を求める者たちは法に目覚めて修行し、みなが大きな願いを達せられるであろう」

＊

このうながしを受けて、菩薩は決意を宣じました。

「世に自在なる世尊には我が誓願をお聞きくださり、御照覧あれ。わたくしが願いますことを一つずつ、全て申し述べます」

菩薩の道をゆく求法者は皆、それぞれに衆生済度《しゅじょうさいど》の願いを立て、その成就を誓って修行して仏になります。尊い誓願こそが仏になる本ですから、それを本願《ほんがん》とも本《ほん》誓《ぜい》とも申します。

法蔵菩薩は四十八項目の誓願（四十八願）を仏の御前で宣告しました。

（以下は現代語訳のみ表記）

〔第一願〕無《む》三悪趣願《さんなくしゅがん》

たとい我れ仏を得たらんに国に地獄・餓鬼・畜生あらば、正覚《しょうがく》を取らじ（たとえ、わたくしの願行成就して仏になれる時が来ても、我が国土に地獄界・餓鬼界・畜生界に迷い苦しむ者あらば、わたくしは仏になりません）。

〔第二願〕不更悪趣願《ふきょうあくしゅがん》

たとえ、わたくしの願行成就して仏になる時が来ても、我が国土の人びとや神霊が寿命を終えたのちに地獄・餓鬼・畜生の三悪道に戻ってしまうことがあれば、わたくしは仏になりません。

〔第三願〕悉皆金色願《しつかいこんじきがん》

たとえ、わたくしが仏になる時が来ても、我が国土の人びとや神霊たちが輝かしく真金色《しんこんじき》でなければ、わたくしは仏になりません。

〔第四願〕無《む》有《う》好醜願《こうしゅがん》

たとえ、わたくしが仏になる時が来ても、我が国土の人びとや神霊たちの姿が異なって美醜の別があるのであれば、わたくしは仏になりません。

〔第五願〕宿命智通願《しゅくみょうちつうがん》・令識宿命《りょうしきしゅくみょう》の願

たとえ、わたくしが仏になる時が来ても、我が国土の人びとや神霊たちが自己の過去世の来し方を知る宿命智通《しゅくみょうちつう》の力（六神通の一）を得ず、もし百千億をさらに那由他《なゆた》（一千億）に倍した数の劫の彼方《かなた》に思念の至らないようであれば、わたくしは仏になりません。

〔第六願〕天眼智通願《てんげんちつうがん》・令得天眼《りょうとくてんげん》の願

たとえ、わたくしが仏になる時が来ても、我が国土の人びとや神霊たちが六神通の天眼《てんげん》の力を得ず、もし百千億那由他の諸仏の国を見るに至らなければ、わたくしは仏になりません。

〔第七願〕天耳智通願《てんにちつうがん》・天耳遥聞《てんによう もん》の願

たとえ、わたくしが仏になる時が来ても、我が国土の人びとや神霊たちが六神通の天耳《てんに》の力を得ず、もし百千億那由他の諸仏の言葉を聞きとることができないのであれば、わたくしは仏になりません。

〔第八願〕他心智通願《たしんちつうがん》・他心悉知《たしんしっち》の願

たとえ、わたくしが仏になる時が来ても、我が国土の人びとや神霊たちが、六神通の他心智通の力を得ず、もし百千億那由他の諸仏の国の衆生の心の思いを知ることができないのであれば、わたくしは仏になりません。

〔第九願〕神境智通願《じんきょうちつうがん》・神足如意《じんそくにょい》の願

たとえ、わたくしが仏になる時が来ても、我が国土の人びとや神霊たちが六神通の神足通の力を得ず、もし一瞬の間に百千億那由他の諸仏の国を超過することができないのであれば、わたくしは仏になりません。

〔第十願〕速得漏尽願《そくとくろじんがん》・不貪計心《ふとんげしん》の願

たとえ、わたくしが仏になる時が来ても、我が国土の人びとや神霊たちが六神通の漏尽通《ろじんつう》（煩悩が尽きた状態を知る力）を速やかに得ず、煩悩の思いを生じ、貪欲《とんよく》に執着をするならば、わたくしは仏になりません。

〔第十一願〕住正 定聚願《じゅうしょうじょうじゅがん》・必至滅度《ひっしめつど》の願

たとえ、わたくしが仏になる時が来ても、我が国土の人びとや神霊たちが正定聚《しょうじょうじゅ》（さとりが決定《けつじょう》した人びと）となって必ず滅度《めつど》（解脱《げだつ》）に至らないならば、わたくしは仏になりません。

〔第十二願〕光明無量願《こうみょうむりょうがん》

たとえ、わたくしが仏になる時が来ても光明に限りがあって、もし百千億那由他の諸仏の国々を照らすことができないのなら、わたくしは仏になりません。

〔第十三願〕寿命無量願《じゆみようむりようがん》

たとえ、わたくしが仏になる時が来ても寿命に限りがあって、もし百千億那由他の劫に及ばないなら、わたくしは仏になりません。

〔第十四願〕声聞無数願《しようもんむしゆがん》・声聞無量の願

たとえ、わたくしが仏になる時が来ても、我が国土の声聞（出家の仏弟子《ぶつでし》）の数に限りがあり、その数がもし三千大千の全世界の声聞・縁覚らが百千劫をかければ数えられるほど多数であっても、仏弟子の数に限度があるようなら、わたくしは仏になりません。

〔第十五願〕眷属長寿願《けんぞくちようじゆがん》

たとえ、わたくしが仏になる時が来ても、我が国土の人びとや神霊たちの寿命を限りなくあらしめましょう。ただし、自分の願いで寿命の長短を自由にしたい者については別でございます。もしそうでなければ、わたくしは仏になりません。

〔第十六願〕無諸不善願《むしよふぜんがん》・離諸不善《りしよふぜん》の願

たとえ、わたくしが仏になる時が来ても、我が国土の人びとや神霊たちに不善の者があり、あるいは不善と言われるような者があるならば、わたくしは仏になりません。

〔第十七願〕諸仏称揚願《しよぶつしようようがん》・諸仏称名《しよぶつしようみよう》の願

たとえ、わたくしが仏になる時が来ても、もし十方世界の無量の諸仏がことごとく我が仏名《ぶつみよう》を讃え、我が仏名を称《とな》えないなら、わたくしは仏になりません。

〔第十八願〕念仏往生願《ねんぶつおうじようがん》・至心信楽《ししんしんぎよう》の願

たとえ、わたくしが仏になる時が来ても、十方の衆生が至心信楽、すなわち、心から我が本願を信じ、わが国土に往生したいと願って乃至《ないし》十念、十回だけでも我が仏名を称え、もし往生することができないようであれば、わたくしは仏になりません。ただ、母殺し・父殺しなどの五逆の重い罪と、正しく示された法を誹謗《ひぼう》する深い背徳の人は、除かねばなりません。

〔第十九願〕来迎引接願《らいこういんじようがん》・至心発願《ししんほつがん》の願

たとえ、わたくしが仏になる時が来ても、十方の衆生が菩提心《ぼだいしん》（悟りを求める心）

を発《おこ》して功徳を積み、至心発願して我が国土に往生したいと願ったのに、その人の臨終に、わたくしが聖衆《しょうじゅ》に囲まれてその人の前に立ち、臨終の人の心が乱れることがないようにできないなら、わたくしは仏になりません。

〔第二十願〕係念定生願《けねんじょうしょうがん》・植諸徳本の願《しょくしょとくほん》・至心回向の願《ししんえこう》

たとえ、わたくしが仏になる時が来ても、十方の衆生が我が仏名を聞いて心に我が国土を念じ、よく善を修して功徳の本を育て、至心に回向する功徳の働きをもって我が国土に往生したいと願ったのに、それを遂げることができないなら、わたくしは仏になりません。

〔第二十一願〕三十二相願《さんじゆうにそうがん》・具足諸相の願《ぐそくしょそう》

たとえ、わたくしが仏になる時が来ても、我が国土の人びとや神霊たちがことごとく仏の三十二の瑞相《ずいそう》をそなえないならば、わたくしは仏になりません。

〔第二十二願〕必至補処願《ひつしふしょがん》・一生補処の願《いつしょうふしょ》・還相回向の願《げんそうえこう》

わたくしが仏になる時が来れば、他の諸仏の国々で菩薩の道をゆく求法者《ぐほうしゃ》たちが我が国土に来生《らいしょう》すれば必ず一生補処（次の来世には成仏する境涯）の菩薩にならせます。

ただし、人びとの救いを弘《ひろ》く誓って弘誓《ぐぜい》の鎧《よろい》を被《かぶ》り、功徳を積んで一切衆生を救済しようと諸仏の国で菩薩の行を修する者たちは別でございます。その菩薩たちは十方の諸仏を供養し、ガンジスの砂の数ほど無量の衆生を教化して無上正真《むじょうしょうしん》の仏道に導くでしょう。この菩薩たちは通常の菩薩道を遥《はる》かに超え、普賢菩薩の慈悲を行じて、懺悔《さんげ》の徳による罪の赦《ゆる》しを人びとに現すでありましょう。たとえ、わたくしが仏になる時が来ても、もしそうならないのであれば、わたしは仏になりません。

〔第二十三願〕供養諸仏願《くようしょぶつがん》

たとえ、わたくしが仏になる時が来ても、我が国土で菩薩の道をゆく求法者たちが他方の諸仏に敬いをささげるために礼拝・供養したいと願ったときにそれができないなら、わたくしは仏になりません。我が国土の菩薩たちは仏の神威の力を受け、わずか一食をとるほどの短い時間に無量無数億那由他の諸仏の国に至ることができるでありましょう。

〔第二十四願〕供具如意願《くぐにょいがん》　供養如意《くようにょい》の願

たとえ、わたくしが仏になる時が来ても、我が国土で菩薩の道をゆく求法者たちが諸仏を供養して功徳を積みたいと願って他方の諸仏の国々におもむくとき、礼拝・供養の仏具が意のままに現れないようであれば、わたくしは仏になりません。

〔第二十五願〕説一切智願《せついっさいちがん》

たとえ、わたくしが仏になる時が来ても、我が国土で菩薩の道をゆく求法者たちが仏の完全な智慧を得て法を説くことができないようであれば、わたくしは仏になりません。

〔第二十六願〕那羅延身願《ならえんじんがん》・得金剛身の願《とくこんごうしん》

たとえ、わたくしが仏になる時が来ても、我が国土で菩薩の道をゆく求法者たちが金剛堅固なナーラーヤナ神の身体（那羅延身）を得られないのであれば、わたくしは仏になりません。

〔第二十七願〕所須厳浄願《しょしゅごんじょうがん》・万物厳浄の願《まんもつごんじょう》

わたくしが仏になる時が来るなら、我が国土の人びとと神霊たちと、万物が厳浄光《ごんじょうこう》麗《らい》・形色殊特《ぎょうしきしゅどく》にして微妙《みみょう》を窮《きわ》め、その特性を数えることはできないほどにいたします。それに限りがあって、もし天眼の神力を得た者が数えることができるようなら、わたくしは仏になりません。

〔第二十八願〕見道場樹願《けんどうじょうじゅがん》・道場樹の願

たとえ、わたくしが仏になる時が来ても、我が国土の菩薩はもちろん、功徳の少ない者たちでも、道場樹（仏の悟りの座をおおう菩提樹）が無量の色と光を放ち、高さが四百万里にそびえる姿を見ることができないならば、わたくしは仏になりません。

〔第二十九願〕得弁才智願《とくべんざいちがん》

たとえ、わたくしが仏になる時が来ても、我が国土で菩薩の道をゆく求法者たちが経典の教えを受持し、経典を読誦し、それを説いて弁才と智慧を得ることができないようであれば、わたくしは仏になりません。

〔第三十願〕智弁無窮願《ちべんむぐうがん》・弁才無尽《べんざいむじん》の願

たとえ、わたくしが仏になる時が来ても、我が国土で菩薩の道をゆく求法者たちの智慧と弁才に限りがあるならば、わたくしは仏になりません。

〔第三十一願〕国土清浄願《こくどしょうじょうがん》

もし、わたくしが仏になる時には、我が国土は清浄にして、十方一切の無量無数、不可思議数の諸仏世界を映し、明るい鏡がはっきりと姿を映しだすように見ることができるようにいたします。そうでなければ、わたくしは仏になりません。

〔第三十二願〕国土厳飾願《こくどごんじきがん》・妙香合成《みようこうごうじよう》の願

もし、わたくしが仏になる時には、我が国土の地から虚空に至るまでの宮殿・楼閣、池やその水流、華樹《けじゆ》など、国土の万物を無量の宝石や百千種の香をもって造り、美しく厳かなことは天の神々や天人たちを超え、香を十方世界にあまねく薫《くん》じて菩薩らがみな仏道を修するようにいたします。そうでなければ、わたくしは仏になりません。

〔第三十三願〕触光柔軟願《そくこうにゆうなんがん》

もし、わたくしが仏になる時には、十方無量、不可思議数の諸仏世界の衆生が我が光明に触れて身心柔軟なることは天の神々や人びとを超えるようにいたします。もしそうでなければ、わたくしは仏になりません。

〔第三十四願〕聞名得忍願《もんみようとくにんがん》

もし、わたくしが仏になる時には、十方無量、不可思議数の諸仏世界の衆生が我が仏名《ぶつみよう》を聞いて無生法忍《むしようぼうにん》（不生不滅の境涯にあること）に至り、仏法を深く保持する力を得るようにいたします。そうでなければ、わたくしは仏になりません。

〔第三十五願〕女人往生願《にょにんおうじょうがん》・変成男子《へんじょうなんし》の願

たとえ、わたくしが仏になる時が来ても、十方無量、不可思議数の諸仏世界において、女人が我が仏名を聞いて歓喜信楽《かんぎしんぎょう》し、菩提心をおこして、女性である身を厭《いと》うて寿命が尽きたのちに再び女性に生まれるならば、わたくしは仏になりません。

〔第三十六願〕常修梵行願《じょうしゅぼんぎょうがん》・聞名《もんみょう》梵行《ぼんぎょう》の願

もし、わたくしが仏になる時には、十方無量、不可思議数の諸仏世界で菩薩の道をゆく求法者たちが我が仏名を聞き、寿命が尽きたのちも、転生して絶えず清らかに行を修して仏道の成就に至らしめます。そうでなければ、わたくしは仏になりません。

〔第三十七願〕人天致敬願《にんでんちきょうがん》・作礼致敬《さらいちきょう》の願

もし、わたくしが仏になる時が来るなら、十方無量、不可思議数の諸仏世界の神々や天人たちが、我が仏名を聞いて五体投地して稽首礼拝《けいしゅらいはい》し、歓喜信楽《かんぎしんぎょう》して菩薩の行を修し、他の世界の神々と天人たちが敬いをささげるようにいたします。そうでなければ、わたくしは仏になりません。

〔第三十八願〕衣服随念願《えぶくずいねんがん》

もし、わたくしが仏になる時には、我が国土の人びとと神霊たちの衣服は思いのままに自然に現れるようにいたします。その衣服は仏の讃えにふさわしく清浄の法にかなうものでございます。もし繕ったり、染め直したり、洗って清めねばならないようなら、わたくしは仏になりません。

〔第三十九願〕受楽無染願《じゅらくむぜんがん》・常受快楽の願《じょうじゅけらく》

たとえ、わたくしが仏になる時が来ても、我が国土の人びとと神霊たちの幸福が漏《ろ》（煩悩）を滅し尽くした聖僧のように清らかな幸でないならば、わたくしは仏になりません。

〔第四十願〕見諸仏土願《けんしよぶつどがん》

もし、わたくしが仏になる時、我が国土の菩薩の道をゆく求法者たちが十方無量の厳浄《ごんじょう》の仏土を見たいと願うなら、その願いに応じて宝樹の中にことごとく照らし出し、鏡に映った自分の顔を見るかのように照見できるようにいたします。そうでなければ、わたくしは仏になりません。

〔第四十一願〕諸根具足願《しょこんぐそくがん》・聞名具根《もんみょうぐこん》の願

たとえ、わたくしが仏になる時が来ても、他の国土で菩薩の道をゆく求法者たちが我が仏名を聞いて仏道を成就したいと願い、眼・耳・鼻・舌・身・意の六根清浄が一つでも欠けるなら、わたくしは仏になりません。

〔第四十二願〕住定供仏願《じゅうじょうくぶつがん》・聞名得定《もんみょうとくじょう》の願

もし、わたくしが仏になる時、他の国土で菩薩の道をゆく求法者たちが我が仏名を聞いて清浄解脱三昧《しょうじょうげだつざんまい》を得て清らかな解脱の境地にあり、その三昧において無量不可思議数の諸仏を礼拝・供養したいと思えば、心は揺らぎなく諸仏を供養できるようにいたします。そうでなければ、わたくしは仏になりません。

〔第四十三願〕生尊貴家願《しょうそんきけがん》・聞名生貴《もんみょうしょうき》の願

もし、わたくしが仏になる時、他の国土で菩薩の道をゆく求法者たちが我が仏名を聞いたなら、寿命が尽きたのち、その清らかな善において尊貴の家に生まれるようにいたします。そうでなければ、わたくしは仏になりません。

〔第四十四願〕具足徳本願《ぐそくとくほんがん》・聞名具徳《もんみようぐとく》の願

もし、わたくしが仏になる時には、他方の国土で菩薩の道をゆく求法者たちが我が仏名を聞いて歓喜踊躍《かんぎゆやく》し、菩薩の行を修して功徳を充たすようにいたします。そうでなければ、わたくしは仏になりません。

〔第四十五願〕住定見仏願《じゆうじようけんぶつがん》・聞名見仏《もんみようけんぶつ》の願

もし、わたくしが仏になる時には、他方の国土で菩薩の道をゆく求法者たちが我が仏名を聞き、皆ことごとく普等三昧《ふとうざんまい》（同時に悟りに至る境地）を得て、その三昧にあり、成仏に至るまで常に無量不可思議数の一切の如来を拝するようにいたします。そうでなければ、わたくしは仏になりません。

〔第四十六願〕随意聞法願《ずいいもんぽうがん》

もし、わたくしが仏になる時には、我が国土で菩薩の道をゆく求法者たちが、その願うところに従って、聞きたいと思う教えを自然に聞けるようにいたします。そうでなければ、わたくしは仏になりません。

〔第四十七願〕得不退転願《とくふたいてんがん》・聞名不退《もんみようふたい》の願

たとえ、わたくしが仏になる時が来ても、他方の国土で菩薩の道をゆく求法者たちが我が仏名を聞いて、ただちに仏道において不退転の境地に至らないならば、わたくしは仏になりません。

〔第四十八願〕得三法忍願《とくさんぼうにんがん》

たとえ、わたくしが仏になる時が来ても、他方の国土で菩薩の道をゆく求法者た

立ち姿の阿弥陀仏　上の図像は浄土真宗本願寺派（西本願寺）の仏壇に本尊として架けられる阿弥陀仏像。四十八願に合わせて光背に48本の光が描かれている。また、急いで来迎に現れてすぐに浄土に行くという意味で「立撮即行」といわれる立ち姿である。

ちが、我が仏名を聞いて、ただちに第一、第二、第三の法忍《ぼうにん》（法の認可、確信）を得、諸仏の仏道において不退転の境地に至らないならば、わたくしは仏になりません。この三つの法忍とは、第一に法の音声《おんじょう》による音響忍《おんこうにん》、第二に柔軟《にゅうなん》の心によって法を受ける柔順忍《にゅうじゅんにん》、第三に不生不滅の法において無生法忍《むしょうぼうにん》でございます。

重ねて誓う偈

さて、釈迦牟尼世尊が阿難尊者に説かれますには、法蔵菩薩は四十八願を世自在王如来の御前で宣誓してから、さらに重ねて偈頌《げじゅ》をもって誓いを奏上しました。

この頌は重誓偈《じゅうぜいげ》、あるいは、誓いの項目が三つ、また四つに数えられることから三誓偈とも四誓偈ともよばれ、よく読誦される経文になっています。

我《わ》れ超世《ちょうせ》の願《がん》を建《た》つ　必《かなら》ず無上道《むじょうどう》に至《いた》らん
斯《こ》の願満足《がんまんぞく》せずんば　誓《ちか》って正覚《しょうがく》を成《じょう》ぜじ

我れ世を超えて誓願す。必ず無上の仏道を成《じょう》ぜんと。
この願いを満たすことなければ、誓って正覚（悟り）を得ず。

我《わ》れ無量劫《むりようこう》に於《おい》て　大施主《だいせしゆ》と為《な》り、
普《あまね》く諸《もろもろ》の貧苦《ひんぐ》を済《すく》わずんば　誓《ちか》って正覚《しようがく》を成《じよう》ぜじ
我れ無量の劫において、大いに施す者になり、
あらゆる貧苦を救わなければ、誓って正覚を得ず。

我《わ》れ仏道《ぶつどう》を成《じよう》ずるに至《いた》らば　名声十方《みようしようじつぽう》を超《こ》え
究竟《くきよう》して聞《き》こゆる所《ところ》なくんば　誓《ちか》って正覚《しようがく》を成《じよう》ぜじ
我れ仏道を成就せば、我が仏名は十方の諸世界を超え、
果ての果てまで聞こえることがなければ、誓って正覚を得ず。

離欲《りよく》と深正念《じんしようねん》と　浄慧《じようえ》の修梵行《しゆぼんぎよう》をもって
無上道《むじようどう》を志求《しぐ》し　諸《もろもろ》の天人師《てんにんし》とならん
煩悩の欲を離れ、深く思惟して念じ、清浄の智慧をもって清く修し、
無上の仏道を求めて、すべての神々と人びとの師とならん。

神力大光《じんりきだいこう》を演《の》べ　普《あまね》く無際《むさい》の土《ど》を照《て》らし
三垢《さんく》の冥《めい》を消除《しようじよ》して　広《ひろ》く衆《もろもろ》の厄難《やくさい》を済《すく》わん

神威の光明を放って、無数の諸仏の国をあまねく照らし、
貪欲《とんよく》・瞋恚《しんに》（怒り）・愚痴《ぐち》（愚かさ）の無明《むみょう》を消し、広く衆生の災厄を払おう。

彼《か》の智慧《ちえ》の眼《め》を開《ひら》きて　此《こ》の昏盲《こんもう》の闇《やみ》を滅《めつ》し
諸《もろもろ》の悪道《あくどう》を閉塞《へいそく》して　善趣《ぜんじゅ》の門《もん》に通達《つうだつ》せしむ

仏の智慧のまなこを開いて、衆生の煩悩の闇を破り、
地獄・餓鬼・畜生の悪道に堕《お》ちる道を閉じ、天・人の善なる世界への門に至らしめん。

功祚《くそ》の満足《まんぞく》を成《じょう》ぜば　威曜十方《いようじっぽう》に朗《ろう》なり
日月《にちがつ》は重暉《じゅうき》を戢《おさ》め　天光《てんこう》も隠《かく》れて現《げん》ぜず

仏の功徳が満ちれば、光輝は十方を照らし、
太陽も月も光を収め、天の光も隠れて現れず。

衆《しゅ》の為《ため》に法蔵《ほうぞう》を開《ひら》きて　広《ひろ》く功徳《くどく》の宝《たから》を施《ほどこ》し
常《つね》に大衆《だいしゅ》の中《なか》に於《おい》て　説法《せっぽう》し師子吼《ししく》せん

衆生のために法の蔵を開いて、広く功徳の宝を施し、
常に人びとの中において、獅子のごとく雄々しく法を説かん。

一切《いっさい》の仏《ほとけ》を供養《くよう》し　衆《もろもろ》の徳本《とくほん》を具足《ぐそく》して
願慧《がんね》、悉《ことごと》く成満《じょうまん》し　三界《さんがい》の雄《おう》と為《な》るを得《え》ん

一切の諸仏に礼拝・供養して、多くの功徳を積み、
誓願・智慧を成就して、世界の雄とならん。

仏《ほとけ》の無礙智《むげち》の如《ごと》きは　通達《つうだつ》して照《て》らずことなし
願《ねが》わくは我《わ》が功慧《くえ》の力《ちから》も　此《こ》の最勝尊《さいしょうそん》に等《ひと》しからん

仏の智慧は無礙にして、万物を照らす。
願わくは我が功徳と智慧の力も、この最勝の尊に等しくあらん。

斯《こ》の願若《がんも》し尅果《こつか》せば　大千応《だいせんまさ》に感動《かんどう》すべし
虚空《こくう》の諸《もろもろ》の天人《てんにん》は　当《まさ》に珍妙《ちんみょう》の華《はな》を雨《ふ》らすべし

この願、もし成就せば、大千三千の全世界は感応して動け。
天空の神々・天人らには、天の花々を降らされよ。

釈迦牟尼世尊が阿難尊者に告げられますには、この頌を法蔵菩薩が誦《じゅ》しおわったと

き、地は震動し、天の神々は法蔵菩薩の上に花を降らせたのでした。そして楽の音が自然に流れて菩薩を讃え、空中に声が響いて、「菩薩よ、あなたは必ずや無上正覚を成就するであろう」と告げました。

【日本の浄土教と文化❾】『平家物語』の十念往生

四十八願のうち、もっとも重要な項目とされるのは第十八願である。その項には「十方衆生、至心信楽《ししんしんぎょう》して我が国に生まれんと欲して乃至《ないし》十念せん」、すなわち十回でも阿弥陀仏の名を称《とな》えれば、誰でも極楽に往生できるようにすると説かれ、口にとなえる称名念仏《しょうみょうねんぶつ》の根拠となった。第十八願には「ただし、五逆と正法を誹謗するは除く」とあるのだが、観無量寿経の第十六観（下品下生→135ページ）には、五逆十悪の愚人《ぐにん》でも「至心に声を絶えざらしめ、十念を具足して南無阿弥陀仏と称《しょう》せば、仏名を称するゆえに念念の中において（一念をとなえるごとに）八十億劫の生死の罪を除く」とある。

こうしたことから「南無阿弥陀仏」と十回となえることを「十念」というが、日本で浄土教が広まった平安中期に源信《げんしん》があらわした『往生要集』には、臨終の人の周囲で仲間が念仏を称えて「十念を成就せしめよ」（大文第六「別時念仏」）というなど、阿弥陀仏の救いに完全に身をゆだねるような信心を「十念具足」「十念の成就」というようになった。

鎌倉新仏教の法然の門流の浄土宗・浄土真宗では念仏は一回でもよいのか多くとなえるべきなのかという一念義・多念義の論議から分派もうまれるが、そのような教義論争とは別に、第十八願に「乃至十念」と念仏の回数が示されていることの影響は大きかった。とりわけ、臨終において「南無阿弥陀仏」と十回となえれば「十念具足」し、阿弥陀仏に迎えられるということから、武士が戦場で死を覚悟して十念をとなえたことが戦記物語の『平家物語』や『太平記』にみられる。『平家物語』には巻十「維盛入水《これもりのじゅすい》」、巻十一「重衡被斬《しげひらのきられ》」などに十念がでるが、ここでは巻九「忠度最期《ただのり》」の段をあげる。

源義経の軍勢が平家を打ち破った一ノ谷《いちのたに》合戦でのことである。西手の大将軍をつとめていた平忠度（平家の棟梁忠盛《とうりようただもり》の六男）を源氏の武将岡部忠純《おかべただすみ》が追いつめたとき、忠度は「しばしのけ、十念となへん」とて西に向かって声だかに十念となえ、「光明偏照《こうみようへんじよう》　十方世界《じつぽうせかい》　念仏衆生《ねんぶつしゆじよう》　摂取不捨《せつしゆふしや》」という観無量寿経の経文（観経文）を誦して首をうたれた。

その後、箙《えびら》（背中につける矢入れ）に結びつけられた文《ふみ》に「旅宿花《りよしゆくのはな》」と題して一首の歌が書かれていた。

　ゆきくれて木《こ》のしたかげをやどとせば花やこよひの主《あるじ》ならまし
　（旅路の暮れに桜の木の下を宿とせば、花が主人になって迎えてくれよう）

この文に「忠度」と名がしたためられていたことから源氏の武者たちは「あの武芸にも歌

道にも秀でた公達であったかと知り、「あないとほし（中略）あッたら大将軍を」とて「涙を流し袖《そで》をぬらさぬはなかりけり」と『平家物語』は語る。

【日本の浄土教と文化⑩】『曾根崎心中』の女人往生

四十八願の第三十五は漢訳原文の読み下しでは「たとひわれ仏を得たらんに（中略）女人ありて、わが名字《みようじ》を聞きて、歓喜信楽し、菩提心を発《おこ》して、女身を厭悪《えんお》せん。寿《いのち》終りてののちに、また女像とならば、正覚を取らじ」という。極楽には男性でなければ入れない。それで女性は男性に変えて迎えるということから「変成男子の願《へんじようなんしのがん》」ともいう。法華経の女人救済の話として知られる龍女成仏の箇所（提婆達多品）でも龍女は男に変わって悟りの境地に達したと説かれている。これは古代インドの風習を伝えるもので、女性差別だと批判されてきたことでもある。

しかし、観無量寿経が韋提希《いだいけ》王妃の救済を説くように、現実には女性の信徒が多いのは今も昔も同じである。73ページで述べた中将姫の伝説など、女人往生の話も多い。日本最初の往生伝である『日本往生極楽記』（慶滋保胤《よししげのやすたね》撰／平安中期）でも、聖徳太子《しようとくたいし》・空也《くうや》など四十二名の往生者のうち「伊勢国一老婦」「加賀国一婦女」など九人の女性の極楽往生を伝えている。

日本では男に生まれ変わらないと往生できないというのではない。それどころか、『源氏物語』「鈴虫」の帖で光源氏が女三の宮に「蓮葉《はちすば》を同じ台《うてな》と契《ちぎ》りおきて　露の分かるる今日ぞ悲しき」という歌をおくるように、夫婦そろって天寿を全うし、死ねば極楽の蓮華の台《うてな》でまた一緒になるのが理想の男女の仲ともされた。

その恋の手本として江戸時代に人気を博したのが近松門左衛門《ちかまつもんざえもん》（一六五三〜一七二五年）作の人形浄瑠璃『曾根崎心中《そねざきしんじゆう》』だ。曾根崎の露天神社《つゆのてんじんじや》（大阪市北区）で実際にあった心中事件をもとにしたお初《はつ》と徳兵衛《とくべえ》の悲恋の物語である。

『曾根崎心中』は「げにや安楽世界より。今この娑婆に示現《じげん》して。われらがための観世音（極楽浄土からこの世に、われらを救うためにあらわれた観音菩薩）」という言葉からはじまり、いったんは仲を裂かれた二人が大坂の観音札所めぐりで再会し、この世では一緒になれない事情があるので心中をする。

その道行《みちゆき》は「この世のなごり。夜《よ》もなごり。死にに行く身をたとふれば、あだしが原の道の霜。一足づつに消えてゆく。夢の夢こそあはれなれ」と語られ、曾根崎の森で二人は「南無阿弥陀仏、南無阿弥陀仏」ととなえながら、剃刀《かみそり》と刀で喉《のど》をきって死んでいった。その後、曾根崎の風の音のように二人の心中が世に伝わり、「貴賤群衆《きせんくんじゆ》の回向の種。未来成仏疑ひなき、恋の。手本となりにけり」と語り終える。

まさかお初が男に変わって成仏するのではお話にならない。二人は恋仲のまま同じ蓮華の台に登ったはずだと喝采《かつさい》されたのである。

阿弥陀仏と極楽国土

宣誓の後

釈迦牟尼世尊は阿難尊者に説示しました。

＊

阿難よ、法蔵菩薩は世自在王仏のみもとで、この弘誓《ぐぜい》を発《おこ》したのです。そのとき、天の神々も、欲望界をすべる魔王たちも、色界《しきかい》（物質界）の頂きに坐《ざ》す梵天《ぼんてん》の王たちも、天界・空中・水界の龍神八部の神霊たちも人びととともに、この宣誓の場にいました。

そして法蔵菩薩は宣誓の後、仏国土を建てて菩薩行を修することによって清らかに荘厳《しょうごん》することに専心しました。

それを修する国土は果てしなく広大です。比類なく美しく建立された仏国土は常に不変であり、衰えることなく持続します。

法蔵菩薩は、不可思議数の兆載永劫《ちょうさいようごう》の久遠の時において、求法者《ぐほうしゃ》たる菩薩の無量の徳行を積み、愛欲や怒りや、他を害する心を生じることはなかったのです。

求法の菩薩は、色・声・香・味・触・意の六根《ろっこん》の欲求に執着せず、忍辱《にんにく》（忍耐）の力を充足して苦を除きます。

求法の菩薩は、少欲知足《しょうよくちそく》にして、煩悩に染まることも、瞋恚《しんに》（怒り）にかられることも、愚痴（愚かさ）の暗がりに沈むこともありません。

求法の菩薩は、沈思の三昧《さんまい》において常に静かであり、その智慧は無碍《むげ》にして妨げるものはなく、虚偽諂曲《こぎてんごく》（媚《こ》びへつらって偽ること）の心はありません。

求法の菩薩は、和顔愛語《わげんあいご》にして、衆生の心を察し、その願いを満たします。

求法の菩薩は、勇猛精進《ゆうみょうしょうじん》にして、衆生済度《しゅじょうさいど》の願いと志に倦《う》むことはありません。

求法の菩薩は、濁りのない清白《しょうびゃく》の法を求め、それによって群生《ぐんじょう》（衆生）を利益《りやく》します。

求法の菩薩は、仏と法と僧の三宝を恭敬《くぎょう》し、師長（目上の人）に仕えます。

求法の菩薩は、多くの福徳と智慧の行を厳かに修して、回向して衆生の功徳を成就させます。

求法の菩薩は、万物は空《くう》であること、万物は無相であって差別はないこと、無願であって恣意的な願望はないことの三つの三昧《さんまい》にあり、万物は生起することも消滅する

 こともなく、真実には空《くう》の現れであると見つめています。

求法の菩薩は、虚言・二枚舌などの悪言が自分を害し、他を害し、彼我ともに害するゆえに悪言から遠ざかり、善語は自己を利し他を利し、彼我ともに利すゆえに善語を修し習います。

求法の菩薩は、国や王位さえも捨てて財物を退け、みずから布施《ふせ》・持戒《じかい》・忍辱《にんにく》・精進《しょうじん》・禅定《ぜんじょう》・智慧《ちえ》の成就を求めて六波羅蜜《ろくはらみつ》を行じ、他の人にも教えて行じさせます。

求法の菩薩は、阿僧祇《あそうぎ》の歴劫《りゃっこう》（永劫の生死流転）において功徳を積み、それぞれに生まれた境涯において、みずから心の願いによって修します。

求法の菩薩は、無量の宝蔵《ほうぞう》（尊い教えの蔵）を自然に開き、無数の衆生を教化して、無上正真の道に導き、退くことのないようにします。

求法の菩薩は、転生して、あるときは長者になり、居士《こじ》（在家の信徒）になり、婆羅門《ばらもん》（司祭）になり、貴族になります。あるときは国王になり、聖なる帝王である転輪聖王《てんりんじょうおう》にもなります。さらに、あるときは六欲天の魔王や梵天の王にもなります。そして、どんな身に生まれたときでも、菩薩は衣と飲食と臥具《がぐ》と湯薬の四事《しじ》をもって一切の諸仏にささげ、供養《くよう》し恭敬《くぎょう》するのです。

＊

釈迦牟尼世尊が阿難尊者に告げられますには、法蔵菩薩はこのように功徳を積み、その多さや功徳の大きさは、説くことのできないほどのものでございました。

法蔵菩薩の口から出る香気は優鉢羅華《うばらけ》（青い蓮）のように清々《すがすが》しく、身体の毛孔《もうく》からは栴檀《せんだん》の香がただよい、その香はあまねく無量の世界を熏《くん》じたのでございます。法蔵菩薩の姿は、まことに端麗なものでございました。その手からは常に、諸仏にささげる宝玉と衣服と飲食が思いのままに尽きることなく出てきました。また、美しい華と香と、高貴な者にささげる繒蓋《ぞうがい》（傘）と幢幡《どうばん》（幟《のぼり》）などの荘厳の具が手から出ました。

このようなことは、どんな神にも天人にもできないことでした。法蔵菩薩は、一切の法において自在を得たのでございます。

五劫思惟・十劫成仏

釈迦牟尼世尊が、このように法蔵菩薩の誓願と菩薩の行について説示されたとき、阿難尊者が世尊に問いました。

「法蔵菩薩は、すでに仏となっておられるのでしょうか。まだ仏となっておられないのでしょうか。また、仏となられたとしても、遠い過去のことでありますゆえ、すでに入滅されておられるのでしょうか。あるいは、現にましますのでしょうか」

世尊は阿難尊者に告げました。

「法蔵菩薩はすでに仏となり、今も現にあります。その仏の国は、ここから西方十万億の諸仏の国を過ぎたところにあり、名づけて安楽（極楽）といいます」

阿難尊者は重ねて問いました。

「法蔵菩薩が仏になられてから今までに、どのくらいの時がたっているのでしょうか」

世尊は「法蔵菩薩が仏になってから、およそ十劫の時がたっている」と告げました。

もとは一人の国王だった法蔵菩薩が出家して四十八の誓願を立てるまでに思惟すること五劫、それから幾多の劫に菩薩行を修して仏になってから十劫、このことを「五劫思惟《ごこうしゆい》・十劫成仏《じっこうじょうぶつ》」と申し伝えております。

極楽国土の荘厳

釈迦牟尼世尊が阿難尊者に語られますには、その仏の国の大地は金・銀・瑠璃《るり》・珊《さん》瑚《ご》・琥珀《こはく》・硨磲《しゃこ》・碼碯《めのう》などの七宝で構築され、果てしなく広大です。種々の宝玉は重なりあい、混合して光り輝くこと比類のない美麗さです。

その国土の清らかに荘厳されておりますことは十方の一切諸仏の国々を超えております。その美しさは衆宝のなかの精髄にして第六天（最上の天界）に輝く宝珠のよう

五劫思惟像　深い思惟をあらわして頭部の螺髪（頭の巻き毛）が大きいのが特色の阿弥陀仏像だ。（金戒光明寺蔵／写真：ピクスタ）

でございます。

また、その国土の平らなことは、世界の中心にそびえる須弥山《しゅみせん》も、その周囲の金剛《こんごう》鉄囲山《てっちせん》もなく、険しい山々はまったくありません。その国土はどこまでも平らでありますゆえ、大海も小海もなく、渓谷もありません。

その仏の神力ゆえに、その国土を見たいと願えば、すぐに現れます。

その仏の国土には、地獄・餓鬼・畜生などの悪趣はありません。また、暑さにあえぐ夏も、寒さに凍える冬もありません。春夏秋冬の四季の厳しさはなく、常に温和で快いのです。

釈迦牟尼世尊が、その仏の国土のようすをこのように告げたとき、阿難尊者は人びとの心に疑いが生じることを懸念して、世尊に問いました。

「世尊に問い申し上げます。須弥山は神々の座であり、頂きの忉利天《とうりてん》には天帝（帝釈天）の王宮があり、中腹の四方には四天王の城があって世界を護ってございます。もし、その仏の国土に須弥山がないのであれば、四天王や忉利天の神々はどこにいるのでしょうか」

世尊は阿難尊者に語りました。

「須弥山の上には、さらに天空のかなたに夜摩天《やまてん》や、阿迦尼咤《あかにた》と呼ばれる究竟《くきょう》の天界があります。阿難よ。それら天空の神々は、何によって存在するのか」

「世尊に申し上げます。それら神々は、それぞれの行業《ぎょうごう》（おこない）の不可思議の果報によって天界にございます」

「天界の果報が不可思議ならば、諸仏世界もまた不可思議です。仏の国土の人びとは、その功徳・善力のおこないの果報によって、そこに住します。そのほかの理由はありません」

「世尊に申し上げます。わたくしも、人びとも、疑いは除かれました」

十二の光の御名

それから釈迦牟尼世尊は阿難尊者に、「阿弥陀仏の威神の光明は最尊にして第一である。諸仏の光明の及ぶところではない」と告げました。

世尊の説示されますには、この無量寿の仏光《ぶっこう》は百仏世界あるいは千仏世界を照らすのです。要約して十方のうち東方だけをとりましても、恒沙《ごうしゃ》（ガンジスの砂の数）の諸仏の国土を照らします。

南方・西方・北方、その中間、上下も、また同じです。仏光は、あるときは近くの七尺を照らし、あるいは一由旬《ゆじゅん》、さらに二、三、四、五由旬の遠方を照らします。そのように倍して諸仏の国土を照らすとともに、一仏の国土を照らします。

このゆえ、無量寿仏（アミターユス／無限の命をもつ阿弥陀仏）は十二光の御名《みな》で称されます。

無量光仏《むりようこうぶつ》——無限の光を放つ仏（アミターバ／無量光明の阿弥陀仏）。
無辺光仏《むへんこうぶつ》——果てのない光を放つ仏。
無碍光仏《むげこうぶつ》——妨げのない光を放つ仏。
無対光仏《むたいこうぶつ》——対比するもののない光を放つ仏。
焔王光仏《えんのうこうぶつ》——炎の王のように明るい光を放つ仏。
清浄光仏《しようじようこうぶつ》——煩悩をはらう清浄な光を放つ仏。
歓喜光仏《かんぎこうぶつ》——喜びを与える光を放つ仏。
智慧光仏《ちえこうぶつ》——智慧の光を放つ仏。
不断光仏《ふだんこうぶつ》——絶え間なく光を放つ仏。
難思光仏《なんじこうぶつ》——不可思議の光を放つ仏。
無称光仏《むしようこうぶつ》——言葉で称えることのできない光を放つ仏。
超日月光仏《ちようにちがつこうぶつ》——日光・月光を超える光を放つ仏。

釈迦牟尼世尊は阿難尊者に告げました。「この仏の光明を受ければ、貪欲《とんよく》・瞋恚《しんに》・愚痴《ぐち》の三垢《さんく》は消滅し、身心は柔軟《にゆうなん》に喜びを生じて踊躍《ゆやく》し、善心を生じます」と。

地獄・餓鬼・畜生の三途《さんず》で苦しんでいる者でも阿弥陀如来の光明を受ければ安らぎ、苦悩はなくなります。六道の衆生は皆、寿命が終われば苦の輪廻《りんね》からの解脱《げだつ》を得るのです。

阿弥陀如来の光明は輝かしく十方諸仏の国土を照らし、その光明を称讃しない仏はありません。娑婆《しゃば》世界の釈迦牟尼世尊のみでなく、一切の諸仏も、声聞《しょうもん》・縁覚《えんがく》の僧たちも、多くの菩薩らも、みな同じく阿弥陀如来の誉《ほま》れを讃えます。

もし人びとが、その光明の威神の功徳を聞き、日夜に称《とな》えて至心不断なれば、心の願うままに、その国土に生まれます。そして、なお菩薩の道をゆく求法者《ぐほうしゃ》たちや声聞《しょうもん》らの出家の僧たちなど、広く人びとに、その誉れを讃えられ、その功徳を称《たた》えられます。

そうして、阿弥陀如来の国土に生まれた者が仏道を成就するに至れば、あまねく十方の諸仏・菩薩らが、その光明を同じく讃歎《さんたん》するのです。

釈迦牟尼世尊のみ言葉には、「無量寿仏の光明の威神、巍巍《ぎぎ》にして殊妙《しゅみょう》なること、昼夜に説いて一劫を費やしても尽くすことはできない」のでございます。

＊

阿弥陀仏の寿命の長さ

釈迦牟尼世尊は阿難尊者に説示されました。

アミターユス（阿弥陀）と称《たた》えられる無量寿仏の寿命は長久《じょうく》であり、その年を数えることはできません。

たとえば、あなたは知ることができるだろうか。十方世界の無量の衆生が皆、人の身に生まれて、ことごとく修行して、出家の聖者である声聞《しょうもん》・縁覚《えんがく》の智慧を得たとしましょう。かれらが集まり、心を一つにして沈思し、その智力を尽くして百千万劫にわたって推算し、その寿命の長遠の年を数えようとしても、ついには、その終わりを知ることはできません。

その国土の声聞・菩薩・天・人《にん》らの寿命の長短も同じく、算数《さんじゅ》・譬喩《ひゆ》をもって知るところにはありません。また声聞・菩薩らの数も量りがたく、言葉では表せません。その声聞・菩薩らは神通・智慧に通達して威力自在であり、手のひらに一切の世界を載せています。

＊

それから世尊が阿難尊者に告げられますには、法蔵菩薩が無量寿仏になって最初に説法の集会《しゅうえ》が開かれたとき、すでに仏弟子の声聞は無数にいたのでございます。求法《ぐほう》の菩薩たちも無数にいました。

その数の多さは、たとえば、釈迦牟尼世尊のお弟子の目連尊者のように神通第一の比丘《びく》が百千万億無量無数にいて、阿僧祇那由他《あそうぎなゆた》の劫にわたり、あるいは寿命の尽きるまで計算したとしても、その数を究めることはできません。たとえ数えたにしても、一本の毛を百分の一に砕き、その一分の毛を一滴の水で湿らせて深く広い大海の水を汲《く》み取るようなものです。

世尊は阿難尊者に問いました。

「あなたの心において、どう思うであろうか。毛を湿らせる水と、大海の水の量は、どちらが多いであろうか」

「世尊にお答え申し上げます。毛を湿らせる一滴の水と大海の水の量の多少を比べましても、その差はどんなに勝《すぐ》れた暦や計算法や言葉・譬喩《ひゆ》をもっても知ることはできません」

「阿難よ。そのとおりです。たとえ神通第一の目連のような者が百千万億那由他の劫において、かの初会《しょえ》の声聞・菩薩の数を計算しても、それによって知ることのできる数は一滴の水にすぎず、なお知ることのできない数は大海の水のように多いのです」

【日本の浄土教と文化⑪】阿弥陀仏の十二光

浄土真宗でよく読誦される「正信念仏偈《しょうしんねんぶつげ》」（正信偈／『教行信証《きょうぎょうしんしょう》』にある親鸞自作の偈）

は「帰命無量寿如来《きみょうむりょうじゅにょらい》　南無不可思議光《なむふかしぎこう》（無量寿如来に帰命し　不可思議光に南無したてまつる）」という句からはじまり、続いて無量寿経に説かれている十二の光明の呼び名、すなわち十二光が次のように列記されている。

普放無量無辺光《ふほうむりょうむへんこう》　無碍無対光炎王《むげむたいこうえんのう》
清浄歓喜智慧光《しょうじょうかんぎちえこう》　不断難思無称光《ふだんなんじむしょうこう》
超日月光照塵刹《ちょうにちがっこうしょうじんせつ》　一切群生蒙光照《いっさいぐんじょうむこうしょう》

［読み下し］（阿弥陀仏は）あまねく無量・無辺光　無碍・無対・光炎王／清浄・歓喜・智慧光　不断・難思・無称光／超日月光を放ちて塵刹《じんせつ》（無数の国土）を照らし、一切の群生《ぐんじょう》（衆生）、光照を蒙《こうむ》る。

親鸞の「浄土和讃」にも「弥陀成仏のこのかたは　いまに十劫《じっこう》をへたまへり／法身《ほっしん》の光輪きは《わ》もなく　世の盲冥《もうみょう》をてらすなり」とうたわれている。

時宗の開祖一遍には「道具秘釈《どうぐひしゃく》」という文がある。

南無阿弥陀仏。一遍の弟子、まさに十二道具を用ゐるの意《こころ》を信ずべし。
一《ひとつ》　引入《ひきいれ》（飯椀）
南無阿弥陀仏。無量の生命《しょうみょう》、名号《みょうごう》法器たるを信ずる心、これ即ち無量光仏の徳なり。

一　箸筒《はしづつ》（箸入れ）
南無阿弥陀仏。無辺の功徳、衆生の心に入るを信ずる心、これ即ち無辺光仏の徳なり。
一　阿弥衣《あみぎぬ》（麻の網衣《あみぎぬ》）
南無阿弥陀仏。善悪《ぜんなく》同じく摂《せつ》する、弥陀の本願を信ずる心、これ即ち無礙光仏の徳なり。

以下、遊行の旅の持ち物を十二光仏のそれぞれになぞらえている。一遍の遊行は阿弥陀仏と同行の旅だった。

【日本の浄土教と文化⑫】月影の阿弥陀仏

鎌倉時代の勅撰『玉葉和歌集』に「月影のいたらぬ里はなけれども　ながむる人の心にぞすむ」という法然の歌がある。

阿弥陀仏は十劫という遠い過去に成仏して西方十万億土の彼方に極楽世界をつくった。この仏の寿命は永遠であると無量寿経に説かれている。法然は、その救いの光は月光のように誰にも届いているのだが、眺める人の心に澄む。あるいは、眺める人の心に住むという。

月は満ちては欠け、欠けては満ち、永遠に亡びない。月は不死の象徴であり、仏にたとえられて、よく歌に詠まれてきた。西行《さいぎょう》も「観心《かんじん》をよみ侍《はべ》りけり」と詞書《ことばがき》して心の中に照り映える月を「闇はれて心のそらにすむ月は西の山べやちかくなるらん」（『新古今和歌集』）と詠んでいる。「西の山べやちかくなるらん」は、心の月とともに西方浄土へ迎えられることも近くなったという意味である。

江戸時代には特定の月齢の夜にあつまって飲食し、経や真言を唱えたり念仏したりする月《つき》待講《まちこう》が広まったが、十五夜の満月の夜に祀《まつ》るのは阿弥陀仏や大日如来だった。そのほか、如意輪観音などの観音菩薩に祈る月待講が多かったが、特に盛んだったのは二十三夜で今も講中によって建てられた石の供養塔が路傍に多く残っている。

二十三夜塔　阿弥陀三尊のうち勢至菩薩を本尊として月齢23日の夜にあつまって念仏する講によって建てられた。（千葉県佐倉市）

国土の光風

地上の宝樹

釈迦牟尼世尊が阿難尊者に説示されますには、その仏の国土には七宝でできた種々の樹木が、いたるところに茂っているのでございます。金の樹、銀の樹、瑠璃《るり》（ラピスラズリ）の樹、玻璃《はり》（水晶）の樹、珊瑚《さんご》の樹、碼碯《めのう》の樹、硨磲《しゃこ》（白い貝殻）の樹です。二種の宝玉《ほうぎょく》、三種の宝玉、あるいは七種の宝玉が組み合わされている宝樹もございます。金の樹に銀の葉と花と果実がなっている樹もありますし、銀の樹に金の葉と花と果実がなっている樹もあります。

あるいは瑠璃の樹に玻璃の葉がしげり、玻璃の花と果実がなっている樹もあります。

あるいは玻璃の樹に瑠璃の葉がしげり、瑠璃の花と果実がなっている樹もあります。

あるいは珊瑚の樹に碼碯の葉がしげり、碼碯の花と果実がなっている樹もあります。あるいは碼碯の樹に瑠璃の葉がしげり、瑠璃の花と果実がなっている樹もあります。あるいは硨磲の樹に種々の宝玉の葉がしげり、花と果実がなっている樹もあります。また、このような宝樹もあります。その樹木は至高の黄金である紫金《しこん》（閻浮檀金《えんぶだんごん》）を根とし、白銀を幹とし、瑠璃を枝とし、玻璃を小枝とし、珊瑚を葉とし、碼碯を花とし、果実は硨磲でできています。

このような宝樹もあります。その樹木は白銀を根とし、瑠璃を幹とし、玻璃を枝とし、珊瑚を小枝とし、碼碯を葉とし、硨磲を花とし、果実は紫金でできています。

このような宝樹もあります。その樹木は瑠璃を根とし、玻璃を幹とし、珊瑚を枝とし、碼碯を小枝とし、硨磲を葉とし、紫金を花とし、果実は白銀でできています。

このような宝樹もあります。その樹木は玻璃を根とし、珊瑚を茎とし、碼碯を枝とし、硨磲を小枝とし、紫金を葉とし、白銀を花とし、果実は瑠璃でできています。

このような宝樹もあります。その樹木は珊瑚を根とし、碼碯を茎とし、硨磲を枝とし、紫金を小枝とし、白銀を葉とし、瑠璃を花とし、果実は玻璃でできています。

このような宝樹もあります。その樹木は碼碯を根とし、硨磲を茎とし、紫金を枝とし、白銀を小枝とし、瑠璃を葉とし、玻璃を花とし、果実は珊瑚でできています。

このような宝樹もあります。その樹木は硨磲を根とし、紫金を茎とし、白銀を枝とし、瑠璃を小枝とし、玻璃を葉とし、珊瑚を花とし、果実は碼碯でできています。

これら多くの宝樹は整然と並木になって連なり、幹と幹が並び、枝と枝が整い、葉と葉が照らしあい、花と花が咲き競い、果実と果実が触れあって、生き生きと美しく光り輝いていることは、あまりのまばゆさに目を開けていられないほどです。

それらの樹々に清風が吹きわたれば、楽の調べが音階調和して自然に鳴るのです。

道場樹

また、釈迦牟尼世尊が阿難尊者に説示されますには、無量寿仏の成道の座にあります道場樹（菩提樹《ぼだいじゅ》）は、高さ四百万里、根本の幹の周囲は五十由旬《ゆじゅん》の巨樹でございます。

この道場樹は四方に広がって二十万里をおおっています。

この道場樹は、衆宝の王である月光宝珠と持海輪宝《じかいりんぽう》（大海の中央にそびえる須弥山の頂上にある宝珠）をもって荘厳《しょうごん》されています。

この道場樹は、小枝の間に瓔珞《ようらく》（宝飾の鎖）をめぐらしています。瓔珞は小枝から垂れ、色彩は種々に変化して百千万色に輝き、無量の光焔《こうえん》、照耀《しょうよう》に極まりはありません。

この道場樹の上には高貴な宝玉の網が架けられています。樹上は宝玉の網でおおわれ、時に応じて一切の荘厳が現れます。

この道場樹の枝葉に微風が吹くと、宝玉の枝葉が動いて無量の妙なる法を説く声が響きます。法音はあまねく諸仏の国々に響き、聞く者は深く法忍《ほうにん》（法の認可、確信）を得て不退転となり、仏道成就に至るまで耳根《にこん》（聴覚）は全く清浄にして苦患に見舞われることはありません。

目に道場樹の姿を見、耳にその音を聞き、鼻にその香を知り、舌にその味わいを嘗《な》め、身にその光を触れ、心に法を念じれば、一切の甚深の法忍（法の認可）を得て不退転となり、仏道成就に至るまで六根清浄にして悩み・患いはありません。

釈迦牟尼世尊は説示されました。

＊

阿難よ、無量寿仏の国土の神々や人びとが道場樹を見るとき、三つの法忍を得ます。一つには音響忍《おんこうにん》（仏の言葉を受け止めて信じること）、二には柔順忍《にゆうじゆんにん》（仏の教えにすなおであること）、三つには無生法忍《むしようぼうにん》（不生不滅《ふしようふめつ》の真実をさとること）です。それはみな、無量寿仏の威神力《いじんりき》のゆえです。

本願力《ほんがんりき》（四十八の誓願の威力）のゆえに。
満足願《まんぞくがん》（成就せられた誓願の威力）のゆえに。
明了願《みようりようがん》（明確な誓願の威力）のゆえに。
堅固願《けんごがん》（堅固な誓願の威力）のゆえに。
そして、究竟願《くきようがん》（究極の誓願の威力）のゆえに。

＊

宝樹の法音

釈迦牟尼世尊は阿難尊者に、「世間の帝王にも百千の音楽があると語りました。法によって地上世界を治める転輪聖王《てんりんじょうおう》にも音楽が奏でられていますし、順次に音楽は奏でられて、最高の天界である第六天（他化自在天《たけじざいてん》）の伎楽《ぎがく》の音声ともなれば、その千億万倍も勝《すぐ》れています。しかし、第六天の万種の天上の楽音も、無量寿仏の国土の多くの七宝の樹木から響く一種の音声にも劣ること、千億分の一でございます。

極楽国土では自然に万種の伎楽が演じられています。その楽の声はみな、法音にあらざることはありません。その音は清らかで美しく、おだやかで雅《みやび》です。十方諸仏の世界の音声のなかでも、極楽国土の音楽が第一であります。

沐浴の池

また、極楽国土には七宝をもって自然に荘厳せられた講堂・僧堂・宮殿・楼閣があります。それらも真珠・月光宝珠などの衆宝をもって宝玉をつらねた幔幕《まんまく》が張りめぐらされ、屋根の上にも架けられています。

それら建物の内にも外にも、左右にも沐浴《もくよく》の池があります。その池の幅は十由旬、あるいは二十由旬、三十由旬、さらには百千由旬もあり、奥行きも深さも同様です。

それら沐浴池には、甘く冷たく柔らかく、八種に秀れた八功徳水が満ち、清浄で香気よく清潔で、味は甘露のようです。

多くの池のなかで、黄金の池には、底に白銀の砂が敷かれています。

白銀の池には、底に黄金の砂が敷かれています。

水晶の池には、底に瑠璃の砂が敷かれています。

瑠璃の池には、底に水晶の砂が敷かれています。

珊瑚の池には、底に琥珀《こはく》の砂が敷かれています。

琥珀の池には、底に珊瑚の砂が敷かれています。

硨磲の池には、底に碼碯の砂が敷かれています。

碼碯の池には、底に硨磲の砂が敷かれています。

白玉《はくぎょく》の池には、底に紫金（最上の黄金）の砂が敷かれています。

紫金の池には、底に白玉の砂が敷かれています。

あるいはまた、二種の宝玉、三種の宝玉、さらに七宝が組み合わされているのです。

その池の岸の上に栴檀《せんだん》の樹があり、花と葉が垂れて岸を覆い、あたりに香気を漂わせています。

また、天上の花々である優鉢羅華《うはらけ》（青い蓮）・鉢曇摩華《はどんまけ》（赤い蓮）・拘物頭華《くもずけ》（黄色の蓮）・分陀利華《ふんだりけ》（白い蓮）が色とりどりに咲いて水面をおおっています。

その国土で菩薩の道を歩む求法者《ぐほうしゃ》たちや、出家の聖者の道をゆく声聞《しょうもん》の僧たちが、この宝池に入り、足を水に浸したいと心に思って願えば、水の深さは足の高さになります。

膝《ひざ》まで水に浸したいと思えば、水の深さは膝の高さになります。

腰まで水に浸したいと思えば、水の深さは腰の高さになります。

首まで水に浸したいと思えば、水の深さは首の高さになります。

宝池の水を身に灌《そそ》ぎたいと思えば、自然に身に灌ぎます。

水を元に戻したいと思えば、水はすぐに元に戻ります。冷たさも温かさも、ほどよく調和して、自然に思いのとおりになるのです。

この宝池で沐浴すれば、神《こころ》は開放され、体は快適で、心の垢《あか》は取り除かれます。その水は透明で、目に見えないほど清らかです。

国土の呼び名

その国土の池の底には宝玉の砂が敷きつめられ、照り映えて深いところも照らしています。

水面の細波《さざなみ》は、いろいろな方角から流れてきて混ざりあい、穏やかに、遅くもなく速くもなく動いて、無数の波をきらめかせています。

その波音は自然に快く、聞きたいと思えば、いつでも聞こえてきます。

その波音に、あるときは仏の声を聞き、あるときは法が説かれる声を聞き、あるときは僧の声を聞くことができます。

また、その波音に寂静《じやくじよう》（悟り）の声、空《くう》・無我の声が聞こえます。

また、大慈悲の声、波羅蜜《はらみつ》（成就）の声、あるいは十力（仏の十種の力）・無畏《むい》（恐怖を除く働き）・不共法《ふぐほう》（仏しかもつことのできない十八の特性）の声が聞こえます。

また、いろいろな通慧《つうえ》（智慧の神通力）の声、無所作（とらわれのない修行）の声、不起滅《ふきめつ》（不生不滅《ふしようふめつ》）の声、無生法忍《むしようぼうにん》（法の認可）の声、そして、甘露灌頂《かんろかんじよう》（最上位の菩薩の頭頂に水を灌ぐ儀式）、そのほか、いろいろな妙なる法音が聞こえて、聞くままに称《とな》え、心におこる喜びは無量です。

その法音を聞く者は、清浄・離欲・寂滅・真実の義の道に従い、三宝・十力・無所《むしよ》畏《い》・不共の法に従い、通慧・菩薩と声聞《しようもん》の修行の道に従って歩みます。そこにはもはや、地獄・餓鬼・畜生という三途《さんず》の苦難を言い表す言葉さえなく、ただ自然快楽《じねんけらく》の声のみがあります。

このゆえに、その国土は「安楽（極楽）」という名で呼ばれます。

極楽国土の人びと

釈迦牟尼世尊が阿難尊者に説示されますには、「無量寿仏の国土に往生する者は、このように清浄の身体を有し、清々《すがすが》しい声と神通の功徳をそなえている」いうことでございます。

その国の人びとは宮殿に暮らし、衣服も飲料・食物も、住まいを飾る美しい花々や香なども、荘厳の具は最上の天界である第六天に自然にあるもののようです。

食事をしようと思えば、七宝の食器が自然に現れます。金・銀・瑠璃・硨磲・碼碯・珊瑚・琥珀・月光真珠などの鉢が思いのままに現れて、それには百種の飲料・食物が自然に盛られています。とはいえ、このように食物はあっても、実際に食べる者はいません。ただ色を見、香りをかぐだけで、心には食べおえたと思うのです。自然に食の満足があって身心は健やかであり、食味に執することはありません。食事が終われば食器は消え、その時になれば、また現れます。

その仏の国土は清浄であり、安穏であり、快楽《けらく》は深く玄妙であって、無為涅槃《むいねはん》（煩悩が完全に消え去った悟り）の静かな境界の近くにあります。

その国土の声聞・菩薩・天・人は、智慧高明《ちえこうみよう》にして神通の力を得ています。それら極楽国土の神々や人びとは等しく同じ姿なのですが、それぞれの前世のありかたによって、天の神々の名で呼ばれたり、人の名で呼ばれたりするのです。みな顔の端正さは、どんな世にもないほどです。姿・形は玄妙であり、天の神々でもなく人でもありません。みな自然虚無《じねんこむ》の身、無極《むごく》の体《たい》、すなわち涅槃の身体を得ているのです。

人の世の帝王と愚劣な人

釈迦牟尼世尊は説示しました。「阿難よ。たとえば、人の世で貧窮《ひんぐ》している物乞《ご》いを帝王のそばに連れてきたとしたら、その容貌《ようぼう》の違いを比べられるであろうか」と。阿難尊者は世尊に「物乞いを帝王のそばに置けば、その劣弱・醜悪さはたとえようもなく増し、比べれば百千万億倍の、計算できないほどの差になりましょう」と述べて、次のように申しました。

＊

なぜなら、その貧窮の物乞いは、このような人であるからでございます。

（以下の例話に差別的な記述がある。経典成立時の世相を反映したものなので原文のまま現代語に改めた）

その人は、最低の暮らしをしていて、衣服はだらしなく破れて体を隠さず、わずかな貧しい食物で命を支えています。その人は貧窮して、飢えと寒さに苦しみ、義理や道徳などの人の道からも外れかかっています。

それはみな、前世に不善にして徳本（功徳）を植えなかったためです。

その人は、財を蓄えて施さず、富有になれば、ますます慳《お》しみました。

その人は、ただいたずらに財物を得たいと願って、貪《むさぼ》り求めて厭《いと》うことなく、あえて善業をなさず、犯した悪業を山のごとくに積んでしまいました。

そのようにして財を蓄えても、寿命が終われば、財宝は消散してしまいます。身を苦しめ、悪業を集めて積み重ね、悩み苦しんで財物を得ても、自分の益にはならず、いたずらに他の人の所有となります。来世の頼りとなる善業にはならず、安らぎをもたらす徳にもなりません。

このゆえに、その人は死して地獄・餓鬼などの悪趣に堕《お》ち、長く苦しむ身を受けたのです。

責め苦を受けて罪をつぐない、地獄や餓鬼の世界から出て人の身を受けることができても、いやしい者となり、どうにか人として生きているだけの者になるのです。

それに対して人の世でもっとも高貴な帝王となる人は、みな前世に徳を積み、それによって独尊の帝位を得たのでございましょう。

その人は、慈しみによって恵みを広く施し、仁と愛をもって人びとを救います。

その人は、信に立脚し、善を修して、争ったりすることはありません。

このゆえ、その人は寿命を終えれば、福徳に応じて善い世界に昇ることができ、天上界に転生して幸福と楽しみを受けるのです。

その人は、そうして積んだ善業の余慶《よきょう》（前世のおかげ）で人の身に生まれ、たまたま王家に生まれて、自然に尊貴であるのです。

その人の容姿・振る舞いは端正で、人びとが敬って仰ぎ見ます。美しい衣服も、美味な料理も心のままです。それは宿世の善業の追福によるのでございます。

＊

阿難尊者がこのように申しますと、世尊はそれを是《ぜ》とされましたが、「人びとの国の帝王がいかに尊貴で容姿端麗であっても、地上の全てを統《す》べる転輪聖王《てんりんじようおう》と比べれば、帝王のそばに連れてこられた物乞《ものご》いのように貧相で、はなはだしく見劣りします」と語りました。

さらに世尊の説示されますには、転輪聖王の威風は勝れて天下第一であっても、須弥山の頂きに輝く忉利天の宮殿に住む帝釈天とくらべれば、言葉でたとえることもできないほど醜悪で、高貴さは万億分の一にもならないのでございます。その帝釈天も、神々の天界の最上位にあります第六天の他化自在天《たけじざいてん》とくらべれば、百千億倍も見劣りがいたします。

そして、その他化自在天さえ、無量寿仏の国土の菩薩や声聞の光顔・容色と比べれば、威儀は百千万億分の一以下であり、計算することができないほど見劣りするのでございます。

釈迦牟尼世尊は阿難尊者に説示しました。「無量寿仏の国土では、そこの神々や人びとの衣服・飲食はさまざまである」と。

辺りを清める華香も、身を飾る瓔珞《ようらく》も、繒蓋《ぞうがい》（高貴な者の頭上にさしかける傘・天蓋）も、威風堂々の幢幡《どうばん》（のぼり旗）もさまざまで、微妙《みみょう》の音を立てています。

神々や人びとの住まいには、宮殿・楼閣も、高い建物もありますし低い建物もあります。大きな建物も小さな建物もあって美しく連なっているのでございます。

また、一種の宝玉、二種の宝玉、さらには数限りない種類の宝玉が心のままに現れ、多くの宝玉をつけた布が地に敷かれて、神々や人びとは皆、その上を歩きます。

無量寿仏の国土の上空は無量の宝網で覆われ、その網はみな金縷《こんる》（黄金の糸）や真珠や、百千の種々の宝玉によって高貴なこと比べるものなく荘厳《しょうごん》し装飾されています。

その国土の空には宝網が張りめぐらされ、四方に垂れたところに宝玉の鈴がついています。その光の厳かに麗しいことは、この上ありません。自然に吹いてくる風はさわやかで、寒くもなく暑くもありません。その風は温かく涼しく、やわらかに遅くもなく速くもなく吹いています。

その風が国土の空の羅網（宝玉を連ねた網）と地上の宝樹に吹きわたると、法音が微妙に響き、かぐわしい香が漂います。そのため、人びとは煩悩をおこすことなく自然に穢《けが》れは払われます。

その風が身体に触れると、たとえば出家の聖者が滅尽三昧《めつじんざんまい》（煩悩を滅し尽くした心境）を得るように、みな快楽《けらく》を得ます。その風はまた、宝樹に吹きわたると花々を散らし、花びらが地面に敷き積もります。花々は色ごとにきちんと模様を描いて地面を覆い、やわらかな光とふくよかな香りを放ちます。

その国土の人びとは一日に六度、仏に礼拝して経行《きんひん》（仏事の行道）をおこないます。そのとき、地面に敷きつめられた花々の上に足を置くと、花びらがふんわりと足を受けとめて四寸も沈み、足を上げると元に戻ります。そうして花々が敷物の役割を終わると、地面が開いて花びらをひとつも残さず吸いこみ、清浄な地面に戻ります。そのように一日六度の時刻が来れば風が吹いて花々を散らし、人びとの経行を荘厳するのです。

また、無量寿仏の国土には、多くの宝玉の蓮が一面に咲いています。蓮華の一つずつに百千億の花弁があり、数知れぬ種類の光を明るく放っています。青蓮華《しょうれんげ》は青い光、白蓮華《びゃくれんげ》は白い光を輝かせており、黒い蓮華も黄色の蓮華も朱《あか》も紫もあって、それぞれの光を放っています。それらの蓮華は太陽や月よりも明るく輝いて、あたりを照らしているのです。

それら無数の蓮華は、その一つ一つから三十六・百千億の光の条が出ています。その放射された光の条の中に三十六・百千億の仏がいます。

それら光の諸仏の身は紫磨《しま》金色《ごんじき》にして瑞相《ずいそう》は無上です。さらに、その諸仏がそれぞれに百千の光明を放ち、あまねく十方の衆生のために玄妙な御法《みのり》の声を響かせています。そうして諸仏は、おのおの無量の衆生を仏の正道《しょうどう》に安立《あんりゅう》せしめたもうのです。

以上が無量寿経・巻上にて釈迦牟尼世尊が衆《しゅ》に説示されたことでございます。

【日本の浄土教と文化⑬】末法万年の弥陀一教

平安後期の堀河《ほりかわ》天皇（在位一〇八六～一一〇七年）のころに比叡山功徳院《くどくいん》の僧皇円《こうえん》が編んだ歴史書『扶《ふ》桑略記《そうりやつき》』の永承《えいしょう》七年（一〇五二）の条に、その年から末法に入ったという記述がある。

［正月二十六日］千僧を大極殿《だいごくでん》に屈請《くつじょう》して観音経を転読《てんどく》せしむ。去年の冬より疾疫《しつえき》流行し、年を改めて已後《いご》、弥《いよいよ》 以熾盛《もつてしじょう》なり。仍《よ》って其《そ》の災《さい》を除かんが為なり。今年《こんねん》より末法《まつぽう》に入る。

仏法は釈迦の入滅後、正法《しょうぼう》・像法《ぞうぼう》・末法の順に衰えていくという。正法は仏の在世時のように仏法が正しく世に広まる期間。像法の「像」は形の意味で、寺院・法会《ほうえ》など、仏法の形は存続する期間。そして末法には教えだけは伝わっていても人々の性格や能力は衰えて修行はできず、世はすさんで五濁《ごじょく》（煩悩など五つの衰退が世をおおうこと）の悪世になるという。

その時期や様相は経典によって異なるが、日本では正法五百年・像法千年説によって末法一万年の到来を算定する説が広まり、『扶桑略記』は永承七年を末法の初年とし、前年の冬から猛威をふるった疫病を末法到来の兆しとしている。

しかし、末法意識が広まるのは『扶桑略記』が編まれた院政期からで、とくに保元《ほうげん》・平治《へいじ》の乱（一一五六年・一一六〇年）以後である。平安遷都から三百六十余年、初めて都を戦場として源平の武士たちが戦い、京都六条河原で斬首された貴族の首が獄門にさらされたりした。それまで平安京では死刑さえなく、まして首が獄門にさらされるなど、まさに地獄の光景だ。さらに保元・平治の乱後は平家が権勢を誇る世になり、治承《じしょう》・寿永《じゅえい》の乱（源平合戦／一一八〇～一一八五年）では興福寺《こうふくじ》・東大寺《とうだいじ》が戦火で炎上して鎮護国家の大仏の首が落ちた。右大臣九条兼実《くじょうかねざね》は日記『玉葉《ぎょくよう》』に「七大寺以下ことごとく灰燼《かいじん》となり、仏法王法滅尽」と衝撃をあらわしている。

この動乱の世に後《ご》白河《しらかわ》法皇《ほうおう》の院の御所を警護する北面《ほくめん》の武士だった平康頼《たいらのやすより》（一一四六？～一二二〇年）が説話集『宝物集《ほうぶつしゅう》』をあらわして「末法万年弥陀一教」といい、一万年の末法にも阿弥陀仏の教えだけは存続して世の人びとを救うのだという。

平康頼は『平家物語』巻二「卒都婆流《そとばながし》」の段で有名な武士だ。安元《あんげん》三年（一一七七）、京都東山の鹿《しし》ヶ谷《たに》の山荘で僧俊寛《しゅんかん》・西光《さいこう》らと平家打倒の計略を練ったことが密告されて九州の鬼界《きかい》ヶ島に流された。「卒都婆流」の段には次のように語られる。入道《にゆうどう》とよばれるのは、流刑の前に授戒して入道（在家《ざいけ》僧形《そうぎよう》の人）になったからだ。

康頼入道、古郷《ふるさと》の恋しきままに、せめてのはかりことに、千本の卒都婆を作り（中略）是《これ》を浦にもツて出《い》でて、「南無帰命頂礼《なむきみようちようらい》、梵天帝尺《ぼんでんたいしやく》（帝釈天）、四大天王、堅牢地神《けんろうじじん》、王城の鎮守諸大明神《ちんじゆしよだいみようじん》（伊勢《いせ》・石清水《いわしみず》・松尾《まつお》など帝都守護の二十一社の神々）、殊《こと》には熊野《くまの》権現、厳島《いつくしま》大明神、せめては一本なりとも、都へ伝へてたべ」とて、興津《おきつ》（沖つ）白浪《しらなみ》の、寄せてはかへるたびごとに、卒都婆を海にぞ浮《うか》べける。

その一本が平家の氏神、安芸《あき》の厳島神社の渚《なぎさ》に流れついたことから康頼は帰京をゆるされたというが、実際には島流しの翌年には流罪を解かれて帰京した。そして、嵯峨《さが》の清凉寺《せいりようじ》に参籠《さんろう》した。清凉寺の本尊は生身《しようしん》の釈迦如来だという独特な立像である。その仏の前で、やはりおまいりにきた人びとと語りあった話を書き記したというのが『宝物集』である。鬼界ヶ島に流された自身の体験から書きおこして地獄や餓鬼（飢渇の幽鬼の世界）・修羅（争いあう鬼の世界）の物語を語りながら「末法万年におきて、弥陀の一教をたのむべし」という。その部分を意訳で引用する。

大国の王があった。国は豊かで民に力があり、七宝（いろいろな宝物）も乏しくなかった。しかし、その国の儲《もう》けの君（太子）は愚かで国を継ぐ器ではなかった。それをさとった父の大王は数千の金《こがね》を泥のなかに埋め、皇子に「世の末に世の中が乱れて宝が尽きるときがきたら、この金で身命を助けよ」と教えた。

まもなく大王が死去し、皇子が国を継ぐと、政《まつりごと》は乱れ、国の平穏は失われた。それを知った異国の王が数万の兵で攻め寄せ、種々の宝をことごとく奪っていった。そのとき、愚かな王は父王が泥に埋めておいた金を取り出し、助かったのだった。

釈尊の父も愚かな我らが太子のために末法万年を鑑《かんが》み、弥陀一教の金を泥のなかに埋めておかれた。その父が隠れたまいてのち、魔王の異国の兵がきて、般若《はんにゃ》・華厳《けごん》・法華などの蓄えをひとつ残さず運び去っていった。しかし、弥陀一教の金は泥のなかでも銹《さ》びずに残った。ここをもって「末法万年　余経悉滅《よきょうしつめつ》　弥陀一教　利物遍増《りもつへんぞう》」といわれるのである。

「末法万年　余経悉滅　弥陀一教　利物遍増」は「末法万年に他の経典の救いはなくなってしまっても、ただひとつ、阿弥陀如来の教えだけは残り、人びとに遍く利益《りやく》を増す」という意味だ。この句は西行《さいぎょう》（一一一八〜一一九〇年）も慈円《じえん》（一一五五〜一二二五年）も引いており、当時は広く知られる言葉だったようである。

平康頼は、末法の劣った人でも救われることを武士らしく弓矢を例にして述べている。

たとえば武士が力強く矢を飛ばし、物を強く射る弓を持っていたとしよう。主《あるじ》の武士はこの弓を愛し、惜しみ、重い宝のように思っている。しかし、ある人がこの弓を執《と》り、矢をつがえて引こうとしても、弓が強くて引けない。音もせず、矢が物にささることもない。このように、力がある人は堂塔をも造り、法華・真言を修することができよう。しかし、力のない我らは念仏の弱弓《よわゆみ》で射れば、おのずから射当てることもあるのだ。

また、同じころ編まれた『千載和歌集』には「鳥の音《ね》も浪《なみ》のを《お》とにぞかよふなる　をな《お》じみ法《のり》を説けばなりけり（阿弥陀経の心をよめる）」という平康頼の歌が採られている。歌意は「極楽浄土では鳥の声も池の波音も似通っているという。同じ教えを説いているのだから」ということである。

ところで、前掲の『平家物語』「卒都婆流」の段に「南無帰命頂礼、梵天帝尺、四大天王、堅牢地神、王城の鎮守諸大明神、殊には熊野権現、厳島大明神」と神仏の名が列記されている。この箇所にかぎらず『平家物語』は事あるごとに寺社や神仏の名を語る。

仏法が滅びるという末法の危機のなかで熊野詣がさかんになるなど、人びとの信仰はかえって激しく燃え上がり、各地の寺社や霊場を中心に「中世神話」もしくは「中世日本紀」と総称される神話群が語りだされて、いわゆる「神仏の中世」が到来した。そのなかで浄土宗・浄土真宗などの鎌倉新仏教も誕生した。そこに大きな影響があったのが本覚法門《ほんがくほうもん》である。

【日本の浄土教と文化⑭】末法の本覚法門と悪人正機

末法には人の機根（能力や素質）がおとろえて悪にそまり、正しいことはできなくなる。戒律をまもって修行することもできなくなるという。そして、いよいよ末法になったと考えられた平安時代末期に『末法燈明記《まつぽうとうみようき》』という書物が最澄《さいちよう》の著述だとして世に広まった。

この書物には「末法には、ただ名字《みようじ》の比丘《びく》（名前だけ、かたちだけの僧）のみ有り」と記されている。そして、「末法の世によく戒をたもっている者がいるというなら、それは怪異で、町に虎がいるようなものだ」といい、「今はまったく無戒の世であるから、無戒名字の比丘こそ末法の闇夜をてらす灯火である」という。

『末法燈明記』は漢文三千五百字ほどの短い書物で、法然・栄西《えいさい》・親鸞・日蓮など鎌倉新仏教の開祖たちが引用している。とりわけ親鸞は主著『教行信証』にほぼ全文を引用し、「非《ひ》僧非俗《そうひぞく》（僧でも俗人でもない）」の立場をとって「愚禿親鸞《ぐとく》（愚かで頭の毛がないだけの親鸞）」と自称した。

最澄は東大寺などで受戒する具足戒を捨てて比叡山に大乗戒壇を創設した。具足戒が比丘・比丘尼（出家の男女）の戒律であるのに対し、大乗戒は出家と在家に本質的な区別はないとするもので菩薩戒ともいう。そこに最澄が『末法燈明記』の著者とされる理由があったといえよう。

平安中期に『往生要集』をあらわした源信も魔界と仏界（仏の世界）が別だと思うのは迷

いだという。『往生要集』第五章「助念の方法」の「対治魔事《たいじまじ》」の項に次のように書いている。

魔界も仏界も及《およ》び自他《じた》の界も同じく空無相《くうむそう》なり。此《こ》の諸法の無相は是《こ》れ即《すなわ》ち仏の真体《しんたい》なり。当《まさ》に知るべし。魔界は即ち是れ仏身《ぶっしん》にして亦《また》即ち我が身《しん》なり、理《り》は無二《むに》なるが故に。而《しか》れども諸《もろもろ》の衆生は妄想《もうぞう》の夢未《いま》だ覚めず。一実《いちじつ》の相《そう》を解《さと》らざれば是非《ぜひ》の想《そう》を生じて五道《ごどう》に輪廻す。願わくは衆生をして平等慧《びょうどうえ》に入《い》らしめよ。

〔大意〕魔界も仏界も、自分の世界も他の世界も同じく空《くう》であり無相である。あらゆる事物の無相という姿が仏の真実の身体である。真理は一つであり、二つではないのだから、魔界がそのまま仏身であり、我が身も仏身であると知らねばならない。しかし、人びとはまだ迷いの夢から覚めていないので、真実の姿がわからず、是非《ぜひ》（人智であれこれと判断すること）の思いにとらわれて迷いの世界を輪廻している。願わくば、すべてを等しく観る仏の智慧に人びとを至らしめよ。

そして平安末期に源信の著述だという『本覚讃釈』という書物が流布した。「本覚讃」は、蓮華三昧経《れんげざんまいきょう》という経典の冒頭の偈文である。

本覚心法身《ほんがくしんほっしん》に帰命《きみょう》し、常に妙法心蓮台《みょうほっしんれんだい》に住す。本来、三身《さんじん》の徳を具足し、三十七尊、心《しん》城《じょう》に住す。普門塵数《ふもんじんじゅ》の諸三昧《しょざんまい》、因果を遠離《おんり》し法然《ほうねん》として具《ぐ》す。無辺の徳海《とっかい》、本円満《ほんえんまん》し、還《かえ》って我《われ》、心の諸仏を頂礼《ちょうらい》す。

本覚心法身とは自身の心に本来のさとりがあり、法身の仏（姿形のない本来の仏）がいるということ。その仏に帰依して心の蓮華に安住すれば、仏の種々のあらわれかた（三身）の徳がそなわり、あらゆる変化身《へんげしん》（三身・三十七尊）が心の城にいる。だから、『本覚讃釈』は煩悩界も仏の世界も同じだという。

問ふ、無始より以来《このかた》、仏界に背《そむ》いて、久しく煩悩界に住《じゅう》するが故に、煩悩の身を以《もっ》て自《じ》の自身となし、仏界の身を以て他身《たしん》となすべし。しかるを、なんぞ、しからざるや。

答ふ、衆生もし悪業《あくごう》を作らずんば、まさに、これ仏なるべし。しかも悪業を造るが故に、迷ひの衆生と成る。故に、仏をば自《じ》と云《い》ひ、煩悩をば他と云ふ。（中略）故に、次の頌《じゅ》に云く、「己界《こかい》を思へば、自《おのずか》ら仏界・衆生遠からず。一念実相《いちねんじつそう》隔《へだ》てねば、三無《さんむ》差別《しゃべつ》と知《し》りぬべし」。

［意訳］問う「無窮の過去から今まで仏界から離れて永く煩悩界に生きる煩悩の身を自身（こちら側の衆生の身）とし、かなたの仏界の身を他身（仏の身）とすべきなのに、なぜ、そうではないのか」と。答える「衆生が悪業をつくらずにすむなら仏になるだろうが、悪業をつくるゆえに迷いの衆生なのだ。だから、仏を「自」と言い、煩悩を「他」と言う。（中略）そのため、ある偈に「この世界を思えば仏界も衆生界も遠いものでは

ない。一念と実相は一体なので、三無差別（心と仏と衆生は同じ）と知るべし」と。

本覚すなわち本来の覚（さとり）は人の心にもとからあるもので、善人か悪人かは問わない。そこに悪人正機の浄土の仏門が開かれた。浄土宗の開祖＝法然は法語『念仏往生要義抄《ねんぶつおうじょうようぎしょう》』に「我が身は煩悩悪業《ぼんのうあくごう》の身なればという事なかれ。（中略）南無阿弥陀仏南無阿弥陀仏と申せば、善人も悪人も（中略）みな往生をとぐるなり」という。

十悪五逆の罪人である末法の人びとに阿弥陀仏が選択して授けたのが口に称える念仏である。そのことは弟子の親鸞（浄土真宗の開祖）の言行録『歎異抄《たんにしょう》』にある「善人なおもて往生をとぐ、いわんや悪人をや」という言葉で知られる。善人はえてして自力に頼りがちで罪の自覚をもちにくい。その善人でさえ救われる。そもそも阿弥陀仏の本願は悪人こそ救いの対象としているのだから。悪人はなおさら救われる。いわゆる悪人正機説である。

また、時宗の開祖＝一遍《いっぺん》は「一向に称名《しょうみょう》し、善悪《ぜんなく》を説かず、善悪を行ぜず」（『一遍上人語録』）といい、人が善と悪を問うことはできないという立場をとった。

なお、諸仏は自分の心にいるということは華厳経の「唯心偈《ゆいしんげ》」という偈文に「若人欲了知《にゃくにんよくりょうち》　三世《さんぜ》一切仏《いっさいぶつ》　応当如是《おうとうにょぜ》観《かん》　心造諸如来《しんぞうしょにょらい》（若《も》し人、三世一切の仏を了知せんと欲せば、応当《まさ》に是《かく》の如く観ずべし、心は諸《もろもろ》の如来を造ると）」と説かれている。浄土教では「己《こ》心《しん》の弥陀・唯心《ゆいしん》の浄土」といい、阿弥陀仏も極楽浄土も自分の心にあるという。

このことは現代の私たちには別の意味で納得しやすい。仏も浄土も社会集団の共同幻想であり、心理的なイメージにすぎないと思えば納得しやすいからだ。しかし、「心造諸如来」は単に心理的な現象ではなく、森羅万象の根源にある神秘的な働き、すなわち法身の仏とよばれるものに自己の心がつながっており、その仏を自己の心に観ることができる。そして、悪人正機は自己に内在する悪を深く認識することによってこそ仏の救いを願うこともできるという教えである。

ちなみに「唯心偈」の「若人欲了……」の四句は「破地獄偈《はじごくげ》」といわれ、僧が葬儀で唱える言葉にもなっている。

第四部

無量寿経【巻下】菩薩の戒めと励まし

三世《さんぜ》の一切の諸仏と求法者《ぐほうしゃ》たちに礼したてまつる。
菩薩《ぼさつ》の道をゆく求法者たちは、よく善を修し、
諸悪を離れて歩むものであるゆえに。

彼の国へ

三種の人びと

釈迦牟尼世尊《しゃかむにせそん》は阿難《あなん》尊者に告げました。

＊

人びとに彼《か》の国に生まれたいと願う人があるなら、みなことごとく正定聚《しょうじょうじゅ》（さとりへの道に確実に置かれた人びと）となります。なぜなら、その国には地獄界や餓鬼道に堕《お》ちるような邪聚《じゃじゅ》はなく、心の不確かな不定聚《ふじょうじゅ》もいないからです。それゆえ、十方のガンジスの砂の数ほどの諸仏が共に、無量寿仏の功徳の威神にして不可思議であることを讃《たた》えるのです。

どんな人でも、無量寿なる阿弥陀仏の仏名《ぶつみょう》を聞いて、たとえ一念でも至心に信ずる心と喜びをもつならば、その人は仏の本願力に回向《えこう》せられて、彼の国（極楽浄土）に生まれたいと願えば、すなわち往生することができ、不退転の境地に至ります。ただ、父殺し・母殺しのような五逆の重罪と、正しく示された法を誹謗《ひぼう》する深い背徳の人は除かれるので、けっして、そのようにあってはなりません。

＊

世尊は阿難尊者に告げました。

＊

十方世界の神々や人びとが心から、その国に生まれたいと願うときでも、およそ三種の違いがあります。上輩《じょうはい》（もっとも勝《すぐ》れた人びと）・中輩《ちゅうはい》（中ほどの人びと）・下輩《げはい》（劣った人びと）の三種です。

上輩の人びとは、家を捨て欲を棄《す》てて沙門《しゃもん》（僧）となり、菩提《ぼだい》（さとり）を求める心をおこして、ひたすら無量寿仏を念じ、いろいろに修行して功徳を積んで、その国に生まれたいと願う人です。この人びとの臨終には無量寿仏が多くの聖衆《しょうじゅ》とともに目の前に現れます。その仏に従って、その人は極楽国土に往生するのです。その人は、寿命を終えてすぐに七宝の蓮華《れんげ》の中から自然に転生して不退転の境地にいたり、智慧《ちえ》勇猛《ゆうみょう》にして神通自在となるでしょう。

このゆえに阿難よ、もし人が今生《こんじょう》において無量寿仏を見たいと願うなら、無上菩提を求める心をおこし、功徳のある行を修して、かの国に生まれたいと願うべきなのです。

＊

世尊は阿難尊者に告げました。

＊

中輩の人びととは、十方世界の神々や人びとが至心に、かの国に生まれたいと願い、たとえ沙門になって修行するような大きな功徳を積むことはできなくても、無上菩提を求める心をおこして一向に無量寿仏を念ずる人です。

その人は多く、あるいは少しでも善を修して、戒を奉じて生活を清く保ち、塔を建立し像を造って仏に礼拝・供養し、修行の僧たちに食べ物や飲み物の布施をおこないます。また、仏に天蓋《てんがい》を架け、灯明をともし、花を散じ、香を焚《た》き、それらの回向をしてかの国に生まれたいと願います。

その人の臨終には、無量寿仏が身を化現させたまいます。化仏《けぶつ》(仮の姿で現れた仏)であっても、光明と瑞相《ずいそう》はまったく真の仏のようです。

無量寿仏の化仏は、多くの聖衆とともに、その人の前に現れます。その仏に従って、その人は極楽国土に往生して不退転の境地にいたります。その人の功徳と智慧は、上輩の人びとの次に準じます。

＊

世尊は阿難尊者に告げました。

＊

下輩の人びとは、十方世界の神々や人びとが至心に、かの国に生まれたいと願い、たとえ、いろいろな功徳を積むことはできなくても、無上菩提を求める心をおこして一向に心から無量寿仏を念じるなら、たとえ十念（十回の念仏）でも、その国に生まれたいと願う人です。

この教えは、きわめて深いものです。その人が、もし、この法を聞いて心に喜びをもち、信をもって疑惑を生じず、たとえ一念でも、かの仏を念じたてまつり、至誠《しじょう》の心をもってその国に生まれたいと願うなら、その人は臨終に、かの仏を夢のようにほのかに見て、往生することができます。その人の功徳と智慧は、中輩の人びとの次に準じます。

＊

世尊は阿難尊者に告げました。

＊

無量寿仏は威神極まりなく、十方世界の無量無辺不可思議の諸仏如来が称歎《しょうたん》しています。

東方の恒沙《ごうしゃ》（ガンジスの砂の数）の諸仏の国で無量無数の菩薩たちが皆、ことごとく無量寿仏のみもとに往詣《おうけい》して、礼拝恭敬《らいはいくぎょう》して供養し、その功徳を他の多くの求法《ぐほう》の菩薩たちや声聞《しょうもん》の修行僧たちに広く及ぼしています。

無量寿仏のみもとに詣《もう》でた求法の菩薩たちは、仏の教えを聴受し、十方世界におもむいて法を宣布いたします。

この東方恒沙《ごうしゃ》の国土の諸菩薩をはじめ、南・西・北方の諸仏の国の菩薩たちも、東南・東北などの四維《しい》、上・下の諸仏の国々の菩薩たちも同じく無量寿仏のみもとに往詣し、法を宣布するのです。

＊

讃重偈

そのとき釈迦牟尼世尊はさらに偈頌《げじゅ》を誦《じゅ》して、このことを重ねて説きました。「讃《さん》重偈《じゅうげ》」とも「往観偈《おうごんげ》」「東方偈」ともよばれる頌でございます。

東方諸仏の国は　その数恒沙《ごうしゃ》のごとし
彼の土の菩薩衆は　往きて無量覚《むりょうかく》を観たてまつる
南・西・北・四維《しい》　上・下、亦復《また》しかり
彼の土の菩薩衆は　往きて無量覚《むりょうかく》を観たてまつる

東方諸仏の国々は、その数、ガンジスの砂のごとくあり、
それら東方諸国で菩薩の道をゆく求法者たちは、往きて無量寿仏に礼拝したてまつる。
南方・西方・北方、四維の東南・東北・南西・西南にても、
上方・下方の諸国もまた同じである。
彼の国土の菩薩衆は、往きて無量寿仏に礼拝したてまつる。

一切の諸《もろもろ》の菩薩は　おのおの天の妙華と
宝香と無価《むげ》の衣を齎《も》って　無量覚《むりょうかく》を供養したてまつる
一切の菩薩たちは、それぞれ天の花々と、
宝香と価《あたい》知れない高貴な衣を献じて、無量寿仏を供養したてまつる。
咸然《げんぜん》として天の楽《がく》を奏し　和雅《わげ》の音《こえ》を暢発《ちょうほっ》し
最勝の尊を歌歎《かたん》して　無量覚を供養したてまつる
皆ともに天上の楽を奏し、なごやかに雅《みや》びな響きと、
最勝の尊を讃える歌をもって、無量寿仏を供養したてまつる。
神通と慧《え》とに究達《くだつ》して　深法門《じんぼうもん》に遊入《ゆにゅう》し

功徳蔵《くどくぞう》を具足《ぐそく》して　妙智《みょうち》に等倫《とうりん》なし

無量寿仏は神通と智慧を窮《きわ》めて、深く悟りの門に入り、
功徳の蔵を完備して、その玄妙の智に等しきものなし。

慧日《えにち》、世間を照らし　生死《しょうじ》の雲を消除したまうと
恭敬《くぎょう》して繞《めぐ》ること三帀《さんそう》し　無上尊を稽首《けいしゅ》したてまつる

智慧の光明は日光のように世間を照らし、生死の迷いの雲を消除したまうと。
菩薩らは仏を敬って周囲を三巡りし、無上の尊たる無量寿仏に稽首したてまつる。

彼の厳浄《ごんじょう》の土《ど》の微妙《みみょう》にして　思議しがたきを見て
因《よ》りて無上心を発《おこ》し　我が国も亦《また》しからんと願ず

かの仏の厳浄の国土の美しく妙なること、不可思議を見て、
よって無上の心をおこし、我が国土もそのようにあらしめたいと願う。

時に応じて無量尊　容《かお》を動かし欣笑《ごんしょう》を発《おこ》したまい
口より無数の光を出して　遍《あまね》く十方国を照らしたまう

菩薩らの礼拝に応じて無量寿仏は、かんばせに笑みをたたえ、

口から無数の光を出して、あまねく十方諸仏の国土を照らしたまう。
光を回《めぐ》らして身を囲繞《いにょう》すること　三帀《さんそう》して頂きより入る
一切の天人衆　踊躍《ゆやく》してみな歓喜す
光を戻して身の周囲を旋回させ、三度めぐって無量寿仏の頭頂より身に入る。
これを見て、神々も人びとも全て、心を躍らせて、みな歓喜す。
大士《だいじ》観世音《かんぜおん》　服《ぶく》を整え稽首《けいしゅ》して問う
仏に白《もう》す、何の縁ありて笑みたまうや　唯然《いいしか》り　願わくは意を説きたまえ
そのなかに観世音菩薩があり、服を整え稽首して奏問した。
仏に問いを奏す、何の故に笑みたまう。ただ願わくは、その意《こころ》を説きたまえ、と。
梵声《ぼんしょう》なお雷《いかずち》の震《ふる》うが如《ごと》く　八音《はっとん》妙なる響きを暢《の》ぶ
当《まさ》に菩薩に記《き》を授くべし　今説かん　仁《なんじ》　諦《あきら》かに聴け
無量寿仏は清浄の声を雷鳴のごとく発し、
明瞭さと雄々しさなど八種の勝《すぐ》れた声をのべたまう。
いまや、求法の菩薩らに仏道成就の祝福を与え、未来を告げよう。汝、よく聞け、と。

十方より来れる正士《しょうじ》　吾悉《われことごと》く彼《か》の願を知れり
厳浄《ごんじょう》の土を志求《しぐ》し　受決《じゅけつ》して当に作仏《さぶつ》すべし

十方諸仏の国々より来た菩薩らに告げる。わたしは皆の願いを知った。厳《おごそ》かな浄土の建立を志し求めて、我が記（予言）を受け、みずから仏になるべし。

一切の法は猶《な》お夢《む》・幻《げん》　響《きょう》の如しと覚了《かくりょう》すれど
諸《もろもろ》の妙願を満足せば　必ず是《かく》の如きの刹《せつ》を成《じょう》ぜん

万物は夢・まぼろしであり、こだまのように消え去ると覚れども、菩薩の誓願を満たすなら、必ず仏の浄土を建立できよう。

法は電《でん》・影《よう》の如しと知れども　菩薩《まさ》の道《どう》を究竟《くきょう》し
諸の功徳の本を具して　受決して当に作仏《さぶつ》すべし

万物は一瞬の稲妻・実体のない影のごとしと知れども、菩薩道を窮《きわ》め、よく善をなして功徳を積み、我が記を受け、みずから仏になるべし。

諸法の性《しょう》は一切　空《くう》無我なりと通達《つうだつ》すれども

専《もっぱ》ら浄《きよ》き仏土を求め必ず是の如きの刹《せつ》を成《じょう》ぜん
　あらゆるものの本質は全て、空《くう》であり無我であると達観しても、
　ひたすら清浄の仏国土を求めれば、必ず仏の浄土を建立できよう。

諸仏は菩薩に告げ　安養仏《あんにょうぶつ》を観ぜしむ
法を聞き楽《ねが》いて受行《じゅぎょう》し　疾《と》く清浄処《しょうじょうしょ》を得よ
　諸仏は、それぞれの国の菩薩に、安養なる無量寿仏を観ぜしめて告げる。
　無量寿の法を聞き、受持《じゅじ》し行して、速く清浄の国土を得よ、と。

彼《か》の厳浄《ごんじょう》の国に至らば　便《すなわ》ち速やかに神通を得
必ず無量尊に於《おい》て　記を受けて等覚《とうがく》を成ぜん
　その清浄の国に至らば、すなわち、速やかに神通の力を得、
　無量寿仏のみもとにおいて、必ず記を受けて悟りを成就できよう。

其《そ》の仏の本願力により　名を聞きて往生を欲《ねが》えば
皆悉《みなことごと》く彼の国に到りて　自ずから不退転に致る
　その仏の本願力により、その仏名を聞いて往生を願えば、

皆ことごとく、その国に到り、自然に不退転に致るであろう。

菩薩　至願を興《おこ》して　己《おの》が国も無異ならんと願い
普《あまね》く一切を度せんと念じ　名を顕《あらわ》して十方に達す

求法の菩薩らが心から願を立て、自ら仏になったときの国土も等しくあらんと願い、あまねく一切衆生を救いたいと念じて、名は十方の諸国に聞こえるようになろう。

億の如来に奉事《ぶじ》するに　飛化《ひけ》して諸の刹に遍じ
恭敬《くぎょう》し歓喜して去り　還《かえ》りて安養国に到らん

億の諸仏・如来に仕えて、諸方の国々に飛びゆき、諸仏・如来に礼拝して心に喜びをもち、安養の極楽国土に帰還するであろう。

若《も》し人　善本《ぜんぽん》なければ　此《こ》の経を聞くことを得ず
清浄に戒を有《たも》てる者は　乃《いま》し正法《しょうぼう》を聞くことを獲《う》

もし人が過去に徳を積んでいなければ、この救いの言葉を聞くことはできず、清浄に戒を保つ者は、今、この霊威の法を聞くことができるのである。

曾更《むかし》、世尊を見　則《すなわ》ち能《よ》く此《こ》の事《じ》を信じ
謙敬《けんきょう》にて聞きて奉行し　踊躍《ゆやく》して大きに歓喜す

幸いに過去世で仏とに見《まみ》えた人は、無量寿仏の四十八願をよく信じることができ、
敬虔《けいけん》に法を聞いて仏道を行じ、大きな勇気と喜びをもつ。

憍慢《きょうまん》と弊《へい》と懈怠《けだい》とは　以《もっ》て此の法を信ずること難《かた》し
宿世《しゅくせ》に諸仏を見たてまつりしは　楽《ねが》って是《かく》の如き教を聴かん

おごりと邪見の弊、怠慢の者は、その妨げにより、この法を信じるのは困難である。
転生の過去の世々に諸仏に見《まみ》えた人は、喜びをもって、この教えを聞くであろう。

声聞《しょうもん》、或《あるい》は菩薩　能《よ》く聖心《しょうしん》を究むる莫《な》し
譬《たと》えば生まれてより盲《もう》たるの　行って人を開導《かいどう》せんと欲すが如し

出家の声聞の修行者でも、あるいは求法の菩薩でも、
無量寿仏の聖心の深みまでは知る者はない。
それは蒙昧《もうまい》な人が、仏のような智慧をもつ人の手を引いて
道案内したいと望むようなことである。

如来の智慧海《ちえかい》は　深広《じんこう》にして涯底《がいてい》なし
二乗の測る所に非《あら》ず　唯《ただ》仏の独り明らかに了《さと》りたまえり
如来の智慧は大海のごとく、深く広く、果ても底もない。
声聞・菩薩の修行者たちの推察しうるものではない。
ただ仏のみが独り知りたまうのである。

仮使《たとえ》、一切の人　具足して皆、道《どう》を得
浄慧《じょうえ》、本空《ほんくう》を知り億劫《おっこう》に仏智《ぶっち》を思い
力《りき》を窮《きわ》め、講説《こうぜつ》を極めて　寿《じゅ》を尽くすとも猶《な》お知らじ
仏慧《ぶって》は辺際なく　是の如く清浄に致る
たとえ、あらゆる人が、皆、仏道を修めて、
清浄な智慧と万物の本質の空を知り、億劫にわたって仏の智慧の何かを考えつづけ、
力のかぎり、講義を尽くし、寿命の尽きるまで考究しても仏の心は知れない。
仏の智慧に際限はなく、このように人には知れない清浄に至っている。

寿命甚《はなは》だ得難く　仏世《ぶっせ》、亦値《またあ》い難し
人は信慧《しんね》あること難し　若《も》し聞かば精進して求めよ

人の寿命を受けることは難しく、仏のまします世には生まれることは、さらに難しい。人が信と智慧をもつことは難しいゆえ、もし、この法を聞かば精進して求めよ。

法を聞きて能く忘れず　見て敬い得て大いに慶《けい》せば
則ち我が善き親友《しんぬ》なり　是の故に当《まさ》に意を発《おこ》すべし

法をよく聞いて忘れず、見て敬いの心を得て大いに慶賀の思いをもつならば、その人こそ我れ釈迦牟尼の善き友、親しい友である。この故に、かの国土と菩提を求める心をおこすべし。

設《たと》い世界に満つ火ありても　必ず過ぎて要《もと》めて法を聞かば
会《かなら》ず当に仏道を成じて　広く生死の流れを済《すく》うべし

たとえ世界が火に包まれても、必ず炎さえも越えて法を聞くならば、必ず仏道を成就し、生死の輪廻《りんね》を流れる衆生を救うであろう。

【日本の浄土教と文化⑮】還相回向

右の讃重偈が説かれる前に「無量寿仏のみもとに詣《もう》でた求法の菩薩たちは、仏の教えを聴受し、十方世界におもむいて法を宣布する」という言葉がある。極楽浄土に往生できても、そこに安住せず、他の世界に行って法を説くという。そして、阿弥陀仏からの働きかけ（回向）によって往生するのを往相回向《おうそうえこう》というのに対し、次には自分が現世に還《かえ》って人びとを浄土に渡す働きをする。それを還相回向《げんそうえこう》という。

平安中期に浄土往生の秘訣を記した『往生要集』をあらわした源信《げんしん》（九四二～一〇一七年）は極楽に生まれたにちがいないと考えられたが、その源信の歌が鎌倉初期の勅撰『新古今和歌集』にある。

　われだにもまづ極楽に生れなば　知るも知らぬもみな迎へてん

「自分がまず極楽に往生できたら、この世に戻って、知人も見知らぬ人も皆、浄土に迎えよう」という。

往相と還相はセットのものと考えられた。親鸞《しんらん》の言行録『歎異抄《たんにしょう》』第五条の「父母の孝養のためとて、一辺にても念仏もうしたること、いまだそうらわず」という有名な言葉も、すべての人がいつの世にかみな父母きょうだいであるし、今は非力で何もできないけれど、還相回向のあかつきには、すべての人を救えるのだという意味である。

世の灯火

観音菩薩と勢至菩薩
釈迦牟尼世尊は阿難尊者に告げました。

＊

無量寿仏の国の求法《ぐほう》の菩薩たちは皆、一生補処《いっしょうふしょ》（次の来世には成仏する境涯）において仏道を窮《きわ》めていきます。ただし、衆生を救いたいと本願を立て、その弘誓《ぐぜい》の功徳を自身の荘厳として一切衆生を救うために菩薩のままでありたいと願う者は別です。

阿難よ。かの仏の国の声聞の僧たちの身は清らかで、一尋《ひとひろ》（両手を広げた長さ）の光明を放っているのですが、菩薩の光明は遥《はる》かに輝かしく、周囲百由旬《ゆじゅん》を照らします。なかでも、最尊第一の二人の菩薩がいます。この両菩薩の威神の光明はあまねく三千大千世界（全世界）を照らします。

＊

この言葉を受けて、阿難尊者は世尊に「その二人の菩薩の御名は、何と申し上げるのでしょうか」と問いました。

世尊は阿難尊者に告げました。

＊

一人は名は観世音《かんぜおん》、もう一人の名は大勢至《だいせいし》です。

この二人の菩薩は、ここ娑婆《しやば》国土（釈迦如来の世界）において菩薩の行を修し、寿命を終えてから転生して無量寿仏の国土に生まれました。

阿難よ。

彼の国に生まれる者は皆、ことごとく仏の瑞相である三十二相を具《そな》えます。智慧成満《ちえじようまん》にして深く万物の法を体得し、仏法の要《かなめ》に通じて、神通無碍《じんずうむげ》であり、眼根・耳根・意根などの六根は明利です。その鈍根の者でも三法忍《さんぼうにん》の二つ、すなわち法を聞いて信ずる音響忍《おんこうにん》と、教えに随順する柔順忍《にゆうじゆんにん》は成就し、利根の者は三法忍の最後の無生法忍《むしようぼうにん》（不生不滅の法の認可）を計り知れず得るのです。

また、彼の国に生まれて菩薩の道をゆく者は、仏になるまで地獄・餓鬼・畜生の悪趣に堕ちることはありません。神通自在にして常に自身の来《こ》し方《かた》の宿命《しゆくみよう》を識《し》っています。ただし、衰えて悪のはびこる五濁悪世《ごじょくあくせ》の他の国に身を現して世の人びとにまじり、わたしの国（娑婆世界）で教えが説かれるのと同じように人びとに救いの手をさしのべる菩薩は別です。

諸方の諸仏への往詣

世尊は阿難尊者に告げました。

＊

彼の国の菩薩は仏の威神力を受けて、一食をとるほどの短い時間に十方無量の諸仏の世界に往詣《おうけい》し、諸仏に礼拝して供養します。そのとき、華《け》香《こう》・伎《ぎ》楽《がく》・天蓋《てんがい》・幢幡《どうばん》など、無数無量の供養の品々が心の思うままに自然に現れるのです。それらは殊《こと》に珍しい宝物で、この世にはないものです。十方諸国におもむいた菩薩たちは、その国の仏をはじめ、菩薩や声聞たちに花々を散らして讃《たた》えます。散らされた花々は空中に浮かんで花の飾りの天蓋となり、花の色は鮮やかで、香りは馥郁《ふくいく》と世界を満たします。その花のなかには周りが四百里に及ぶものもあり、そのように倍して広がって三千大千世界を覆います。その大きな花々は、順に虚空に消えて、次々に現れてくるのです。

彼の国の菩薩たちは諸方の国々で皆ともに欣悦《ごんえつ》し、虚空において天上の楽を奏し、微妙《みみょう》の音で仏の徳を歌い讃え、諸仏の教えを聴受して歓喜すること無量です。そして、十方諸仏の供養を終えると、いまだ食事の時も終わらないほど短い時間に姿を消し、元の極楽国土に戻るのです。

＊

菩薩・声聞たちの讃え

世尊は阿難尊者に告げました。

無量寿仏が、その国土の声聞の僧たちや求法の菩薩たちに法を説くとき、それぞれの性格や境地によって区分し、皆ことごとく集めて七宝の講堂にて集会《しゆうえ》を開きます。無量寿仏が広く仏道を宣じ、妙法を宣布されますと、皆が歓喜し、得心して、もれなく道を得ます。そのとき、四方から自然に風が起こり、地上の宝樹を吹きわたって、五つの音階の整った調べをかなで、無量の美しい花々を散らします。花々は風に巻かれてあたりを埋めます。そのように自然に供養して絶えることはありません。

その国土では、天上の神々が皆、百千の天界の花々と香と、万種の伎楽をもって、無量寿仏と菩薩・声聞らを讃えて供養しています。あまねく華香を散じ、いろいろな音楽を奏し、前後に付き従って、菩薩・声聞らが歩むときは道をあけます。そうしたとき、その国の菩薩・声聞らは身心ともに爽《さわ》やかで清らかな喜びに満ちているのです。

菩薩の心

世尊は阿難尊者に告げました。

＊

彼の仏の国に生まれた菩薩らは、常に正しく法を説き広め、智慧に即して間違うことはありません。

この菩薩らは、その国土のあらゆるものに対して、何かが自分の所有だと思うことはなく、染着《せんちゃく》の心はありません。去るときも来るときも、進むときも止まるときも、情にとらわれることなく、心のままに自在であって、手を差しのべるときに誰かを優先するとか後回しにすることはありません。彼《ひ》なく我《が》なく、競うことなく言い争うこともありません。

彼の国土の菩薩らは、衆生に大きな慈悲と饒益《にょうやく》（幸を与えること）の心をもっています。しなやかに衝動を制御して怒りの心はなく、煩悩を離れて清浄であり、怠慢の心はありません。

この菩薩らには、等心《とうしん》（一切衆生を平等に見る心）と勝心《しょうしん》（衆生済度《しゅじょうさいど》の勝れた心）と深心《じんしん》（慈悲深い心）と定心《じょうしん》（乱れない心）があり、法を愛し法を楽しみ法を喜ぶ心のみがあります。

この菩薩らは、いろいろな煩悩を滅し、地獄・餓鬼などの悪趣につながる心を離れています。菩薩として為すべきことを窮めて、無量の功徳をそなえ、それらを成就しています。

この菩薩らは、深い禅定《ぜんじょう》と、いろいろな神通の智慧と三明《さんみょう》（過去世を知る宿命の智慧、来世を知る天眼の智慧、煩悩を断つ漏尽の智慧）を得て、志を七覚支《しちかくし》（正しく選択するなど、悟りにいたる七つの修行法）に遊ばせ、心に仏法を修しています。

この菩薩らの肉眼は曇りなく澄んでいて、すべてが分明です。さらに天眼の力をもって限りない未来の世まで見通しています。

この菩薩らは、法の眼をもって観察し、六道輪廻の世界をすみずみまで見ています。智慧の眼をもって六道の衆生の真の姿を見、皆を彼岸（浄土）に渡します。

この菩薩らは、仏の眼を具《ぐ》して、万物の本性を知っているのです。

この菩薩らは、無碍《むげ》の智をもって、人びとのために法を説き広めます。すべて世は空《くう》・無所有《むしょう》であると観じて志を仏法に求め、弁舌の才に勝れて衆生の煩悩の患いを除き滅します。

この菩薩らは、如《にょ》（さとりの世界）より来生《らいしょう》して法の如実を悟り、人びとに本来の空《くう》を説いて煩悩を滅することを勧めます。その言葉は方便（救いの手立て）として世俗の言語を用いても、世語に流されず、願いは正論《しょうろん》を説くことにあります。

この菩薩らは、多くの善を修して功徳を積み、仏道を崇《あが》めて、志を仏道に定めています。一切の法はみなことごとく寂滅の空であると知り、生身の肉体と意識の煩悩を二つとも滅しています。不可思議な甚深《じんじん》の法を聞いても心に疑惑や恐れを生じず、常によく修行します。

この菩薩らの大悲《だいひ》は深遠微妙《じんのんみみょう》であって、すべてを覆っています。あらゆる仏道が究極に向かう一乗の道《どう》を究《きわ》めて衆生を彼岸に至らしめます。

この菩薩らは、疑いの網を切り裂き、慧《え》は心《しん》より出てきます。仏の教えによって、法において外すものはありません。

風のごとく

彼の国土の菩薩らの智慧は大海のように深く、三昧《さんまい》（身心の統一）の不動であることは山のようです。この菩薩らの智慧の光は明浄にして日や月の光を超えています。また、清らかな純白の法を具えていることは、あたかも雪山《せっせん》のようです。さまざまな功徳の道を照らすこと等一にして浄《きよ》きがゆえに。

この菩薩らは、あたかも大地のようです。浄らかなものも穢《けが》れたものも、美しいものも醜いものも、分け隔てなく載せているゆえに。

この菩薩らは、あたかも清水のようです。塵《ちり》も疲れも、いろいろな汚れも洗い落とすゆえに。

この菩薩らは、あたかも火焔《かえん》のようです。一切の煩悩の薪を焼きつくすゆえに。

この菩薩らは、あたかも風のようです。どの世界にも妨げなく行くゆえに。

この菩薩らは、あたかも虚空《こくう》のようです。あらゆる事物にとらわれないゆえに。

この菩薩らは、あたかも蓮華《れんげ》（泥池の白蓮）のようです。濁った世間でも汚染なきがゆえに。

この菩薩らは、あたかも大乗（大きな乗り物）のようです。群萌《ぐんもう》の衆生を乗せて生《しょう》死輪廻《じりんね》の苦界から解き放つゆえに。

この菩薩らは、あたかも重雲《じゅううん》（入道雲）のようです。大法《だいほう》の雷《いかずち》を震《ふる》わせて、いまだ仏道に目覚めぬ者を呼び覚《さ》ますゆえに。

この菩薩らは、あたかも雨のようです。甘露《かんろ》の法を雨《ふ》らして、衆生を潤すゆえに。

この菩薩らは、あたかも金剛山《こんごうせん》（須弥山の周囲の山々）のようです。どんな魔物も外道《げどう》（異教の徒ら）も、動かすことができないゆえに。

この菩薩らは、あたかも梵天王《ぼんてんのう》（バラモンの至高神ブラフマーの王）のようです。もろもろの善法《ぜんぽう》において最上首であるゆえに。

この菩薩らは、あたかも尼拘類樹《にくるいじゅ》（聖樹バニヤン）のようです。あまねく一切を覆うゆえに。

この菩薩らは、あたかも優曇華《うどんげ》（三千年に一度だけ咲くというウドゥムバラの花）のようです。希有《けう》にして遇《あ》いがたきゆえに。

この菩薩らは、あたかも金翅鳥《こんじちょう》（龍を食べる神鳥ガルダ）のようです。よく外道を威伏するゆえに。

この菩薩らは、あたかも野山の小鳥のようです。食べ物を蓄えたりしないゆえに。

この菩薩らは、あたかも牛王《ごおう》のようです。それに勝つものがないゆえに。

この菩薩らは、あたかも象王のようです。よく他の獣を調伏するゆえに。

この菩薩らは、あたかも獅子王《ししおう》のようです。畏《おそ》れるものはなきがゆえに。

世の灯火

この菩薩らの心の広いことは虚空のようです。大慈を等しく垂れるゆえに。

この菩薩らは、嫉妬《しっと》の心を滅しています。勝れた者をそねまないゆえに。

この菩薩らは、もっぱら法を願い求めて、心に倦怠《けんたい》をいだくことはありません。常に広く説きたいと望んで、心に疲れをおぼえることはないからです。

この菩薩らは、法鼓《ほうく》（教えを響かせる鼓）を撃《う》ち、法幢《ほうどう》（教えの御旗）を建《た》て、慧日《えにち》（太陽のような智慧の光）を曜《かがや》かして、痴闇《ちあん》（煩悩の暗がり）を除きます。

この菩薩らは、六和敬《ろくわきょう》（身のこなし、言葉、心などの六つが和やかであること）を修し、常に人びとに法を施しています。志は勇猛《ゆうみょう》であり、精進して心に退弱《たいにゃく》はありません。

この菩薩らは、世の人びとを導く灯火《ともしび》であり、もっとも勝れた功徳を育てる福田《ふくでん》（福徳の田）であります。常に世の人びとを導く師となり、人びとを等しく見て、誰に対しても憎愛の思いをいだくことはありません。

この菩薩らは、ただ正しい道をゆくことを願い、他の喜びや憂いに心を奪われることはありません。人びとの心から、いろいろな欲の刺《とげ》を抜いて安らぎを与えます。

無量寿仏の国の求法《ぐほう》の菩薩らは、功徳と智慧に殊に勝れていて、誰からも尊敬されます。

この菩薩らは、貪欲《とんよく》（欲望）・瞋恚《しんに》（怒り）・愚痴《ぐち》（愚かさ）の三垢《さんく》の障りを滅し、もろもろの神通の力をもって諸世界におもむきます。

この菩薩らは、因力《いんりき》（過去世の自身の善業の力）と縁力《えんりき》（周囲の導きの力）と意力《いりき》（悟りを求める心の力）と願力《がんりき》（衆生済度を願う力）と方便力《ほうべんりき》（手立てを講ずる力）と常力《じょうりき》（常に怠ることのない力）と善力《ぜんりき》（悪をとどめて善をなす力）と定力《じょうりき》（身心をととのえる力）と慧力《えりき》（智慧の力）と多聞力《たもんりき》（よく教えを聞く力）を具しています。

この菩薩らは、布施・持戒・忍辱《にんにく》・精進・禅定・智慧の六波羅蜜《ろくはらみつ》（六つの成就）の力を具し、正しく念じ正しく観る力と、天耳・天眼などの神通・三明《さんみょう》の力と、法のままに衆生の悪をとどめて善に導く力と、このような力の一切を具足《ぐそく》しています。

無量寿仏の国土の菩薩らの身体の輝かしさと、姿の神々《こうごう》しさと、功徳の多いことと、弁才の勝れていることは荘厳《しょうごん》にして、他に等しいものはありません。

この菩薩らは、無量の諸仏の国に詣《もう》でて、礼拝《らいはい》・恭敬《くぎょう》し、供養して、常に諸仏とともに称歎《しょうたん》せらるのです。

この菩薩らは、六波羅蜜を究めて、空《くう》・無相《むそう》・無願《むがん》の解脱《げだつ》の三昧《さんまい》（心に何のとらわれもない境地）にあり、不生不滅《ふしょうふめつ》などの三昧（生死の苦を脱した境地）の修道の門に入って、声聞《しょうもん》・縁覚《えんがく》の出家の聖者の境地さえ遠く及ばないところにいます。

阿難よ。

彼の国土の多くの菩薩たちは、このように無量の功徳を成就しています。ここに述べたことは、あなたのために略して、その一端を告げたにすぎません。もし詳しく説こうとすれば、百千万劫の時を費やしても語り尽くすことはできないでしょう。

【日本の浄土教と文化⑯】現世安穏・後世善処

仏の国の菩薩は、何かが自分の所有だと思うことはなく、物に執着する心はない。いろいろな煩悩を滅し、地獄・餓鬼などの悪趣につながる心を離れている。そのほか、無量寿経には菩薩の勝れたところが列記され、世の人びとを導く灯火《ともしび》であり、幸福を育てる福田《ふくでん》であるという。なかでも観音・勢至の二大菩薩はいったん極楽に生まれて仏になることができるようになったのに衆生を救いたいという願いから菩薩のままであると説かれている。

観音・勢至菩薩は阿弥陀三尊像の脇士として祀《まつ》られるほか、とくに観音菩薩は単独で広く信仰されている。

阿弥陀三尊の観音菩薩は普通の人の姿だが、そのほかに十一面観音・千手観音・如意輪観音など、さまざまな姿の観音菩薩がある。それは奈良時代に十一面観世音神呪経《じゅういちめんかんぜおんしんじゅきょう》や千手千眼《せんじゅせんげん》観音経《かんのんきょう》（大悲心陀羅尼経《だいひしんだらにきょう》）による観音信仰が広まったことに加えて、法華経の観世音菩薩普門品《かんぜおんぼさつふもんぽん》（観音経）にいろいろな姿で災難から人を救うと説かれており、その姿が三十三種に数えられることから平安時代に三十三観音巡礼がはじまった。長谷寺《はせでら》・清水寺《きよみずでら》・石山寺《いしやまでら》などの観音霊場を中心に、冥途《めいど》から救われて命が蘇《よみがえ》ったとか、病が治ったといった説話が多く伝えられている。六種の観音菩薩を六観音として死後の六道輪廻の守護尊とする風習もある。

どんな宗教・信仰も、この世の幸せと来世の安らぎを祈るもので、どちらか一方ということはない。日本では「現世安穏《げんぜあんのん》・後世善処《ごぜぜんしょ》」と言い習わしてきた。善処は善い処《ところ》、すなわち極楽浄土である。それを現当二益《げんとうにやく》、すなわち現世と当来の世の両方の利益《りやく》ともいい、現世と来世はセットのものだった。

除災招福の現世利益の色彩が強い観音信仰においても「後世善処」を祈るものであるから、西国三十三観音札所の巡礼や熊野《くまの》・那智《なち》参詣《さんけい》などが亡くなった人の供養のためにもおこなわれてきた。

親鸞にも「現世利益和讃」という十五首の歌がある。そこから一首をあげる。

南無阿弥陀仏をとなふれば
梵王《ぼんのう》・帝釈帰敬《たいしやくききよう》す
諸天善神《しよてんぜんじん》ことごとく
よるひるつねにまもるなり

「南無阿弥陀仏」の念仏で後生《ごしよう》（来世）の浄土往生が決定《けつじよう》するだけでなく、「南無阿弥陀仏」ととなえれば梵天・帝釈天に尊重され、諸天善神（さまざまな神々）に昼夜をとわず護《まも》られて今生《こんじよう》も安らかに暮らすことができる。そうして現世にも来世にも不安がない境地に至れば安心立命である。

世の憂い

弥勒に告げる

釈迦牟尼世尊は弥勒《みろく》菩薩と、天の神々と人びとに告げました。

＊

無量寿国の声聞の僧たちや求法《ぐほう》の菩薩たちの功徳と智慧は、どんなに称《たた》えても、称えきれるものではありません。また、その国土の微妙安楽《みみょうあんらく》であることと清浄なことは、これまで説いてきたとおりです。

それなのに、あなたがたはどうして、善をなして仏道の自然《じねん》（法のままに成就すること）を念じないのでしょうか。上下・貴賤《きせん》にとらわれることなく、無量寿仏の救いは限りなくゆきわたっていることを明らかに知ろうとしないのでしょうか。

それぞれに努め、精進して、みずから浄土を求めなさい。かならず苦しみと迷いの世界を去って安養国《あんにようこく》（極楽浄土）に往生できます。苦しみ多い輪廻の諸道を横さまに跳び越えて地獄・餓鬼などの悪趣は自然に閉じ、仏道を限りなく高く昇っていくでしょう。

かの仏の国土は往《い》きやすいところです。それなのに、往生できる人は少ないのです。その国には、信ある者はどんな人でも、かの仏の力が自然に牽《ひ》くことによって、間違いなく迎えられるのです。あなたがたはどうして、俗世のことを捨てず、努めて仏道の徳を求めないのでしょうか。

その国では、きわめて長い寿命を得て、幸福に暮らすことができます。それなのに世の人は、軽薄にも不急の事《じ》（現世のかりそめのこと）で争っています。

貪欲

世の人びとは劇悪極苦《ぎやくあくごくく》の中にいても、そのことに気づかず、世事の営みで身を養っています。身分の高い人も低い人も、貧しい人も富める人も、年若い人も年長の人も、男も女も、ともに金銭と財に憂えています。財のある人もない人も憂え、思い悩むことは同じです。

世の人びとは、屏営《びようよう》とうろたえて愁苦《しゆうく》し、来し方・行く末をむやみに案じて、不安をつのらせています。

世の人びとは、自分の欲心に走り使われて安らぐときがありません。田があれば田に憂え、家があれば家に憂えます。牛や馬などの家畜や、召使い・財産・衣食・家財なども、失いはしないかと疑心暗鬼にとらわれたり、もっと手に入れたいと思って憂えます。悩みに悩みを重ね、溜息《ためいき》に溜息を累《かさ》ねて憂念愁怖《うねんしゅうう》しています。けれども、財物は思いがけない水火に焼かれたり流されたりします。洪水や火災がおこれば、あっという間《ま》のことです。

あるいは、盗賊や敵に奪われることも、借財の債主《さいしゅ》に取られることもあります。どんな財物でも消散し磨滅するのですから、それにとらわれていては、憂いと恐れ戦《おのの》きから解放されることはありません。

世の人は、憤りを心にいだいて憂悩から離れられません。心は柔軟さを欠いて堅《かた》く、意識も固く、まさに苦悩を捨てさることはありません。あるいは水害・火災・盗賊などの災難で命を終えれば、身を捨てて世を去っても、誰もついてきてくれません。貴人でも富豪でも同じです。憂いと恐れと、万事に苦しんで寒熱（ぞっとしたり、あせったり）いろいろな苦悩をもち、痛みとともに暮らしています。

いっぽう、貧しくて身分の低い人は窮乏し、財をもっていないことで憂えます。田がなければ憂えて田を欲し、家がなければまた憂えて家を欲します。牛や馬などの家畜や、召使い・財産・衣食・家財なども、それらがなければまた憂えて欲します。たまたま何か一つが手に入っても何か一つを失いながら、何もかも手に入れたいと欲しています。たまたま望んだものが手に入ったと思っても、またすぐになくなってしまいます。

こうして憂え、苦しみ、物を求めようとしても、思いどおりに得ることはありません。思案しても益なく、身心ともに疲れて起居ともに安らぎなく、憂いと思惑がからみあって苦悩を増していきます。そうして寒熱いろいろな苦悩をもち、痛みとともに暮らして、ときに、そのために身を終え、命を失います。

世の人は、あえて善をなさず、仏道を行じて徳に進もうとはしません。そうして寿命を終え、身は死して独り遠くへ行くのみです。冥界《めいかい》に趣いても、善に向かう道、悪に向かう道の区別を知りません。

怒りの心

世間の人びとは、父子・兄弟・夫婦・家族・親族などが敬愛して憎みあうことがあってはなりません。持つものと不足のものを補《おぎな》いあって、物惜しみをすることなく、言葉と顔つきを和《なご》やかにして、たがいに逆らい背くことなくありなさい。

しかしながら、ときには争って瞋恚《しんに》（怒り）の心をおこすことがあるでしょう。小さな恨みの心で憎悪しても、それが悪業となり、後世《ごぜ》（死後の来世）には激烈で大きな怨恨《えんこん》となることを知りなさい。なぜなら、輪廻の苦界の世間では、たがいに傷つけあい、害しあうのです。

瞋恚の心は、その場ですぐに暴力をふるって相手を撃ち負かすようなことはなくても、毒を含み、怒りを蓄えて、憤りを精神に結び、自然に深く心に刻まれて、離れることができなくなります。そして、いつか未来に恨みの相手と出会い、報復しあうことになるのです。

愚かな無知（愚痴）

人は世間愛欲の中にあって、独りで生まれ独りで死にゆきます。独りで世を去り、独りで世にやって来ます。

そこは苦の世界なのか楽の世界なのか、どこに行くかは自分自身が受ける報いであって、代わってくれる人はありません。

輪廻は、天界のような善趣《ぜんしゅ》（善い世界）にも、地獄のような悪趣にも巡り、禍福《かふく》は処《ところ》を異にして現れます。因果の報いは厳然としてあり、その人は独りで、善悪の報いが待っているところへ進んでいくほかはないのです。

知人や親族と別れて遠くへ行ってしまえば、もう出会うことはありません。それぞれに行くところは、自身の善悪の業によって必然におこってくるのですから、別々のところに生まれるのです。

輪廻は深く暗いところを流れて、別離は遠く長いものです。ゆく路《みち》はそれぞれに同じではないので、果てしなく時をへても、巡り会うことは難しいのです。それははなはだ難しいのですから、どうしてまた見《まみ》えることができるでしょうか。

それなのに、あなたがたはどうして、世間愛欲の事にとらわれ、世俗の営みを捨てようとしないのでしょうか。それぞれ強健のときに、努めて善を修し、精進して苦の世間からの解脱《げだつ》を願えば、愛欲を滅した涅槃《ねはん》（静かなさとり）の世界で長い寿命を得られます。それなのに、どうして仏道を求めないのでしょうか。

いずれにしても、あなたがたはそれぞれに、それぞれの待っているところへ趣《おもむ》くのです。そこに、どんな楽を願うのでしょうか。

世の人びとは、善をなせば善の果を得、道を修せば道を得ることを愚かにも信じません。人は死してさらに来世に生じ、よく恵みを施せば福を得ることを信じません。善悪の報いは、すべてこれを信じず、因果の報いなどはないと言い放って、ついに認めません。

しかしそれは、みずからの邪見《じやけん》のゆえに、自分が正しいと思っているだけなのです。

人びとは、世間愛欲の先人や今の人をたがいに見習い、先祖代々の父の教えを頼りとします。しかしながら、世間愛欲の先人・祖父は、もとより善をなさず、仏道の徳を識《し》りません。身は愚かで神《こころ》は暗く、心は塞《ふさ》がり意は閉じて、生死の趣くところ、善悪の道を自身で見ることはできず、語ることもありません。

このため、吉凶・禍福があわただしく身に襲ってきても、そのことを怪しむ人は誰もいません。そして、生死の迷いの道を代々に引き継いでいくのです。

生と死は常道であって、必ずおこります。父は子を失って哭《こく》し、あるいは子が父を失って哭します。兄弟や夫婦も、たがいに先立たれて慟哭《どうこく》します。しばしば年齢の順序が逆になるのは、無常の根本です。全ては過ぎ去り、いつまでもあるものは何もありません。

ところが、そのことを説き、教え導いても、これを信ずる人は少ないのです。それゆえに生死流転《しょうじるてん》し、すこしも休止することはありません。そのような人びとは蒙昧《もうまい》として突進し、仏法を信じることができずに、来世は遠い先のこととして慮《おもんばか》ることはありません。その蒙昧の暗がりにいることで、それぞれ、今が心地よいと思っているのです。

哀れむべし

世の人びとは、愚かにも愛欲に惑わされて仏道の徳に目覚めず、瞋恚・怒りに迷い没して、財色の貪欲に追い立てられています。そのため、善趣・解脱に至る道を見失い、地獄や餓鬼などの悪趣の苦に帰り、果てしなく苦悩の生死をくりかえしていくのです。哀れであり、はなはだ傷むべきことです。

あるときは家族の父子・兄弟・夫婦のなかで、一人は死し一人は生きて、たがいに哀愍《あいみん》し、思慕して、身も心も憂いに縛られて歳月を送り、命を終えるまで悲哀から解かれません。

人びとは仏道の徳を説き教えても心を開かず、昔の恩愛ばかり偲《しの》んで情欲を離れられずにいます。智慧の明かりが届かない昏矇《こんもう》の暗がりに閉じこもって、心は愚かさと疑惑に覆われています。

そのために人びとは、深く思索し、よくよく考えることができません。心をととのえ、一心に励んで仏道を行じ、いろいろな世俗の事を断ち切ることができません。

そのために人びとは、さまよい巡って臨終に至ります。寿命が終われば道を得ることはできず、いかんともなしえません。

この世間は、全て猥雑《わいざつ》に濁り、乱れていて、人びとは皆、愛欲を貪《むさぼ》っています。道に迷っている人は多く、道に目覚めている人はわずかです。

この世間は怱々《そうそう》として慌《あわ》ただしく、頼りとすべきものがありません。身分の高い人も低い人も、貧しい人も富める人も、欲望を満たそうとして走りまわり、おのおの心に殺意にも似た瞋恚をいだきます。

人びとは、悪意を隠して外に表さず、ために妄《みだ》りに騒乱を起こします。天地の道理に逆らい、人心に従いません。そのため、悪がおのずから寄ってきて味方し、ほしいままに悪行を許して、その罪が極まるのを待つのです。そのため、まだ寿命が尽きていなくても、不意に命を奪われます。そして、地獄や餓鬼などの悪道に堕《お》ち、世々に苦しむのです。そのままでは数千億劫を過ぎても悪道から出ることはありません。その痛みは言葉を絶し、はなはだ哀愍すべき人びとです。

＊

弥勒菩薩の礼拝

世尊は弥勒菩薩と、天の神々と人びとに告げました。

わたしはいま、世間の事《じ》を語りました。それら世間の事のゆえに人びとは立ち止まったまま、道を失っています。あなたがたは今こそ、よく考えて、いろいろな悪を離れ、善を選んで、努め、行じなさい。愛欲や栄華は、いつまでも保てるものではありません、それらは別離すべきもので、本当の楽しみとはなりません。

あなたがたは幸いにも、わたしが仏として世に在るときに、ここにいます。まさに努めて精進しなさい。至心《ししん》に安楽国（極楽浄土）に生まれたいと願う人は、心が明るく智慧の光に照らされて、殊に勝れた功徳を得られます。

浄土往生を願う心のままにありなさい。そして、仏の戒を破ったりせず、人に後れをとったりしないようにしなさい。

もし、このことに疑惑の思いがあり、仏の言葉がわからないのであれば、どんなことでも、わたしに問いなさい。わたしは、その人のために語ります。

＊

この言葉をうけて弥勒菩薩が深く礼拝して世尊に申しました。

＊

釈迦牟尼世尊には威神尊重《いじんそんじゅう》にして、み教えを垂れたもう。我ら快く善に導かれてございます。

世尊の御言葉を聞き、心に貫いて思いますのは、世の人びとはまことに、世尊の告げられたとおりに迷っております。しかしながら、今や釈迦牟尼世尊には慈悲を垂れ、世を哀愍《あいみん》して、大道を顕《あき》らかに示されました。今やわたくしの耳目は開き、これにて長く解脱を得ることができましょう。

今や世尊の御言葉に触れて皆、歓喜しております。天の神々も、世の人びとも、地を這《は》う蟲《むし》どもも、みな慈恩を蒙《こうむ》り、憂い苦しみの世界から解脱することでございます。御言葉の教誡《きょうかい》は、はなはだ深く、はなはだ善でございます。

世尊の智慧はあきらかに十方の過去・現在・未来の全てを見通され、智慧の及ばないところはございません。

いま、我らが解脱を得ることを蒙るゆえは、ひとえに世尊が前世において求道され、身を落として苦行して仏になられた徳によってでございます。

幸いにも恩徳あまねく衆生を覆い、福禄巍々《ふくろくぎぎ》として、世尊の光明は天空を照らして陰るところはございません。

世尊は人びとを涅槃（煩悩を滅した状態）に導き入れ、経典の要旨を教授し、威光をもって邪を制止して十方を感動せしめたまうこと、無窮無極《むぐうむごく》でございます。

世尊は法の王であり、尊きことはバラモンの聖者などの衆聖《しゆしよう》を超えておられます。

世尊は、あまねく一切の神々と人びとの師となり、人が心に願うところによって道に目覚めさせられます。

いま、わたくしどもは釈迦牟尼世尊に見《まみ》えることができ、また、無量寿仏の声を聞くことができました。皆が歓喜し、心を明るく開くことができております。

＊　＊

世尊は弥勒菩薩に告げました。

弥勒よ。わたしはあなたの言葉を是《ぜ》とします。もし、仏を親しく敬うことがあれば、未来の幸いにつながる功徳となるゆえに、実に大きな善です。

なぜなら、仏が世に出るのは稀《まれ》であるのに、いま、天下に久々《くく》にして仏があります。

わたしは、この世において仏となり、経典の言葉を告げ、涅槃に至る道を宣布しました。

わたしは、人びとのいろいろな疑惑の網を断ち、愛欲の本《もと》を抜き、衆悪の源を杜《と》じます。人びとがさまよう三界（全世界）に遊説・教化して妨げられるものはありません。

経典の智慧は仏道の要です。いま、その大綱を執って昭然分明に告げました。輪廻の諸道に生きる衆生に開示して、いまだ救いに漏《も》れている者を救いだし、生死の苦海を離れさせて涅槃の道をまっすぐに示します。

弥勒よ。あなたも自身を知らねばなりません。

あなたは無数劫の過去から衆生済度を願って菩薩行を修し、すでに久遠《くおん》の時が過ぎました。あなたに従って道を得、涅槃に至る者は数えることはできません。

ただ、あなたも、十方の神々と人びとも、出家の男女であれ在家の男女であれ、永劫の過去から輪廻の諸道に転生して憂いと恐怖と苦しみを、いちいち語ることができないほど味わってきました。しかも今なお、生死《しょうじ》の苦界にいます。

しかし今は、仏に出会って経典の教えに接し、無量寿仏のことを聞くことができました。この幸いにあることは、実に大きな善です。

わたしは、あなたを助けるために喜びを与えます。

あなたは今、みずから生・死と老・病の痛苦を厭《いと》うべきです。ここは醜悪も露《あら》わに不浄であり、楽しむべきところではありません。

ですから、みずから決断して身を端《ただ》しく、おこないを正しくして、ますます多くの善をなし、自己を修めて体を潔《きよ》くし、心垢《しんく》を洗除して、言行に誠をもって表も裏も同じでありなさい。

人は、自分を救ってこそ、他の人を救済できるのです。しっかりと正しい願いをもって、善をおこない、未来の幸いの本となる功徳を積みなさい。

今生の一世はつらくても、須臾《しゆゆ》（一瞬）のことにすぎません。後世《ごぜ》には無量寿仏の国に生まれて、快楽《けらく》は極まりないのです。

長い仏道の徳において智慧を明らかにし、永く生死の苦の根本を抜き、また貪欲・瞋恚・愚痴の苦悩の患いなくありなさい。もし、一劫・百劫・千万億劫の長い寿命を願うなら、それも自在に願いのとおりになります。

無量寿仏の国土は無為自然《むいじねん》にして、そこはおのずから涅槃の世界のすぐそばにあります。あなたがたは、それぞれによく精進して、心に願うところを求めなさい。

このことに疑惑をもち、道の中途で退いてしまったりして、みずから罪を得ることのないようにしなさい。

疑惑をもつ者は、たとえ無量寿仏の国土に往生できたとしても、辺境の七宝の宮殿に生まれて、五百年もの間、仏に見《まみ》えることのできない境遇に置かれるのです。そのようなことのないように努めなさい。

＊

この釈迦牟尼世尊の諭《さと》しを受けて、弥勒菩薩は申しました。「わたくしどもは幸いにも世尊の重誨《じゅうけ》（重い教誡）を賜りました。一心に修学し、み教えのごとく行じます。疑うことはありません」と。

五つの悪

悪世において

釈迦牟尼世尊は弥勒菩薩に告げました。

＊

弥勒よ。あなたがたがこの世で心を端《ただ》しく意を正しくして衆悪をなさないようにあれば大きな善であり、その功徳は至上のものです。十方世界のどこにも匹敵するものはありません。

なぜなら。諸仏の国土の神々や人びとは、自然に善をなして大きな悪をなさないのですから、教え導くことは容易です。しかし、わたしはこの世間において仏になりました。この世間の人びとは五悪《ごあく》・五痛《ごつう》・五焼《ごしょう》の中にいます。

五悪とは、不殺生《ふせっしょう》（殺すなかれ）・不偸盗《ふちゅうとう》（盗むなかれ）・不邪淫《ふじゃいん》（淫《みだ》らであるなかれ）・不妄語《ふもうご》（偽りをなすなかれ）・不飲酒《ふおんじゅ》（飲酒・放逸《ほういつ》に身をゆだねるなかれ）の五戒にそむくことです。

五悪をなせば、いろいろな苦しみが生じます。多くの苦痛が五悪の報いとして生じてくるので五痛といいます。

五悪の報いは来世にも及び、地獄の猛火に焼かれるような苦しみにつながります。それを五焼といいます。

この世間では、神々も怒りをおこして生き物を殺したりしています。人びとも五悪に身心をゆだねています。この悪世で仏であることには、哀れみと大きな悲しみがあり、激烈な苦です。

しかしながら、わたしは人びとがどのような境涯にあろうとも教化して、五悪を捨てしめ、五痛を去らしめ、五焼を離れしめます。悪心を降伏させて五善をなさしめ、人びとを福徳・解脱・長寿・涅槃の道へ導きます。

＊

世尊は告げました。「では、何が五悪であり、どんな五痛があり、どんな五焼があるのか。いかにすれば五悪を消し去って五善をなすことができるのか。わたしはそれを説いて、人びとに福徳・解脱・長寿・涅槃の道を得させます」と。

第一の悪　殺生

世尊は説示されました。

＊

五悪の一つは、天の神々も、世の人びとも、地を這う蟲《むし》どもも皆、心に悪をなそうとする欲求をいろいろにもっていることです。強いものは弱いものを屈伏させ、次々に殺しあって、たがいに食いあっています。

これら衆生は、善を修することを知らず、悪逆無道であるために後に罪の報いを受け、おのずから地獄や餓鬼の悪道に堕ちていきます。

人びとの罪を帳簿に記す天地の神々が罪を見逃すことはありません。ゆえに、貧《ひん》窮《ぐ》・下賤《げせん》にして孤独であったり、愚かであったりする報いを受けるのです。

いっぽう、身分が貴く、豊かで、才能があって、明晰《めいせき》な人たちもいます。前世において人びとを慈しみ、親に孝行して、善を修し徳を積んだためです。

罪の報いということでは、現世にも王法（世俗の法）による牢獄《ろうごく》があります。それなのに、身を慎まずに悪をなし、罪を犯して刑罰を受ける人がいます。そうなってから赦免を望んでも赦免されることは難しいでしょう。

現世でも、そのようなことがあるのですから、命を終えて後世に受ける報いはもっと深く、もっと激しいのです。

幽闇の冥界《めいかい》に生を転じて身を受ければ、その痛苦は王法の極刑のようです。おのずから地獄・餓鬼・畜生の三途《さんず》に堕ちるゆえに、無量の苦悩があります。

六道に輪廻して、身を変え姿を改め、別の境涯に生まれても、受ける寿命は長いときもあれば、短いときもあります。魂魄《こんぱく》おのずから、その趣くところへ行きます。冥途《めいど》に独りで向かっても、敵と一緒に生まれて、たがいに報復しあい、終わることはありません。悪業が尽きなければ、敵と離れることはできないのです。いつまでも生死をくりかえして、苦界から出る時は来ず、解脱を得がたいのですから、その痛みは言葉に表せません。

天地の間に自然に、この理《ことわり》があります。すぐには善悪の報いが現れなくても、必ず、そこに至るのです。

このように敵と出会って殺生をなすことが五悪の中の一つの大悪であり、五痛の一つであり、五焼の一つです。その苦しみは、たとえば大火に身を焼かれるようです。

しかしながら、この悪世において一心に意を制し、身を端《ただ》しく、おこないを正しくして、独りもろもろの善をなして衆悪をなさなければ、独り輪廻を解かれて、福徳と解脱と上天（天界に生まれること）と、そして涅槃の道を得られるでしょう。それが五善の中の一つの大善です。

第二の悪　偸盗

世尊は説示されました。

＊

五悪の第二は、世間の人びとは、親子でも兄弟でも家族でも夫婦でも、すべて道理と義をなくし、法令にさえ背いています。贅沢《ぜいたく》と婬《みだ》らと放縦《ほうじゅう》にまかせて、それぞれ欲望のままに快を求め、心にまかせて、たがいに欺きあっています。心と口は異なり、言葉に思いがこもらず、誠はありません。諂曲《てんごく》（こびへつらい）にして忠ならず、言葉たくみに取り入ります。賢い人がいれば嫉《ねた》み、善人を誹謗して、無実の人をおとしいれることさえします。

君主が不明にして、そのような人を臣下に任用すれば、勝手にふるまい、いろいろとたくらみ、多く偽りをなします。つけこまれないようにして形勢を知っていても、君主の位にあって正しくなければ、欺かれ、忠良な臣下を失って、天の意思に添う君主にはなれません。

臣は主君を欺き、子は父を欺きます。兄弟・夫婦、友人らもたがいに欺き、誑《たぶら》かしあっています。それぞれに貪欲《とんよく》・瞋恚《しんに》（怒り）・愚痴《ぐち》（暗い心）をいだいて、みんな自分の得を厚くしたいと欲し、多く手に入れたいと貪《むさぼ》っています。身分の高い人も低い人も、上下ともに心は同じです。

そうして家を破り身を亡ぼし、前世・後世を顧みず、そのために親属も滅びてしまいます。

あるときは家族も友人も、村の人も町の人も、愚かな人も粗野な人も、同じようにふるまって害しあい、怒って怨《うら》みをもつようになります。富裕であっても欲張りで物惜しみし、施すことを知りません。財宝を愛して貪ること重く、心は疲れ、身は病苦にさいなまれます。

このようにして臨終に至れば、何も頼るものはありません。独りで来て独りで去り、誰もついてきてくれません。ただ、自分の善悪の報いである禍福だけが、命を追って次の世までついてくるだけです。幸せな境遇に生まれることも、苦毒の世界に堕ちることもあります。そうなってから悔いても、どうにもなりません。

世間の人びとの心は愚かで、智慧は乏しいのです。善行の人を見ても憎み謗《そし》るだけで、見習おうとは思わず、ただ悪に心を向けて、みだりに非法をなします。いつも盗み心をいだいて、人の財物をねらっています。それを手にいれても、すぐに使い果たして、また求めます。

邪心をもって不正であれば、それを人に知られることを恐れます。計略を思い巡らしても、ついには露見して悔いることになります。

現世にも王法（世俗の法）による牢獄があります。そのうえ、罪にしたがって冥途に趣いて刑罰を受けることになるのです。前世に仏道の徳を信じず、善業を修して功徳を積むこともなしに悪をなさば、人びとの罪を帳簿に記す天の神はその罪を記録し、罪人の名簿に載せます。そして寿命が終われば、霊は地獄や餓鬼の悪道に下るのです。それゆえ、おのずから三途の無量の苦悩があることになります。苦しみの世界で世々に生死を累《かさ》ねて、いつまでも生死をくりかえして苦界から出る時は来ず、解脱を得がたいのですから、その痛みは言葉に表せません。

これが五悪の中の第二の大悪であり、五痛の第二、五焼の第二です。その苦しみは、たとえば大火に身を焼かれるようです。

しかしながら、この悪世において一心に意を制し、身を端《ただ》しく、おこないを正しくして、独りもろもろの善をなして衆悪をなさなければ、独り輪廻を解かれて、福徳と解脱と上天と涅槃の道を得られるでしょう。それが五善の中の第二の大善です。

第三の悪　邪淫

世尊は説示されました。

くばくもありません。

＊

五悪の第三は、世間の人びとは寄生して天地の間で生きていることです。寿命はいくばくもありません。

世間には、上には賢明な人や富める長者や尊貴な人や豪家の人があり、下には貧窮な人や地位の低い人や劣った人や愚かな人がいます。そのなかに不善の人がいて、常に邪悪な心をいだいています。邪淫の思いのために煩いが胸のうちに満ち、愛欲がふつふつと沸き起こって居ても立ってもいられません。欲の心を惜しんで、ただいたずらに異性を得たいと望み、欲望の目で女を見て、ほしいままに卑猥《ひわい》なおこないをしています。

そのような人は自分の妻を嫌い憎んで、ひそかに他の女の家に出入りし、家財を費消して、非法なことまでします。徒党を組んで戦《いくさ》を起こし、殺し合います。不道にも攻め、奪い、殺戮《さつりく》・強奪します。

そのような人は、他の人に悪心を向けて、自分では働かず、窃盗してわずかに得れば、ますます欲にかられます。妻子を養なうにも、恐怖と熱病におかされたように財物を盗みます。心を恣《ほしいまま》にし、心に快のみを求め、身の楽しみのみを極めようとします。また、親族においても上下をわきまえず、家族も友人・知人らも傷ついて苦しみます。そのうえ、王法の禁令さえ畏《おそ》れず、守ろうとしません。

このような悪の人は、鬼の帳簿に記され、日月も照らし見、天の神も記載します。それゆえ、おのずから三途の無量の苦悩があることになります。苦しみの世界で世々に生死を累《かさ》ねて、いつまでも生死をくりかえして苦界から出る時は来ず、解脱を得がたいのですから、その痛みは言葉に表せません。

これが五悪の中の第三の大悪であり、五痛の第三、五焼の第三です。その苦しみは、たとえば大火に身を焼かれるようです。

しかしながら、この悪世において一心に意を制し、身を端《ただ》しく、おこないを正しくして、独りもろもろの善をなして衆悪をなさなければ、独り輪廻を解かれて、福徳と解脱と上天と涅槃の道を得られるでしょう。それが五善の中の第三の大善です。

＊

第四の悪　妄語

世尊は説示されました。

五悪の第四は、世間の人びとは善をなそうと思わず、たがいにけしかけあって、多く悪をなすことです。両舌《りょうぜつ》（二枚舌）・悪口《あっく》・妄言《もうごん》・綺語《きご》（おせじ）・讒言《ざんげん》（でっちあげの告発）によって人を傷つけ、仲違《なかたが》いさせて争わせます。善人を憎んで嫉妬《しっと》し、賢明な人を破滅させて喜びます。

そのような人は、父母に孝せず、師長《しちょう》（目上の人）を軽んじ、朋友《ほうゆう》に信なく、誠実ではありません。自惚《うぬぼ》れて自分が正しいと言い、横柄に威張って人を侮《あなど》り、自分を知りません。悪をなして恥じることなく、自分の強さを頼んで人を軽蔑《けいべつ》します。

そのような人は、天地・神明・日月を畏《おそ》れず、あえて善をなさず、その悪心を抑《おさ》えることは困難です。おごりたかぶって恐れを知らず、いつも慢心を抱いています。

このような諸悪を天の神は記録しています。たとえ人が前世で多く善をおこなった福徳によって少しは守護され、助けられていても、今生《こんじょう》で悪をなせば福徳はことごとく滅し、守護の善神は皆、その人から離れてしまいます。ついには自分独りで空しく旅立ち、頼りとなるものはありません。寿命が尽きれば、おのずから諸悪の報いに追い立てられて冥途に赴きます。

その人は、天の神が名簿に記した罪咎《つみとが》に牽引《けんいん》されて地獄や餓鬼など三途の悪道に堕ちていきます。罪の報いはおのずから付いてきて離れることはありません。追い立てられて火の釜《かま》に入れられ、身体は打ち砕かれ、心は痛苦に苛《さいな》まれます。そのときになって悔いても、どうにもなりません。これは天の道理ですから、まったく狂いはありません。

それゆえ、おのずから三途の無量の苦悩があることになります。苦しみの世界で世々に生死を累《かさ》ねて、いつまでも苦界から出る時は来ず、解脱《げだつ》を得がたいのですから、その痛みは言葉に表せません。

これが五悪の中の第四の大悪であり、五痛の第四、五焼の第四です。その苦しみは、たとえば大火に身を焼かれるようです。

しかしながら、この悪世において一心に意を制し、身を端《ただ》しく、おこないを正しくして、独りもろもろの善をなして衆悪をなさなければ、独り輪廻を解かれて、福徳と解脱と上天と涅槃の道を得られるでしょう。それが五善の中の第四の大善です。

＊

第五の悪　飲酒・放逸

世尊は説示されました。

五悪の第五は、世間の人びとは落ち着きなく怠惰で、善をなして身を修めようとしません。仕事にも身を入れないので、一族郎党を飢えと寒さにさらして苦しめます。それを父母が諫《いさ》めれば目を瞋《いか》らして怒ります。父母の言葉に和することなく、かえって敵に対するかのように反逆します。親にとっては子がいないほうがましなほどで、取るも与えるも節度がなく、みんなを苦しめて嫌われる。恩に背き義から外れて感謝の心をもちません。

このような人は、貧窮・欠乏し、あるいは利を独り占めして他の人から奪うことをためらいません。たまたま財を手に入れれば、もっぱら口腹を満たすことに費やします。酒に耽《ふけ》り、美食を嗜好《しこう》して、飲食に節度がありません。

このような人は、心のままに放蕩《ほうとう》であって自分の愚かさを知らず、他の人と衝突します。人の情を知らず、おさえつけて支配したいと望みます。善人を見ては嫉妬して憎み、義なく礼なくして自身を顧みることはありません。うぬぼれて自己を主張するばかりなので諌《いさ》めることはできません。家族・肉親の生活の資さえ疎《おろそ》かにし、父母の恩を思わず、師友の義もありません。

このような人は、心に常に悪を思い、口に常に悪を言い、身に常に悪をおこなって、かつて一つの善もなしたことがありません。

この人は、先聖《せんしょう》・諸仏の教えを信じず、仏道を行じて解脱を得ることを信じず、死後の転生も信じずに、善をなせば善い結果を得、悪をなせば悪い結果を得ることを信じません。

この人は、出家の聖者さえ殺したいと思い、僧団を闘乱させたいと願い、父母・兄弟・眷属《けんぞく》を害そうと思います。一族・眷族はこの人を憎悪して、死んでしまえと願います。

世の人の心はこのようなものです。愚痴《ぐち》矇昧《もうまい》であり、自分では智慧があると思っても、生の来《きた》るところ、死の趣く因果応報の道理を知りません。思いやりはなく、素直でなく、天にも地にも反逆しながら、思いがけない幸運を希望し、長寿を求めながら必ず死に至ります。

このような人に、慈心をもって教誨《きようかい》して善を念じさせ、生死・善悪の趣《おもむ》くところはおのずからあることを説明しても、あえて信じようとはしません。その人のことを悲しんで懇切《こんせつ》に語っても、その益はなく、その人は心を閉ざして開こうとはせず、わかろうとしません。

そして、とうとう命が終わるときになって、ようやく悔い恐れることになります。生きているうちにどうして善を修しておかなかったのかと、寿命が窮まってから悔いるのです。しかし、そのときになって悔いても、どうにもなりません。

天地の間に諸道輪廻の道理は明らかに働いています。その道理は、恢廓窈窕《かいかくようちょう》（どこまでも奥深く）として浩々茫々《こうこうぼうぼう》（果てしなく広大）です。善悪報応し、禍福は相応して、その人に現れます。だれも代わってくれる者はありません。それが自然の道理です。その人のおこないに応じて、罪咎《つみとが》は命を追って付いてきます。捨て去ることはできません。

善人は善を行じて楽土から楽土に転生し、明《みよう》（心が智慧によって明るい状態）より明に入ります。悪人は悪を行じて、苦界から苦界に転生し、冥《みよう》（智慧が閉ざされた暗黒の状態）より冥に入ります。

このことは人間にはよくわからなくても、仏はよく知っています。また、どんなに説き教えても信じることのできる人は少ないのです。しかし、生死の流れが止まることなく、悪道に堕ちていく人は絶えません。このような世の人に、つぶさに教え尽くすべきことは難しいのです。

それゆえ、おのずから三途の無量の苦悩があることになります。苦しみの世界で世々に生死を累《かさ》ねて、いつまでも生死をくりかえして苦界から出る時は来ず、解脱を得がたいのですから、その痛みは言葉に表せません。

これが五悪の中の第五の大悪であり、五痛の第五、五焼の第五です。その苦しみは、たとえば大火に身を焼かれるようです。

しかしながら、この悪世において一心に意を制し、身を端《ただ》しく、念を正しくして、言行違《たが》うことなく、誠をもっておこない、真心で語り、心と口を慎んで、独りもろもろの善をなして衆悪をなさなければ、独り輪廻を解かれて、福徳と解脱と上天と涅槃の道を得られるでしょう。それが五善の中の第五の大善です。

＊

仏の哀れみ

世尊は弥勒菩薩に告げました。

わたしはあなたがたに、この世の五悪によって生じる苦しみについて語りました。

五悪には五痛と五焼が伴い、くりかえし生じます。いろいろな悪ばかりして善を修することがなければ、みなことごとく、おのずから悪趣（悪道）に入るのです。あるいは現世でも病み、死にたくても死ねず、生きたくても生きられないほど苦しみます。

わたしはあなたがたに、それら罪悪の招く報いを示しました。身が死ねば生前のおこないにしたがって地獄・餓鬼・畜生の三悪道に入ります。そこでの苦毒は無量であり、みずから焼き焦がします。

長く苦しみを受けた後に再び人間界に生まれても、共に心に怨恨《えんこん》をもち、小さな悪事をきっかけとして、ついには大悪をなすようになります。だれもが物欲と色欲に執着して布施をすることもできず、愚かな欲望に迫られ、考えることは煩悩に染まった心のままです。煩悩にきつく束縛されて解かれることはありません。

そのような人は、自分のことばかり厚く考えて利を争い、反省して改心することはありません。たまたま富貴・栄華なときがあれば、心は嬉《うれ》しがるだけで忍耐はありません。努めて善を修することはないので、いくらもたたないうちに威勢はなくなり、磨滅してしまいます。そして、労苦の身となり、やがて苦は激烈なものになっていくのです。

業《ごう》の網は天地の間に張り巡らされて自然に善悪の業を漏らさず捕らえます。その綱《こう》紀《き》（強い綱）の網の目は細かく、何重にも重なっているのです。人びとは独りで頼るものなく、恐れおののきながら、その網の中に堕ちていきます。昔からそうですし、今もそうです。

人びとは、このように痛ましく、哀しいのです。

＊

世尊は弥勒菩薩に告げました。

＊

人びとの生死流転の世は、このように苦しみが多いところです。諸仏は皆、これを哀れみ、威神力をもって衆悪を砕き滅して、ことごとく善に向かわせます。悪に親しむ思いを捨てて、諸仏の戒めを守り、仏道の法を行じて誤ることがなければ、諸仏の哀れみたもうゆえに、いつの日か解脱・涅槃の道を得られます。

＊

世尊は説示されました。

＊

弥勒よ。現在の神々も人びとも、後世の人びとも、仏の言葉を受けて、よく考えなさい。

この悪世においてこそ、心を端《ただ》し、おこないを正しくしなさい。

弥勒よ。もし国家の王が善をなすなら、民は感化を受けて、次々に戒めを伝えていくでしょう。

人びとはそれぞれ、おのずから身を端《ただ》しく守り、聖者を尊び、善人を敬い、仁慈博愛にして、仏の語る教えをあえて破ってはなりません。苦の世界からの解脱を求めて、生死衆悪の本《もと》を抜き、断ち切りなさい。そうすれば、三途の無量の憂いと恐怖と苦痛の道を離れることができます。

あなたがたは、この世界で広く善をおこなって徳本《とくほん》（功徳の本）を植えなければなりません。報恩の思いをもって布施し、仏道の禁戒を犯さずにいなさい。忍辱と精進と禅定と智慧をもって、たがいに教化し、徳をなし善を立てなさい。

この煩悩に汚染された世界で心を正しくし、意を正しくして、たとえ一日一夜でも斎戒清浄《さいかいしょうじょう》であれば、無量寿仏の国土で百年の善をなすより勝れています。なぜなら、かの仏国土では、そうしようと思わなくても自然に多く善を積んで毛筋ほどの悪もないからです。

この世界で十日十夜、善を修すれば、その功徳は他の諸仏の国土で千年の善をなすより勝れています。なぜなら、他の諸仏の国土でも、善をなすものは多く悪をなすものは少ないからです。それらの国土では自然に福徳があり、造悪の地ではないからです。

しかし、この汚染された世界には悪のみ多く、福徳がおのずから生じることはありません。苦を重ねながら欲望を満たそうとし、たがいに欺き合っています。心は疲れ、身は傷めながら、苦を飲み、毒を食らっています。そのような俗事にあくせくして、いまだに安らぐことがありません。天界さえも安らぎはなく、神々さえ怒りに心をゆだねて落ちてゆきます。

それゆえわたしは、この世界の神々や人びとを哀れみ、心を痛めて教え諭して善を修させます。人それぞれの器に適切であるように言葉を選んで教え導き、経典の法を授与します。それぞれの心の願いに添って、皆に道を得させます。

この世界で仏となったわたしは、この世界のどの国にも行き、町にも村にも行って、どんな人でも導きます。

ですから、天下和順《てんげわじゆん》して天候はおだやかとなり、日月清明《にちがつしようみよう》にして世の暗がりは除かれます。風雨は季節ごとに適切となり、天災・疫病は起こらず、国は豊かになり、民は安らいで武器を用いるようなことは起こりません。

人びとは他の人の徳をあがめ、仁を興《おこ》し、礼節と謙譲を修するでしょう。

世尊は説示されました。

＊

わたしは、この世界の神々や人びとを父母が子を思うより強く哀れみ、慈しみます。

わたしは、この世で仏となったのですから、この世界にはびこる五悪を調伏し、五痛を消除し、五焼を絶滅します。善をもって悪を攻め、生死の苦を抜いて五徳を得させ、無為の安き（何もしなくても安息である境地）に昇らせます。

わたしが世を去った後には、経典に示された仏道は次第に滅し、人びとは諂曲《てんごく》（へつらい）と偽《いつわ》りの心を増して、また五悪をなすようになるでしょう。人びとは五痛と五焼に還《かえ》り、先に説いたように、苦痛の激しさを増大させていきます。そのありさまを、ことごとく説くことはかないません。わたしは、あなたのために簡略に告げたのです。

＊

世尊は弥勒菩薩に「あなたがたはこのことをよく考えて、たがいに教え諭しあい、仏の言葉のごとくあって、戒めを犯すことなくありなさい」と告げました。

その言葉を受けて弥勒菩薩は合掌して申しました。

「世尊には、ねんごろにお説きくださいました。世の人びとのありさまは、誠にそのとおりでございます。如来は五悪・五痛・五焼の民をあまねく慈しみ、哀愍《あいみん》して、ことごとく解脱させたまいます。わたくしどもは世尊の重い戒めを受けて、よく守り、み教えが失われることのないようにいたします」と。

【日本の浄土教と文化⑰】世直しの弥勒菩薩

弥勒菩薩はマイトレーヤの表音で、慈氏と意訳される。浄土三部経や法華経で釈迦如来に教えを乞《こ》う役割で登場する。弥勒上生経《みろくじょうしょうきょう》でも説法の座に連なっていたが、十二年後に兜率《とそつ》天《てん》に転生し、次の生には仏に成ると予告される。そして、兜率天の厳かな美しさが釈迦如来によって告げられ、人びとも兜率天を観ずることを修せば、そこに生まれ、五十六億七千万年後の下生《げしょう》を共にするという。

弥勒下生とは弥勒菩薩が世に下って仏になることである。そのとき龍華樹《りゅうげじゅ》という樹の下で三度の説法会がおこなわれ、すべての人が救いに導かれる。その龍下三会《りゅうげさんね》に参じるためにおこなわれたのが埋経《まいきょう》である。強力な経典とされる法華経などを書写した経巻を金属製の筒(経筒)に入れて土中に埋めれば、その功徳によって、永劫流転の未来に龍下三会に列することができるとされた。

弥勒菩薩が下生したとき、この世が浄土に変じ、幸福な弥勒世になるという。そこから救世主の待望がおこり、中国では清代の白蓮教徒の乱(一七九六年)などの反乱がおこった。

日本でも戦国時代に弥勒世を求める一揆《いっき》がおこったほか、江戸時代には海の彼方《かなた》から弥勒船がやってきて世の中が変わるとか、富士山の山頂に弥勒菩薩が下りてくるといった話が広まり、弥勒菩薩は「ミルク神」などとよばれる福神になった。茨城県鹿島《かしま》地方、沖縄県の南西諸島などにミルク神の祭りがある。

霊鷲山の集会にて

無量寿仏の示現

釈迦牟尼世尊は阿難尊者に告げました。

＊

阿難よ。起立して衣服を整え、合掌し恭敬《くぎょう》して無量寿仏に礼拝せよ。十方の国土でも諸仏・如来が常に無量寿仏の救いの隔てることなく障碍《しょうがい》もないことを称讃しておられるのですから。

＊

そこで阿難尊者は起立して衣服を整え、身を正して、西に向かって恭敬し合掌して、五体を地に投げて無量寿仏を礼拝し、「願わくは、かの仏の安楽国土（極楽浄土）と、そこにましますの諸菩薩・声聞のお姿を見せしめたまえ」と祈りました。すると、たちまち、無量寿仏は大きな光明を放って、一切諸仏の世界をあまねく照らされたのでございます。

そのとき、この娑婆世界の須弥山も、その周囲の金剛山《こんごうせん》も、大小の諸山の一切が同じく黄金の光に包まれました。それはたとえば、世界の終わりの大洪水が万物を水に浸して、ただ一面の水となるかのような光景です。彼の仏の光明も、世界を浸す大水のように、声聞の僧たちも求法の菩薩たちも一切を光で包んで差別なく、ただ仏の光の輝かしさが見えるだけでございます。

そのとき阿難尊者には、無量寿仏の姿が確かに見えました。

無量寿仏は威徳巍々《いとくぎぎ》として、諸山の王である須弥山のように高く、あらゆるものの上に出て、その瑞相から放つ光明の照らさないものはありません。

そのとき、霊鷲山の釈迦牟尼世尊のみもとの集会《しゅうえ》に参じていた人びとは、出家の僧も在家の信徒も、男も女も皆、等しく無量寿仏を見ることができました。また、無量寿仏も、その安楽国土の人びとも霊鷲山に集う人びとを同じく見たのでございました。

世尊と阿難の対話

そのとき釈迦牟尼世尊は、阿難尊者と慈氏たる弥勒菩薩に告げました。

「阿難よ。かの仏の国を見たであろうか。その国土は地表から天界に至るまで、あらゆるものが微妙厳浄《みみょうごんじょう》であり、自然にそのように荘厳《しょうごん》されているさまを、ことごとく見たであろうか」

この問いに阿難尊者は「はい、わたくしは確かに見ることができました」と答えました。

「では、阿難よ。無量寿仏が大音声をもって一切の世界に宣布し、衆生を導いている声が聞こえたであろうか」

「はい、わたくしは聞きました」

「では、阿難よ。かの無量寿仏の国の人びとが百千由旬の七宝の宮殿を乗り物として十方諸国に至り、諸仏のもとに障碍なく詣で、あまねく供養・礼拝するのを見たであろうか」

「はい、わたくしは見ました」

「では、阿難よ。かの無量寿仏の国の人びとは母の胎内から生まれる胎生《たいしょう》の者のように蓮華の蕾《つぼみ》の中に生じます。あなたはそれを見たであろうか」

「はい、わたくしは見ました」

「阿難よ。その胎生の人びとがいる宮殿は広大で、あるいは百由旬、あるいは五百由旬もあり、それぞれ、その内部で多くの快楽《けらく》を受けるのは須弥山上の神々の座である忉利天《とうりてん》のようであり、それは皆、自然《じねん》にして、おのずからそのようになることを知りなさい」

不信の者の往生

そのとき、慈氏たる弥勒菩薩が釈迦牟尼世尊に胎生と化生《けしょう》の違いについて問いました。胎生とは母の胎内から生まれる者、化生とは空中の精霊たちのように忽然《こつぜん》と生じる者たちです。

「世尊に問い申し上げます。彼の国の人びとには、なにゆえ、胎生と化生の者がいるのでございましょうか」

＊

世尊は弥勒菩薩に告げました。

＊

慈氏たる菩薩よ。人びとの中には、疑惑の心をもって、よく信じられなくても、善を修して功徳を積み、彼の国に生まれたいと願う人がいます。

その人にとって、仏の智慧は不可思議です。仏には五種の智慧があります。すなわち仏智《ぶっち》（さとりの智慧）、不思議智（人の思慮を超えた智慧）、不可称智《ふかしょうち》（言葉では言い表せない智慧）、大乗広智《だいじょうこうち》（あらゆる衆生を救い取る智慧）、無等無倫最上勝智《むとうむりんさいじょうしょうち》（比較するものもない優れた智慧)です。その人には、この仏の五智がわからないので、疑惑を生じて、よく信じることができません。

それでも自己のおこないの報いによって罪福のあることを信じ、善を修して功徳を積み、その国に生まれたいと願うなら、この人びとは、その国土の宮殿に生まれるのです。しかし、蓮華の蕾の中で母の胎内にあるかのように眠り、五百年の間、無量寿仏に見《まみ》えることはありません。教えを聞くことも、菩薩・声聞の聖衆を拝することもなく過ごさねばなりません。この人びとが、かの国土における胎生の者たちなのです。

もし、人びとの中で、あきらかに仏智の至勝なることを信じ、いろいろな善を修して功徳を積み、その信心を得て往生の願いに回向するならば、仏の本願力によって、この人びとは七宝の蓮華の中に忽然と自然に生まれます。蓮華の台《うてな》に端然と坐し、須《しゅ》臾《ゆ》(一瞬)に身は瑞相をもち、光明も智慧も功徳も、かの国土の菩薩たちのように完全に具《そな》えます。この人びとが化生の者たちです。

また、慈氏たる菩薩よ。他方の諸仏の国の偉大な菩薩たちが無量寿仏に見《まみ》えたいと発心し、かの国土の菩薩・声聞たちを恭敬《くぎょう》し供養したいと願うなら、諸方の国々の求《ぐ》法《ほう》の菩薩たちも命を終えれば無量寿国に生まれて、七宝の蓮華の中に自然に化生することができます。

弥勒よ、まさに知るべきは、智慧の勝れた者が化生の者であることです。胎生の者は智慧が暗いために、かの国に生まれても五百年も仏を見ることはできず、教えを聞くこともなく、菩薩や声聞たちを拝することもないので、仏を供養したくても、そのすべがありません。それゆえ、胎生の者は菩薩の行を知らず、功徳を積むことができません。

まさに知るべきです。この人は前世に智慧あることなく、疑惑を生じた結果であることを。

*

この胎生の者について世尊は弥勒菩薩に告げました。

「弥勒よ。たとえば地を統べる転輪聖王が宮殿に七宝の別室をつくって種々に荘厳し、寝台に帳《とばり》をめぐらし、天上には多くの繒旛《ぞうばん》（垂れ旗）を懸《か》けて飾ったとしましょう。ところが、王子たちが王に対して罪を犯したので、王は王子らを捕らえ、その部屋に閉じ込めました。ただ、高貴な王子らであるゆえに、つなぐには金の鎖をもってし、飲食も衣服も寝台も、花や香も伎楽も転輪聖王と同様にして欠乏のないようにしたとします。さて、弥勒よ。あなたはどう思うであろう。この王子たちは、その部屋にいたいと願うであろうか」

「世尊に申し上げます。そのようなことはございません。王子たちはいろいろな方法を探り、威力ある人に助けを求めて、その部屋から抜け出したいと願うことでありましょう」

このように答えた弥勒菩薩に世尊は告げました。

＊

弥勒よ。かの国土に胎生する者たちも、この王子たちと同じです。仏智に疑惑をもったゆえに、胎生の宮殿である蓮華の蕾《つぼみ》の中に生まれます。たとえ刑罰ではなく、一念の悪事さえなかったとしても、仏智に疑惑をもつゆえに、五百年は仏と法と僧の三宝にまみえず、仏を供養する善を修して功徳を積むことができません。

ゆえに、宮殿の部屋に閉じ込められた王子たちのように苦しむのです。いろいろな楽しみはあっても、そこにいたいとは思いません。

しかし、もし胎生の人びとが、その罪の本を知り、みずから深く悔恨して、そこを離れたいと求めれば、その心の願いのままに無量寿仏のみもとに往詣して恭敬し供養することができます。さらに、他の無量無数の諸仏のみもとにあまねく参詣して、多くの功徳を修することができます。

弥勒よ。まさに知るべきです。菩薩の道をゆく求法者でも疑惑を生ずる者は大きな利を失うことを。このゆえ、あきらかに諸仏無上の智慧を信ずるべきです。

不退の菩薩たち

弥勒菩薩に告げる

そのとき弥勒菩薩は、釈迦牟尼世尊に問いました。「この世界には、どれほどの数の不退の菩薩がいて、かの仏国に生まれるのでしょうか」と。

不退の菩薩とは、求法の菩薩道において不退転の境地に達し、もはや後退することのない者たちでございます。

そのような菩薩の数を問うた弥勒菩薩に世尊はこのように告げました。

＊

この世界には六十七億の不退の菩薩があり、かの無量寿仏の国に往生します。その一人ひとりの菩薩は、すでにかつて無数の諸仏を供養して、次に生まれる無量寿仏の国では弥勒のごとく、仏になれる地位にいます。そのほか、いろいろな小善をなした菩薩および少しの功徳を積んだ菩薩は、その数を算じることはできません。それらの菩薩らも皆、往生することができます。

＊

世尊はさらに、弥勒菩薩に告げました。

＊

弥勒よ。わたしの娑婆世界の菩薩らだけが、かの無量寿仏の国土に往生するのではありません。他方の諸仏の国の菩薩たちも、同じく往生します。

その諸仏の名をあげれば、まず第一に遠照《おんしょう》如来といいます。その国には百八十億の菩薩がおり、みな往生するでしょう。

第二の仏は、名を宝蔵《ほうぞう》如来といいます。その国には九十億の菩薩がおり、みな往生します。

第三の仏は、名を無量音《むりょうおん》如来といいます。その国には二百二十億の菩薩がおり、みな往生します。

第四の仏は、名を甘露味《かんろみ》如来といいます。その国には二百五十億の菩薩がおり、みな往生します。

第五の仏は、龍勝《りゅうしょう》如来といいます。その国には十四億の菩薩がおり、みな往生します。

第六の仏は、名を勝力《しょうりき》如来といいます。その国には一万四千の菩薩がおり、みな往生します。

第七の仏は、名を師子《しし》如来といいます。その国には五百億の菩薩がおり、みな往生します。

第八の仏は、名を離垢光《りくこう》如来といいます。その国には八十億の菩薩がおり、みな往生します。

第九の仏は、名を徳首《とくしゅ》如来といいます。その国には六十億の菩薩がおり、みな往生します。

第十の仏は、名を妙徳山《みょうとくせん》如来といいます。その国には六十億の菩薩がおり、みな往生します。

第十一の仏は、名を人王《にんのう》如来といいます。その国には十億の菩薩がおり、みな往生します。

第十二の仏は、名を無上華《むじょうげ》如来といいます。その国には無数で算することのできない数の菩薩衆がいて、みな不退転に達し、智慧は勇猛《ゆうみょう》です。すでにかつて無量の諸仏のみもとに往詣して供養し、わずか七日で百千億劫の久遠の時にわたる菩薩行によって得られる堅固な功徳を摂取します。これらの菩薩みな、まさに往生します。

第十三の仏は、名を無畏《むい》如来といいます。その国には七百九十億の偉大な菩薩衆がいます。そのほか、多くの菩薩および出家修行の比丘《びく》（僧）の数は計算できないほど多数であり、みなまさに往生します。

＊

世尊は弥勒菩薩に告げました。

＊

ここに名をあげた諸仏の国の菩薩らのみが往生できるのではありません。十方無量の世界の諸仏の国々から、同じように往生する者があり、その数は多くて、まさに無数です。もし十方諸仏の名号《みょうごう》と、それら諸国から往生する菩薩・比丘のことを説こうとすれば、昼夜一劫を尽くすとも終わりません。わたしはいま、あなたのために、それを略して告げたのです。

集会の終わりに

釈迦牟尼世尊は、弥勒菩薩に告げました。

＊

弥勒よ。彼の無量寿の仏名を聞くことができて、歓喜踊躍《かんぎゆやく》し、たとえ一念でも無量寿仏に心を向けて称えるならば、まさに知るべきです。その人は大きな利をえることを。その人は無上の功徳を具えるのです。

このゆえに弥勒よ。たとえ大火が三千大千世界（全世界）を炎で包もうとも、必ず乗り越えて、この経典の言葉を聞き、歓喜信楽《かんぎしんぎょう》して、信受し読誦《どくじゅ》して、説かれているとおりに修し、おこないなさい。

なぜなら、多くの求法の菩薩がこの経を聞きたいと願っても、容易に聞くことはできないのです。もし、この経を聞くことができた人びとは、無上の仏道において、ついに退転することはありません。このゆえ、まさに専心に信受し、経を持して誦《じゅ》し、説かれているとおりにおこないなさい。

*

世尊は、このように説示しました。

*

わたしはいま、もろもろの衆生のために、この経の法を説き、無量寿仏とその国土にあるもの一切を見せました。いま、人びとのなすべきことは、無量寿仏とその国土を求めることです。

我が滅度の後に、また疑惑を生ずることがあってはなりません。

未来の世に諸経典と説かれた道は滅尽しようとも、わたしは慈悲をもって人びとを哀愍《あいみん》し、殊にこの経を百年も、いつまでも世にとどめて、亡びることのないようにします。それゆえ、人びとはこの経に出会い、その心の願うところに添って、みな解脱を得ることができます。人びとは、そのようにありなさい。

＊

ここに世尊は「当来の世（未来）に経道滅尽すとも、この経を止住すること百歳せん」と語りました。先に「末法万年の弥陀一教」（243ページ）で述べましたように、どんな悪世になっても阿弥陀仏についての教えは亡びないのでございます。

世尊はさらに弥勒菩薩に告げました。

＊

永劫の生死流転《しょうじるてん》の衆生が如来の世に現れる時には遭遇することは難しく、仏を拝する機会は乏しいので、諸仏の経典に説かれた道は得がたく聞きがたいものです。菩薩道の勝れた法である六波羅蜜《ろくはらみつ》（布施・持戒・忍辱・精進・禅定・智慧）も、その教えを聞くことはまた難しいのです。善知識《ぜんちしき》（仏道を導いてくれる先人・同信者）と遇《あ》い、法を聞き、よく行ずることも、また難しいことです。

それにもまして、この経を聞いて信楽《しんぎょう》し受持《じゅじ》することは、難のなかの難であり、これに過ぎたる難はありません。

それゆえわたしは、我が法をかくのごとく為し、かくのごとく説き、かくのごとく教え示してきました。まさに信順して、法のごとく修し、おこないなさい。

＊

こうして釈迦牟尼世尊が、この経典の教えを説いたとき、無量の衆生がみな、無上《むじょう》正覚《しょうがく》（至高のさとり）を求める心をおこしました。そして万二千那由他《なゆた》もの多くの人びとが出家修道の清浄の法眼《しょうじょう》を得、二十二億の天の神々と地の人びとが阿那含果《あなごんか》（再び迷いの世界に戻ることはない境遇）を得、八十万の比丘が漏尽意解《ろじんいげ》（煩悩を滅し尽くして智慧を得た聖者の境地）に達しました。さらに四十億の菩薩道の求法者が不退転となり、衆生済度《しゅじょうさいど》の弘誓《ぐぜい》の功徳をもってみずから荘厳し、将来の世には正覚《しょうがく》を成《じょう》じるところに至りました。

そのときに三千大千世界は感銘して六種に震動し、輝かしい光があまねく十方の国土を照らしました。百千の音楽が自然に奏せられ、天界の美しい花々が数限りなく舞い、霊鷲山上の集会の場に降ってまいりました。

こうして釈迦牟尼世尊は、この経典を説き終えたのでございます。そのとき、弥勒菩薩および十方諸仏の国々より参じたもろもろの菩薩たちと、世尊の直弟子である阿難尊者をはじめ、全ての偉大な声聞の弟子たちと信徒たちなど、参集した一切の者が皆、世尊の説かれた言葉を聞き、心に大きな歓喜を生じたのでございます。

以上、浄土三部経に説かれておりますことを申し上げてまいりました。回向の偈をもって結びといたします。

願以此功徳《がんにしくどく》　平等施一切《びょうどうせいっさい》　同発菩提心《どうほつぼだいしん》　往生安楽国《おうじょうあんらっこく》

願わくは此《こ》の功徳を以《もっ》て平等に一切に施し、
同じく菩提心を発《おこ》して安楽国に往生せん。

【日本の浄土教と文化⑱】極楽浄土の歌

手にむすぶ水にやとれる月影のあるかなきかのよにこそ有りけれ（『拾遺《しゅうい》和歌集』）

この歌は平安中期の紀貫之《きのつらゆき》（?〜九四五年）の作である。「手にすくった水に映る月のように、この世はあるかないかわからないほど儚《はかな》いものだ」とうたう。諸行無常《しょぎょうむじょう》を説く仏教によってもたらされた無常観による歌である。

平安時代に和歌は貫之が『古今《こきん》和歌集』の「仮名序《かなじょ》」に「やまとうたは、人の心を種として（中略）力をも入れずして天地を動かし、目に見えぬ鬼神をもあはれと思はせ、男女のなかをもやはらげ、猛《たけ》き武士の心をも慰むるは歌なり」というほど重要な文芸になった。貴族たちにとっては四季折々の行事や歌合《うたあわせ》などの歌の競いで一目おかれる素養と技量をもつことは重要な資質になった。

そのなかで無常観は歌に深い情感をそえる美になり、恋の歌や四季の歌でも人の世の無常が詠みこまれた。『源氏物語』の折々の歌も「ゆくゑなき空の煙となりぬとも思ふあたりをたちははなれじ」（「柏木」）、「秋風にしばしとまらぬ露の世をたれか草葉のうへとのみ見む」（「御法」）など、無常のあわれにいろどられている。

しかし、それは単に人生は無常だと悲しむのではない。48ページの「祇園精舎の鐘の声」で述べたように、仏教の無常観はこの世のむこうに永遠の浄土があるという観念と結びついて「厭離穢土《おんりえど》・欣求浄土《ごんぐじょうど》」の願いを強めた。そして、227ページの「月影の阿弥陀仏」で述べたように、月の光に永遠のものへの思いを託す歌が多くつくられたのである。

なかでも西行《さいぎょう》（一一一八〜一一九〇年）は桜に無常を思い、月に永遠を見る歌をよくつくっている。有名な「ねかはくは花のもとにて春しなん　その二月の望月《もちづき》のころ」（家集『山家集《さんかしゅう》』）にも、二月の満月の日に入滅したと伝えられている釈迦と同じように自分も「二月の望月のころ」に他界して御仏のもとへいきたいという思いがこめられている。

西方浄土を思う西行の歌は多い。家集『山家集』から二首をあげる。

寄藤花述懐（藤の花に思う）

西をまつ心に藤をかけてこそ　そのむらさきの雲をおもはめ

（「むらさきの雲」は臨終に阿弥陀仏と諸菩薩が乗って来迎する雲）

見月思西と云《いう》ことを（月を見て西を思うということを詠む）

山のはにかくるゝ月をなかむれは　我も心のにしにいるかな

（「心のにしにいる」は251ページの華厳経の「唯心偈《ゆいしんげ》」にいう心の仏と共にいるの意）

極楽浄土を思う歌は平安時代中頃から作られるようになった。最初は貴族や僧の和歌が中心だったが、平安末期になると民間で流行した歌謡集『梁塵秘抄《りょうじんひしょう》』にも極楽浄土がうたわれている。

極楽浄土の宮殿は　瑠璃《るり》の瓦を青く葺《ふ》き
真珠の垂木《たるき》を造り並《な》め　瑪瑙《めのう》の扉《とぼそ》を押し開き（巻第二「法文歌」）

弥陀の誓《ちかい》ぞたのもしき　十悪五逆の人なれど
ひとたび御名《みな》を称《とな》ふれば　来迎引接《らいごういんじょう》疑はず（同）

『梁塵秘抄』は平安末期の後白河《ごしらかわ》法皇（一一二七〜一一九二年）が当時の流行歌だった今様《いまよう》をあつめた歌集である。その編纂《へんさん》の経緯を書いた『口伝集《くでんしゅう》』によれば、保元《ほうげん》二年（一一五七）、法皇は今様の名手で乙前《おとまえ》という年老いた遊女を院の御所に招き、今様をうたいながら『梁塵秘抄』を編んだという。

そこに「とねくろ（とねぐろ）」という遊女が戦に巻き込まれ、臨終に「今は西方極楽の」とうたって往生したという話がある。「今は西方極楽の」は『梁塵秘抄』巻第二「法文歌」にある次の歌だ。

われらは何して老いぬらん　思へばいとこそあわれなれ
今は西方極楽の　弥陀の誓ひを念ずべし

この遊女のことは前掲の平康頼《たいらのやすより》（一一四六？〜一二二〇年）があらわした説話集『宝物《ほうぶつ》集《しゆう》』（↓244ページ）にもう少しくわしく書かれている。

神崎《かんざき》（港町として栄えた兵庫県尼崎市《あまがさきし》の神崎川河口あたり）の遊女とねぐろは、年来《としごろ》色をこのみて、仏法の名字《みようじ》をしらず、舟のうち、波の上にて世をわたる。（中略）海賊にあひて、数多所《あまたところ》きられて、ひきいらんとしける時、西方《さいほう》にかきむけられて、

我等はなにしに老《おい》にけん　おもへばいとこそあはれなれ。

今は西方極楽の、弥陀の誓《ちかい》を念ずべし。

といふ歌を、たびくうたひて、たゞよはり《わ》によは《わ》くなりて、絶入《たえいり》にけり。西方よりほのかに楽の声きこえて、海上に紫《し》雲《うん》たなびくといへり。

遊女とねぐろは「仏法の名字をしらず」という無学な女だったというが、庶民がうたった『梁塵秘抄』の今様には「来迎引接疑《らいごういんじよう》はず」など、経文にある難しい語句が多く詠みこまれている。たとえ学問はなく一字も識《し》らない庶民でも、説法や歌を耳で聞いて、そうした言葉になじみ、阿弥陀如来や西方極楽浄土のことを知ったのだった。

本書の「日本の浄土教と文化❶」（25ページ）でとりあげた近代の歌人＝斎藤茂《さいとうも》吉《きち》も、子どものころの遊び仲間がいつも「しゃくしき、しゃくくわう、びゃくしき、びゃくくわう」

と唱えるのを聞き、大人になって「しゃくくわう」が極楽浄土の池に咲く赤い蓮華が放つ光のことだと知って最初の歌集を『赤光《しやくこう》』と名づけた。

極楽浄土のことは教義を学んで理解しようと思うと、なかなか難解であり、信じ難いところもあるのだが、昔は歌でなじんで口に唱え、西方浄土への往生を願ったのだった。

江戸時代に始まる四国八十八所の御詠歌にも極楽浄土への往生を願う歌がたいへん多い。四国遍路は真言宗の開祖＝弘法大師《こうぼうだいし》空海《くうかい》ゆかりの霊場を巡礼するのだが、浄土往生の願いは宗派を問わず、わかりやすい歌で民衆に広まった。三首だけあげる。

極楽の弥陀の浄土へいきたくば　南無阿弥陀仏　口癖にせよ　（第二番　極楽寺）
極楽のたからの池を思えただ　黄金《こがね》の泉すみわたりたる　（第三番　金泉寺）
忘れずも導きたまへ観音寺　西方世界弥陀の浄土へ　（第十六番　観音寺）

浄土教の小事典

❖浄土経典の成立と広まり

◉仏の国土

仏教は紀元前五世紀頃にシャーキャ族の聖者ゴータマ・ブッダによって創唱された。ブッダはシャーキャ国の王子だったが、国も家族も捨てて出家し、「さとり」を開いた。前身が王子だったことは重要なエピソードとして伝えられ、無量寿経では一人の国王が出家して法蔵比丘《ほうぞうびく》という菩薩道《ぼさつどう》の修行者になり、四十八の本願を成就して阿弥陀仏《あみだぶつ》になったと説かれている。法蔵比丘の師もローケーシュヴァラ・ラージャ（世自在《せじざい》王《おう》）とよばれる仏である。

仏がラージャ（王）であることにはインドの仏教の歴史とともに世界宗教（個々の民族宗教の次元を超えて広まった宗教）としての背景がある。

インドでは紀元前三世紀にマウリヤ国のアショーカ王が多くの戦争の結果、インド亜大陸のほぼ全域を治める最初の大帝国を築いた。そして、不殺生をはじめ、「ブッダのダルマ（法）による統治」を宣する法《ほう》勅《ちょく》を石柱や岩壁にきざんだ。

マウリヤ帝国は仏教を国教としたのだが、国教とは国民のだれもが信じなければならない宗教ということではない。マウリヤ帝国内でも諸民族の神々は尊重された。諸民族の王や部族の神々の上にたつ帝王の宗教が仏教だったのである。

民族の神々は『古事記』のスサノヲやヤマトタケルが戦いを正義とする征服神であるように、それぞれの民族に勝利と繁栄をもたらす神として祀《まつ》られる。マウリヤ帝国では、それら戦いを好む神々の上にブッダを戴《いただ》き、慈悲による統治を諸民族に告げた。

他の世界宗教のキリスト教もイスラム教も、いったん帝国の宗教となることによって、神の愛、アッラーの慈悲といった普遍の理念を獲得したのだった。


【神の国とブッダの国】


キリスト教では信徒が集う教会が神の国のモデルとされ、イエス・キリストはロード（王）として主イエスとよばれる。天国は神の王国である。

ブッダの国は、ダルマ（法）によって世を治めるという伝説の転輪聖王《てんりんじょうおう》のように天上天下を統《す》べるブッダの王国である。

ブッダは東西南北その他の十方に無数に存在し、それぞれの領国の教主として人びとに教えを垂れている。この世すなわち娑《しゃ》婆《ば》世界では釈迦《しやか》如来が教えを説き、西方十万億の仏土《ぶつど》のむこうの極楽世界の教主＝阿弥陀如来の存在を告げた。

ブッダの国は経典では仏国土《ぶつこくど》、仏土などとよばれる。浄土三部経で浄土の語は無量寿経で四十八願が説かれる前に「願はくは世尊、広くために諸仏如来の浄土の行を敷演したまへ」とあるなど四回使われているのみだが、中国や日本ではもっぱら「浄土」といわれるようになった。


【ブッダの王城】


ブッダの国は偉大な王の都のイメージで語られる。古代の王都は平地に整然と区画された。その宮殿の庭には池が造られ、蓮《はす》や睡蓮《すいれん》の花に彩られただろう。睡蓮には青や黄色もある。古代インドでは蓮と睡蓮が区別されないので、浄土経典にも睡蓮だと思われる青い蓮華《れんげ》や黄色の蓮華が浄土の池で光を放っているという。

浄土教がはぐくまれたと考えられている

西北インドの乾燥地帯では、蓮や睡蓮《すいれん》が涼やかに咲く庭園は夢のような美しさで極楽浄土への想いを誘《いざな》ったであろう。

インドではアショーカ王の時代に数多く造られた仏塔をはじめ、紀元後数世紀にかけて各地に大規模な寺院が造営された。何百人もの僧が暮らしたと推定される大寺院では、当然、その規模にみあう大きな法《ほう》会《え》・祭礼があったはずである。

そのとき、にぎやかに音楽がかなでられ、香や花々が散らされて仏の国の荘厳《しょうごん》が示されたであろう。浄土経典に繰り返される金・銀・硨磲《しゃこ》・瑪瑙《めのう》などの七宝の輝きや天界の花々の記述は、華やかな法会のもようを伝えるものと考えられる。

古代インドの寺院は上座部《じょうざぶ》系の諸派（いわゆる小乗仏教）によって造営されたが、祭礼の楽の音や読経の声は遠くに響いて大乗仏教が育《はぐく》まれ、以下の浄土経典も編まれていったのであろう。

◉浄土経典と三部経

阿弥陀仏と国土のもようを語る経典を浄土経典と総称する。そのうち浄土宗の開祖＝法然《ほうねん》（一一三三～一二一二年）が三経典を選んで浄土三部経とした。主著『選択本《せんちゃくほん》願念仏集《がんねんぶつしゅう》』に「正しく往生浄土を明かすの教へといふは、三経・一論これなり。三経とは、一には無量寿経、二は観無量寿経、三は阿弥陀経なり。一論とは、天親《てんじん》（インドの僧）の往生論これなり。或《あるい》はこの三経を指して浄土の三部経と号す」という。以下、三部経のほか、般舟三昧経《はんじゅざんまいきょう》について成立時期と漢訳者名等をあげる。

【無量寿経】

原典のサンスクリット名「スカーヴァ

ティーヴィユーハ（極楽の荘厳《しょうごん》）」は『阿弥陀経』と同じ。上下二巻。上巻で阿弥陀仏の四十八願と極楽国土の由来を説く。それが「南無阿弥陀仏」の念仏の典拠になった。下巻では菩薩のありかたなどを示す。成立は紀元一〇〇年頃、北西インドで編まれたと推定される。漢訳は康僧鎧《こうそうがい》が二五二年頃、洛陽《らくよう》（河南省）の白馬寺《はくばじ》でおこなった。漢訳は他にもあるが、もっぱら康僧鎧訳が用いられる。「大無量寿経」「大経」「双巻経」ともよばれる。

【観無量寿経】

略して「観経《かんぎょう》」。一巻。西域出身の畺良《きょうりょう》耶舎《やしゃ》（生没年不詳）の訳。ただし、サンスクリット原典がなく、西域か中国で編まれたともみられる。阿弥陀仏と観音・勢至《せいし》菩《ぼ》薩《さつ》の姿や極楽浄土のようすを説き、そこに思念を向けることが十六項目に分けて説かれ、あわせて十六観という。その第十四観から第十六観に九品《くほん》往生が説かれ、それぞれの臨終に阿弥陀仏と諸菩薩が来迎するという。この経典に依《よ》り阿弥陀堂や来迎図などの浄土教美術が生み出された。

【阿弥陀経】

一巻。略して「小経《しょうぎょう》」といい、よく法会で全文が読誦《どくじゅ》される。一世紀頃に北インドで編まれたと推定される。サンスクリット名は「スカーヴァティーヴィユーハ（極楽の荘厳）」で阿弥陀仏と極楽浄土の清らかで美しいことを讃《たた》える経典。阿弥陀仏の国土を「極楽」と呼ぶのは阿弥陀経によるもので、他の経典では安楽国・安養国等とよばれる。漢訳は鳩摩羅什《くまらじゅう》（三五〇～四〇九年）訳が用いられるが奈良時代には玄奘《げんじょう》（六〇二～六六四年）訳の『称讃浄土仏摂《しょうさんじょうどぶつしょう》受経《じゅきょう》』、略して『称讃浄土経』がよく読《どく》誦《じゅ》・書写された。

【般舟三昧経《はんじゅざんまいきょう》】

初期の大乗経典で支婁迦讖《しるかせん》（後漢時代）の訳が普及。般舟は「プラテュトパンナ・ブッダ・サンムカーヴァスティタ」の表音で「仏立現前《ぶつりゅうげんぜん》（仏が目前に現れる）」の意。とりわけ独り阿弥陀仏を念じて七日七夜たてば現前に見るという。その「見仏（観仏）」を行じることを「般舟三昧」また「念仏三昧」といい、天台の四種三昧《ししゅざんまい》（↓348ページ）に組み込まれている。

❖浄土教の先師

◉浄土五祖と七高僧

浄土教の教義はインドの龍樹《りゅうじゅ》が易行《いぎょう》（多くの人が行じやすい仏道）としたことに始まり、中国で発展して日本に伝わった。法然は中国浄土教の五人の先師を「浄土五祖」とする。曇鸞《どんらん》・道綽《どうしゃく》・善導《ぜんどう》・懐感《えかん》・少康《しょうこう》である。

法然の『選択本願念仏集《せんちゃくほんがんねんぶつしゅう》』には、そのほか、盧山《ろざん》の慧遠《えおん》・慈愍《じみん》も先師としてあげられている。

親鸞《しんらん》はその前にインドの龍樹・天親《てんじん》をおき、中国の曇鸞・道綽・善導、日本の源《げん》信《しん》・法然の七人を「七高僧《しちこうそう》」とする。以下、それらの先師を年代順にあげる。

【龍樹】ナーガールジュナ／二〜三世紀

空《くう》の瞑想《めいそう》を『中論』の詩篇に示すなど大乗仏教の大成者とされる。『十住毘婆沙論《じゅうじゅうびばしゃろん》』第九「易行品《いぎょうぼん》」に「陸を行く道は苦しく、船で水の上を行くのは易《やさ》しいように、仏道には難行道《なんぎょうどう》と易行道の二道があるといい、衰えた世の人には仏を信じて易行道を行くのがよいという。

【天親（世親）】ヴァスバンドゥ／四〇〇～四八〇年頃
世親《せしん》ともいう。『無量寿経』を釈した『浄土論（往生論）』を著し、五念門《ごねんもん》を修すれば安楽国（極楽）に生まれて阿弥陀仏を見ることができるという。五念門は、
①礼拝《らいはい》
②讃嘆《さんだん》（阿弥陀仏を讃《たた》える）
③作願《さがん》（浄土に生まれたいと願う）
④観察《かんざつ》（阿弥陀仏や浄土の荘厳を思念する）
⑤回向《えこう》（共に往生を願って自分の功徳を他の人にふりむけること）である。
『浄土論』の漢訳はインド出身で洛陽に暮らした菩提流支《ぼだいるし》（?～五二七年）によってなされた。

【慧遠】三三四～四一六年
中国は東晋《とうしん》の時代の四〇二年、廬山《ろざん》（江《こう》西省《せい》）の阿弥陀像の前で慧遠は百二十三名の同志と念仏実修の誓願を立てた。この念仏結社は白蓮社といい、在俗の民衆にも広まった。これが中国で最初の浄土教団とされるが、それは般舟三昧経《はんじゅざんまいきょう》（→342ページ）による念仏三昧を修するものだった。

【曇鸞】四七六～五四二年
不老不死の道教の法を求めていたところ菩提流支と出会い、仙経（道教の経典）を焼却して浄土教に帰依《きえ》した。天親の『浄土論（往生論）』の教義をさらに進めて注釈した『浄土論註（往生論註）』で他力信心の念仏を説いた。曇鸞は無量寿経によって、どんなに劣った人でも往生できると説いた。『讃阿弥陀仏偈《さんあみだぶつげ》』の作者でもある。

【道綽】五六二～六四五年
日々に七万遍の念仏をとなえ、その回数を小豆《あずき》でかぞえる小豆念仏を考案して人びとにも勧めた。著作の『安楽集《あんらくしゅう》』で仏教を

自力修行の聖道門《しょうどうもん》と他力信心の浄土門の聖《しょう》浄《じょう》二門に分ける。

【善導】六一三〜六八一年

中国唐代の僧で『阿弥陀経』を数多く書写して与えるなどの民衆教化につとめた。観無量寿経を注釈した『観無量寿経疏（観経疏）』を著し、日本の法然に大きな影響を与えた。

『観経疏』は、観無量寿経の意義を述べる巻第一「玄義分《げんぎぶん》」、序分（序説）の部分の注釈として王舎城の悲劇などを語る巻第二「序分義《じょぶんぎ》」、十六観のうち十三観までを注釈した巻第三「定善義《じょうぜんぎ》」、十四観以降の九品《くほん》往生を述べる巻四「散善義《さんぜんぎ》」の四巻からなる。法然はその「散善義」の中に「一心に弥陀の名号を専念して、行住坐臥《ざが》に、時節の久近を問はず、念々に捨てざる者は、是を正定《しょうじょう》の業《ごう》と名づく」という文を見いだし、専修念仏の確信に至った。以後、「偏依善《へんねぜん》導《どう》（偏《ひとえ》に善導に依る）」という。

【懐感】七世紀頃

中国唐代に善導に師事した僧。『釈浄土《しゃくじょうど》群疑論《ぐんぎろん》』を著す。「偏依善導」の法然が選んだ「浄土五祖」は善導を中心とする法脈をあらわしている。

【少康】？〜八〇五年

唐代の僧で民衆に念仏を広め、「後善導」とよばれる。

【源信】別掲→351ページ

【法然】別掲→358ページ

❖日本の浄土教の歴史1

飛鳥・奈良時代

◉聖徳太子の天寿国

飛鳥時代には聖徳太子（厩戸皇子《うまやどのみこ》／

五七四～六二二年）による憲法十七条の発布（六〇五年）、法隆寺《ほうりゅうじ》の建立、太子の名による日本最初の経典解釈書「三経義疏《さんぎょうぎしょ》」などをとおして万物流転の空《くう》の教説や至福の仏国土《ぶっこくど》の観念が次第に受容された。

推古《すいこ》天皇三十年二月、太子は四十九歳で病没。生前に病の平癒を祈るために造立《ぞうりゅう》が発願《ほつがん》された太子と等身大の釈迦如来像は翌年三月に完成し、法隆寺金堂に奉安された。その光背銘に追善供養《ついぜんくよう》のために仏像を造り、その功徳《くどく》によって現世の安穏と死後の往生浄土を願うと記されている。

「仰《あお》ぎて三宝に依《よ》り、当《まさ》に釈像の尺寸王身《しゃくすんおうしん》なるを造るべし。此《こ》の願力を蒙《こうむ》り、病を転じて寿《とし》を延《の》べ、世間に安住せむことを。若《も》し是《こ》れ定業《じょうごう》（宿命）にして、以《もっ》て世に背《そむ》かば、往《い》きて浄土に登り、早く妙果《みょうか》（さとりの世界）に昇《のぼ》らむことを」（法隆寺金堂釈迦三尊像光背銘）と。

ここに「浄土」というのはどこか上方にある仏の国で、阿弥陀仏の西方浄土ではなく「天寿国」とよばれたようだ。そのようすをきさきの一人の橘大郎女《たちばなのおおいらつめ》が刺繍《ししゅう》で描いたのが「天寿国繍帳《てんじゅこくしゅうちょう》」（中宮寺蔵）である。繍帳は刺繍の帳《とばり》のことである。全体には中国の桃源郷か王宮のようなイメージだが、比丘《びく》や菩薩の姿、仏国土の池に咲く蓮などが描かれている。

◉華厳浄土に送られた聖武天皇

国分寺や東大寺大仏を建立して鎮護国家の仏法を隆盛させた聖武《しょうむ》天皇（七〇一～七五六年）は生前に行基《ぎょうき》を師に受戒して戒名を勝満《しょうまん》といった。それは梵網経《ぼんもうきょう》による菩《ぼ》薩戒《さつかい》（在家信徒と初心の僧の戒）だった。娘の阿倍《あべ》内親王（孝謙《こうけん》天皇）に譲位後、天平勝宝《てんぴょうしょうほう》八年に五十六歳で崩じると、孝謙天皇は梵網経を読誦させて追善供養の仏事を営んだ。

『続日本紀《しょくにほんぎ》』同年十二月三十日の条に、その戒を乗り物とし、梵網経の読経によって聖武天皇の霊を華厳浄土すなわち毘盧遮那《びるしゃな》仏《ぶつ》の国土に送るという孝謙天皇の詔がある。故人に戒名《かいみょう》（法名《ほうみょう》）をつけて冥土《めいど》の護符とし、読経して守護を祈る今日の葬儀の風習につながる内容である。

　その詔に「菩薩戒を有《たも》つことは梵網経を本《もと》とす。功徳巍巍《くどくぎぎ》として能《よ》く逝《ゆ》く者を資《たす》くときく。仍《より》て六十二部《ぶ》を写《うつ》して六十二国に説かしめむとす。四月十五日より始《はじ》めて五月二日に終《お》へしむ。（中略）この妙福无上《みょうふくなじょう》の威力《いりき》を以《もち》て冥路《めいろ》の鸞輿《らんよ》（冥途の乗物）を翼《たす》け、華蔵《けぞう》の宝刹《ほうせつ》（毘盧遮那仏の蓮華蔵世界）に向《む》かしめむと欲《おも》ふ」とある。

◉極楽浄土に送られた光明皇后

　聖武天皇の后の光明《こうみょう》皇后（七〇一〜七六〇年）は天平宝字《てんぴょうほうじ》四年六月に崩じた。その四十九日の法要が寺々で阿弥陀仏の画像を架け、阿弥陀経を写経・読誦して営まれたことが『続日本紀』同年七月二十六日の条に記されている。

　皇太后（光明皇后）の七々《しちしち》の斎《おがみ》を東大寺併《あわ》せて京師《みやこ》の諸《もろもろ》の小寺に設《もう》く。その天《あめの》下《した》の諸国《くにぐに》には国毎《くにごと》に阿弥陀浄土の画像《えかた》を造り奉《まつ》る。仍《より》て国内《くぬち》の見《げん》にある僧尼《ほうしあま》を計《かぞ》へて称讃阿弥陀経《しょうさんあみだきょう》を写さしめ、各《おのおの》国分金光明寺《こくぶんこんこうみょうじ》（国分寺）に於《おき》て礼拝供養《らいはいくよう》せしむ。

「称讃阿弥陀経」は漢訳阿弥陀経のひとつで玄奘《げんじょう》訳『称讃浄土経《しょうさんじょうどきょう》』である。

翌年の一周忌にあたって奈良の法華寺に

阿弥陀浄土院が建立された。阿弥陀堂建立の最初の記録である。『続日本紀』天平宝字五年六月の条にいう。

庚申《こうしん》（六日）皇太后の周忌《しゅうき》の斎《おがみ》を阿弥陀浄土院に設く。その院は法華寺の内、西南の隅に在り。忌《き》の斎を設けむが為に造れり。その天下《あめのした》の諸国《くにぐに》は各《おのおの》国分尼寺に阿弥陀丈六像《じょうろくぞう》一軀《く》、挟侍菩薩像《きょうじ》二軀を造り奉《まつ》る。

辛酉《しんゆう》（七日）山階寺《やましなでら》（興福寺）に於《お》きて年毎《としごと》に皇太后の忌日《いみび》に梵網経《ぼんもうきょう》を講せしむ。（中略）田十町を捨《ほどこ》して、法華寺に於て年毎に忌日より七日の間、僧十人を請《しょう》して阿弥陀仏を礼拝せしむ。

この記録によれば、光明皇后の浄土往生を祈って諸国の国分尼寺に阿弥陀三尊像が祀《まつ》られたのである。

◉浄土曼荼羅の誕生

阿弥陀信仰が明確になるのは前述の光明皇后の一周忌くらいからで、盛んになるのは平安中期以降である。そのころから極楽浄土のようすを描く浄土曼荼羅が描かれるようになり、阿弥陀仏と極楽浄土のイメージが姿をあらわしてきた。前掲の当麻曼荼羅（73ページ）のほか、初期のものに智光《ちこう》曼荼羅がある。

智光曼荼羅は元興寺《がんごうじ》の僧＝智光が見たという極楽のようすを描いた仏画である。

あるとき、智光の夢に他界した同僚＝礼光《らいこう》があらわれ、極楽浄土に案内してくれた。その極楽浄土を智光が仏師に描かせたのが智光曼荼羅だと伝える。

❖日本の浄土教の歴史2　平安時代

◉霊験譚のはじまり

　奈良時代の寺院は国家もしくは貴族が営んだが、平安時代に国家の関与が弱まると、広く民衆に信仰される寺々が生まれた。そこで欠かせないのが「清水寺縁起」などの霊験譚《れいげんたん》である。日本最初の仏教説話集『日《に》本国現報善悪霊異記《ほんこくげんぽうぜんあくりよういき》（日本霊異記）』は平安初期に薬師寺の僧・景戒《きようかい》が著した。書名は「日本国に現れた善悪の報いの不思議な話」の意。多くは奈良時代のことで、阿弥陀仏や極楽浄土の話もある。そのひとつ、上巻第五「三宝を信敬《しんぎよう》しまつりて現報を得し縁」は、仏教公伝後の崇仏《すうぶつ》・廃仏派の争いで難波《なにわ》の堀江《ほりえ》（水路）に流された仏像が水中で光るのを見て大部屋栖野古《おおとものやすのこ》という者が発見し、吉野の窃寺《ひそでら》に安置したという。

　信濃善光寺《ぜんこうじ》（長野市）の縁起では、推古《すいこ》天皇の代に本田善光《ほんだよしみつ》という人が難波の堀江を通りかかり、水中から光を発する仏像を発見した。それを信濃の自邸に持ち帰って安置したのが善光寺の始まりだという。

　善光寺の本尊は阿弥陀三尊が一つの光背の前に立つ。一光三尊の善光寺如来とよばれ、模刻されて各地の寺に祀られている。

◉比叡山の常行三昧と不断念仏

　中国の天台智顗《てんだいちぎ》の論書『摩訶止観《まかしかん》』に四《し》種三昧《しゆざんまい》という四種の特別の修行法が記されている。そのうちの常行《じようぎよう》三昧は一人で堂に入り、九十日間、阿弥陀如来像の周りを歩きながら念仏する。柱の間の横木や天井から吊《つ》り下げた紐《ひも》につかまって休むことはあるが、坐《すわ》ったり横になったりすることは許されない。不断念仏《ふだんねんぶつ》ともいう。

四種三昧の行法を比叡山で確立したのは三世座主《ざす》の円仁《えんにん》（慈覚大師《じかくだいし》／七九四〜八六四年）である。円仁は承和五年（八三八）に入唐して九年間もとどまった。浄土教に関しては五台山《ごだいさん》（中国山西省《さんせい》）に伝わる五会《ごえ》念仏を学び、帰国後に常行三昧堂を開く。それは歌うようにとなえる引声《いんぜい》念仏である。または念仏しながら阿弥陀仏を瞑想《めいそう》する観想《かんそう》念仏行である。阿弥陀仏が現前に現れるということから仏立《ぶつりゅう》三昧ともいう。

比叡山の常行三昧は平安中期には年中行事となり、文人貴族の源為憲《みなもとのためのり》が永観《えいかん》二年（九八四）に著した仏教入門書『三宝絵詞《さんぼうえことば》』に八月の仏事として記されている。それによると、十一日から七日間、阿弥陀仏の周りをめぐりながら、口に経を唱え、心に仏を念じる。東塔《とうとう》・西塔《さいとう》・横川《よかわ》の三か所で修するので計二十一日の不断念仏となり、身の罪ことごとく消滅するという。

◉空海の西方浄土

真言宗の開祖＝空海（七七四〜八三五年）の文集『性霊集《しょうりょうしゅう》』には故人の浄土往生を願う文が多く含まれている。その一例として「有る人、先舅《せんきゅう》（伯父）の為に法事を修する願文」（『性霊集』巻第八）をあげる。

（釈迦如来でさえ入滅した）願はくは、弥陀《みだ》種覚《しゅがく》、足を本誓《ほんぜい》に濡《ぬ》らし、観音勇《ゆう》猛《みょう》、手を悲願に接し、八難の河に橋かけ艤《ふなよそおい》して八徳の蓮に化生《けしょう》せしめたまへ。

［訳］阿弥陀如来は足を本願の海に入れて濡らし、観音・勢至両菩薩は手を大悲の願いに差しのべて六道の諸難の河に橋

をかけ、あるいは渡し船を造って極楽浄土の蓮の中に生まれ変わらせよ。

◉空也の登場

空也《くうや》（九〇三〜九七二年）は短い衣を着て、手に鹿角の杖《つえ》をもち、胸に鉦《かね》を下げた異形《いぎよう》の姿で諸国を遊行した。「南無阿弥陀仏」をとなえる音の一つひとつが仏になって口から飛び出したという。人びとは念仏の声と打ち鳴らされる鉦の音に熱狂して踊った。それが踊念仏《おどりねんぶつ》の始まりとされる。

諸国に念仏をひろめた空也が京に入ったのは天慶《てんぎよう》元年（九三八）だった。平安中期の文人貴族＝慶滋保胤《よししげのやすたね》は『日本往生極楽《にほんおうじようごくらく》記《き》』第十七話「空也伝」に、空也の入京以後、世を挙げて念仏するようになったと記している。意訳で引用する。

沙門《しやもん》空也は（中略）口に常に南無阿弥陀仏と称《とな》えていたので、世に阿弥陀聖《あみだひじり》とよばれた。また、都の市中に住んで仏事をおこなったので市聖《いちのひじり》とよばれる。（中略）上人が入京された天慶以前は、道場（民間の寺）でも家々でも念仏三昧を修することは稀《まれ》だった。普通の人びとの多くは念仏を忌み嫌っていた。上人の入京以後は自分から唱え、他の人にも勧めて唱えさせている。その後は世を挙げて、もっぱら念仏している。

多くの人は念仏を忌み嫌っていたというのは念仏が死の穢《けが》れと結びついていたからだ。当時は遺体を山野に榊《さかき》や竹で囲ったなかに放置して腐らせる風葬が広くおこなわれていた。京都嵯峨野《さがの》あたりも風葬の地で「化野《あだしの》の露」といわれるのは遺体を濡らす露である。その供養に念仏聖がかかわるようになった。空也も野に打ち捨てられた遺《い》骸《がい》を荼毘《だび》に付して弔ったという。

◉源信と往生要集

源信（九四二〜一〇一七年）は大和の当《たい》麻寺《までら》の近くで生まれ、九歳で比叡山横川《よかわ》に入山。六十三歳のときに権少僧都《ごんのしょうそうず》に任じられ、翌年に辞退し、遁世《とんぜ》して住した横川の恵心院《えしんいん》にちなんで恵心僧都とよばれる。

寛和《かんな》元年（九八五）『往生要集《おうじょうようしゅう》』を著す。十の大文《だいもん》（章）からなり、その大文第一「厭離穢土《おんりえど》（穢《けが》れた世を厭《いと》い離れるべし）」の穢土は輪廻の六道のありさまが具体的に記述されている。なかでも恐るべき地獄と人間の肉体の内臓の汚さ、腐っていく死体のおぞましさが詳細に記述されている。

大文第二「欣求浄土《ごんぐじょうど》（浄土を欣《ねが》い求めよ）」以下に極楽往生の秘訣《ひけつ》が具体的かつ詳細に書かれている。なかでも大文第六「別時念《べつじねん》仏《ぶつ》」に前述（↓50ページ）の臨終行儀の儀式が記され、看取《みと》りの文化に大きな影響を与えた。

【二十五三昧会】

『往生要集』の念仏を実践するため、比叡山横川の僧が結成したのが二十五三昧会《にじゅうござんまいえ》という念仏結社だ。当初二十五人の発起衆《ほっきしゅ》に加えて参加者を広げた。それを結縁衆《けちえんしゅ》という。源信も加入し、「定起請《じょうきしょう》」という十二条の起請文《きしょうもん》を定めた。そのうち六か条の内容を略記する。

第一条＝毎月十五日の満月の夜を徹して経文を誦《じゅ》し、阿弥陀仏に礼拝し、念仏する。

第二条＝毎月十五日の正中以後は念仏、以前は法華経を講じる。

第四条＝結衆のだれかが死んだら光明真言（密教の主尊大日如来を讃える「おんあぼきゃ……」という真言）をとなえて浄化した土に埋める。

第九条＝祇園精舎の無常院にならって往生院を建て、病人を移して臨終に備える。

第十条＝あらかじめ適した土地を選んで安養廟《びょう》とよび、そこを結衆の墓地とし、死んで三日以内に葬る。

第十一条＝結衆に死者がでたときは皆で葬儀をする。安養廟に集まって念仏をとなえ、死者が極楽に往《い》けるように導く。

二十五三昧会は念仏の集まりではあるが、午前中は法華経を講じること、死者は大日如来の光明真言をもって弔《とむら》うべきことというように、法華信仰や密教とも渾然一《こんぜんいっ》体《たい》のものだった。

【二十五三昧会の式次第】

二十五三昧会の式次第は、源信撰の「二十五三昧式」に記されている。はじめに次の言葉をとなえる。

我《が》此道場如帝珠《しどうじようによたいしゅ》　十方三宝影現中《じっぽうさんぼうようげんちゅう》
我《が》身影現三宝前《しんようげんさんぼうぜん》　頭面接足帰命礼《ずめんせつそくきみようらい》

〔意訳〕この道場には帝釈天《たいしやくてん》が持つ珠《たま》のように十方の仏と法と僧の三宝が現れ、我が身体も三宝の前《みまえ》に現れる。地に額をつけて空中に立つ仏の御足《みあし》に礼す。

次に如来唄《によらいばい》、礼仏頌《らいぶつじゅ》。これは詩偈《しげ》をうたうもので、声明《しようみよう》とよばれる音楽である。

次に表白《ひようびやく》。この法会の趣旨を読みあげ、成就を祈願する。

次に勧請《かんじよう》。釈迦・阿弥陀の両尊および諸《しょ》聖衆《しようじゅ》に来臨を請う。

このように法会は満月の夜を徹して延々とつづき、読経《どきょう》の節目に「南無《なむ》極楽《ごくらく》化主《けしゅ》弥陀如来《だにょらい》　南《な》無命終決定《むみょうじゅけつじょう》　往生極楽《おうじょうごくらく》（極楽の教主である阿弥陀如来に帰依《きえ》したてまつる。臨終に往生極楽が定まりますように）などの偈をくりかえしとなえるのである。

【二十五三昧会過去帳】

二十五三昧会の当初の結衆は「首楞厳院《しゅりょうごんいん》二十五三昧会結縁過去帳《けちえんかこちょう》（二十五三昧会過去帳）」に記されている。この過去帳は初期の結衆の名簿である。そこには比丘尼《びくに》（尼僧）もいるし、在家の男女もいる。そのなかに小野貞清《おののさだきよ》ほか「小野氏女《むすめ》」三名、「紀《き》氏女」三名があり、貴族の小野氏や紀氏が二十五三昧会の檀越《だんおつ》（布施者）だったと推察される。「小野若王丸《おののわかおうまる》」「小野鶴王丸《つるおうまる》」「小野赤子丸」という子どもの名もある。小野氏や紀氏の人びとは、幼くして死んだ子や亡き親を二十五三昧会の念仏講と結縁《けちえん》させ、また自分自身の来世を祈って、毎月十五日の満月の夜、「南無《なむ》極楽《ごくらく》化主《けしゅ》弥陀《みだ》如来《によらい》」などの偈をとなえながら念仏しつづけたのだろう。

【迎講】

結衆から二十年くらいたった寛弘《かんこう》年間（一〇〇四〜一〇一二）頃、広く人々を集めて阿弥陀仏と結縁させる迎講《むかえこう》を付随しておこなうようになった。

迎講は、仏や菩薩の面をかぶった人々が浄土から迎えに来るさまをあらわして行道する行事で、各地に広まり、「お面かぶり」とか「二十五菩薩練供養《ねりくよう》」ともよばれる年中行事となっている。

【源信の霊山院釈迦講】

源信は寛弘三年（一〇〇六）に法華一乗《ほっけいちじょう》（すべては法華経に帰一する）の趣旨をま

とめて『一乗要決《いちじようようけつ》』をあらわし、翌年には「霊山院釈迦堂毎日作法《りようぜんいんしやかどうまいにちさほう》」および「霊山院式」を定めた。源信は霊山院で毎日、法華経を読誦し、毎月晦日《みそか》には釈迦講をおこなった。源信は法華一乗の比叡山の僧であることに変わりはなかったのである。

◉遁世と聖・上人

平安後期には諸大寺は広大な荘園を領し、多くの僧徒をかかえた。僧徒の身分は学侶《がくりよ》（法会を主宰する高僧や学僧）と堂《どう》衆《しゆ》（日常の作務《さむ》にあたる地位の低い僧で行《ぎよう》人《にん》や大衆《だいしゆ》ともいう）に分化し、高僧の地位は貴族の子弟が占める。そして、この僧徒の序列の外に出ることを遁世《とんぜ》といい、「聖《ひじり》」とか「上人《しようにん》」とよばれる僧が現れた。

聖や上人は権威をもつ寺社の外周部にいて寺社と民衆をつないだ。念仏聖《ねんぶつひじり》や験者《げんざ》、法華経の行者として多くの信徒をもつ遁世僧も現れ、各地に別所を形成した。別所は聖らが集団で暮らした集落である。

◉良忍と融通念仏宗

良忍《りようにん》（一〇七二～一一三二年）は比叡山東塔の常行三昧堂の僧で、声明《しようみよう》（音楽法要）を習得したが、麓《ふもと》の別所の大原《おおはら》に隠遁。『融通念仏縁起』によれば永久五年（一一一七）に阿弥陀仏の示現を得て融通念仏宗（総本山大念仏寺《だいねんぶつじ》／大阪市）を開いたという。

融通念仏は大念仏また百万遍念仏ともいい、大勢で念仏をとなえながら大きな数珠《じゆず》を繰る。融通念仏宗のほか各地に百万遍念仏の講がある。

◉覚鑁と阿弥陀仏の真言

高野山《こうやさん》では高野聖《こうやひじり》が弘法大師への結縁《けちえん》を

勧めて各地を巡るようになる。高野聖は念仏聖でもあった。その動きのなかで覚鑁《かくばん》（一〇九五～一一四三年）があらわれ、密教と浄土教を統合する。主著『五輪九字明《ごりんくじみょう》秘密釈《ひみつしゃく》』の序に「顕教《けんぎょう》（一般の仏教）には釈尊とは別に阿弥陀仏があるが、密教では大日如来が阿弥陀如来であり（中略）大日と弥陀は同体異名、極楽と密厳浄土（大日如来の浄土）の名は異なるが、同じ所である」という。

◉阿弥陀仏の呪文

密教には諸尊を讃えて祈禱《きとう》する唱句がある。それは梵字《ぼんじ》の音で唱える言葉で、短いものは真言、長めのものは陀羅尼《だらに》という。そのなかに阿弥陀仏の真言・陀羅尼もある。阿弥陀如来根本陀羅尼《あみだにょらいこんぽんだらに》は阿弥陀大呪ともよばれるもので、「ナウボウ・アラタン・ナウタラヤアヤ……」と唱える。そのなかに「甘露《かんろ》の尊よ。甘露より生まれし尊」など、「アミリタ」すなわち「甘露」という語が十回出ることから「十甘露呪」ともいう。阿弥陀大呪に対して小呪といわれるのは「オン・アミリタ・テイゼイ・カラウン（おお、甘露威光の尊に帰依したてまつる）で、梵字で記される。

これらの呪《しゅ》（真言・陀羅尼）は天台宗でも使われ、平等院鳳凰堂《びょうどういんほうおうどう》の阿弥陀仏像の台座には阿弥陀大呪・小呪の梵字が記された。

阿弥陀仏の種字キリーク　種字は密教で仏や菩薩を梵字の１字で象徴するもの。阿弥陀仏の種字は石の供養塔や卒塔婆によく見られる。

❖日本の浄土教の歴史3 鎌倉・室町時代

◉重源の大仏再建と南無阿弥陀仏

世の人に末法を強く意識させたのは治承《じしょう》四年（一一八〇）、源平合戦の戦火によって鎮護国家の東大寺大仏殿が焼失したことだった。翌年、後白河《ごしらかわ》法皇は真言系念仏僧の俊乗《しゅんじょう》房重源《ぼうちょうげん》（一一二一～一二〇六年）を造東大寺大勧進職に任じた。重源は法皇の宣旨を奉じて一輪車六台を造って諸国に勧進の旅に出た。東大寺再建には周防《すおうの》国《くに》などの税があてられ、貴族や鎌倉幕府の寄進もあったが、広く民衆の結縁を募って二十二年の歳月をかけて再建された。

【南無阿弥陀仏作善集】

重源八十三歳の建仁《けんにん》三年（一二〇三）、東大寺再建が完成し、重源は生涯の事績を記して『南無阿弥陀仏作善集《なむあみだぶつさぜんしゅう》』をまとめた。「作善《ぜんごん》」は善根を積むことで、造寺・造塔などの仏事にかぎらず、窮民救済などを広く意味する。重源は阿弥陀像をつくり、各地に阿弥陀堂を建立した。「南無阿弥陀仏」は重源の号である。弟子にも「如《にょ》阿弥陀仏」等と一字をつけた法名《ほうみょう》を与えた。のちの時宗の法名や室町時代の阿弥衆（観阿弥《かんあみ》・世《ぜ》阿弥《あみ》など）の阿弥号《あみごう》の始まりという。

◉時処機相応と令法久住

建久《けんきゅう》九年（一一九八）、法然が『選択本願念仏集《せんちゃくほんがんねんぶつしゅう》』を撰述し、栄西（一一四一～一二一五年）が『興禅護国論《こうぜんごこくろん》』を著した。法然は浄土宗の開祖、栄西は禅宗を初めて日本に伝えた僧で、ともに鎌倉新仏教の先駆けになったが、その主張は対極的なものだった。法然は、今の人びとには阿弥陀仏を信じて念仏するほかに救いはないとする。そうした考え方を時処機相応《じしょきそうおう》という。時は末法の今、処は東海の辺土の日本、機は人びとの性格、それに相応《ふさわ》しい仏法は浄土の仏門だという。

栄西は『興禅護国論』に「正法《しょうぼう》を世に久《く》住《じゅう》せしむること」を説き、禅宗《ぜんしゅう》こそ護国の仏法であると主張した。また奈良西大寺の叡存《えいぞん》、鎌倉極楽寺の忍性《にんしょう》らが「令法久住《りょうぼうくじゅう》（仏法を永遠に存続せしめよ）」「興法利生《こうぼうりしょう》（仏法を再興して衆生に利益《りやく》せしめよ）」をかかげて旧仏教側の改革勢力となり、西大寺《さいだいじ》流《りゅう》の真言律宗《しんごんりつしゅう》が武士や民衆に広まった。

【解脱房貞慶の和光同塵】

元久《げんきゅう》二年（一二〇五）に専修念仏禁断を求める『興福寺奏状《こうふくじそうじょう》』を起草した興福寺の貞慶《じょうけい》（一一五五～一二一三年）も遁世して笠置寺《かさぎでら》に隠棲《いんせい》し、解脱《げだつ》上人とも笠置上人ともよばれていた。

その著『愚迷発心集《ぐめいほつしんしゅう》』は「敬《つつし》んで十方法界の一切の三宝、日本国中の大小の神祇《じんぎ》等に白《もう》して言《もう》さく」と述べ、「夫《そ》れ無始輪転《むしりんでん》より以降《このかた》、（中略）顛倒迷謬《てんどうめいみょう》して、未《いま》だ解脱の種を植えず。（中略）曠劫《こうごう》より以来《このかた》今日に至つて、惑業深重《わくごうじんじゅう》にして、既に十方恒《ごう》沙《しゃ》の仏国にも嫌はれ、罪障なほ厚くして、今また五濁乱漫《ごじょくらんまん》の辺土《へんど》に来れり」と末法の世を語る。そして、末法の我らでも「三宝の神祇」に頼って「道心」をおこすことができるという。「かの諸仏菩薩《しょぶつぼさつ》、五濁の我等を救はんがため、専ら大慈大悲の誓願に催されて、自ら法性《ほっしょう》の都（さとりの国の都《ど》）の中より出《い》で、忝《かたじけな》くも穢悪充満《えあくじゅうまん》のこの土（穢《けが》れたこの世）に雑《まじわ》る。（中略）和光同塵《わこうどうじん》の本願は、結縁《けちえん》の始めそれ何ぞ。（中略）

仰《あお》ぎ願はくは、三宝の神祇、愚意を哀愍《あいみん》して、道心を発《おこ》さん」と。

和光同塵とは、辺土の日本の人びとに仏の本来の光は強すぎるので、その光を和らげて塵と同じくし、日本の神々の姿をとって世の人を救うということ。仏の本願（衆生済度のもとものとの願い）は和光同塵にあるという。奈良・平安時代の神仏習合が深化した言葉で、中世には盛んにつかわれた。法然、親鸞、一遍《いっぺん》の新仏教も、こうした時代精神のなかで誕生した。

◉鎌倉新仏教の浄土門

浄土教の立場から仏教は難行の聖道門《しょうどうもん》と易行《いぎょう》の浄土門に分類される。聖道門は真言・天台・禅など厳しい修行をする自力修行の仏門、浄土門は他力（人間を超えた仏の力）によって誰でも救われる他力信心の仏門である。前述したように鎌倉新仏教の先駆けの法然は末法の今にふさわしい仏門として専修《せんじゅ》念仏の浄土宗を開いた。

【法然と浄土宗】

法然（一一三三〜一二一二年）は美作国《みまさかのくに》久米南条稲岡庄《くめなんじょういなおかのしょう》（岡山県久米南町《くめなんちょう》）の押《おう》領使《りょうし》（治安にあたる役人）だった在地武士の漆間時国《うるまのときくに》の子として生まれた。勢至丸《せいしまる》という。

九歳のとき、敵対していた源内武者定明《げんないむしゃさだあきら》に館を夜襲され、父は負傷して死亡。勢至丸は菩提寺《ぼだいじ》（岡山県奈義町《なぎちょう》）に預けられ、十三歳（または十五歳）のときに比叡山に入った。のち法然房源空《ほうねんぼうげんくう》と名乗る。

四十三歳の承安《じょうあん》五年（一一七五）春、中国の善導《ぜんどう》の著述『観無量寿経疏（観経疏《かんぎょうしょ》）』「散善義《さんぜんぎ》」の章の「たとえ乱れた心のままでも阿弥陀仏の名号をとなえれば、それは阿弥陀仏の本願にかなうゆえに正定の業（正しいおこない）である」という文に出会って救いを確信し、比叡山から京都東山の吉水《よしみず》（現在の浄土宗総本山知恩院《ちおんいん》の地）に移った。これを浄土宗の開宗とする。

元久二年（一二〇五）七十三歳、南都興福寺が後鳥羽《ごとば》上皇に法然の専修念仏禁断の訴状（興福寺奏状《こうふくじそうじょう》）をだし、翌年、弟子の安遵《あんじゅん》と住蓮《じゅうれん》二名が処刑された。

建永《けんえい》二年（承元《じょうげん》元年／一二〇七）七十五歳、専修念仏禁断。法然は四国へ流される（承元の法難、また建永の法難という）。

建暦《けんりゃく》元年（一二一一）七十九歳、帰洛を許され、東山大谷に住む。翌年、八十歳の正月から病重く、一月二十五日に没した。その二日前に法然は所信を一枚の紙に記して両手の手形をおした「一枚起請文」を弟子たちに遺《のこ》した。その全文をあげる。

［一枚起請文］

もろこし我が朝（中国・日本）に、もろもろの智者達のさた（沙汰）し申さるる観念の念（観相・瞑想の念仏）にも非《あら》ず、また学文をして念の心を悟りて申《もう》す念仏にも非ず、ただ往生極楽のためには南無阿弥陀仏と申て、疑《うたがい》なく往生するぞと思《おも》ひとりて申外《もうすほか》には別の子《し》さい（子細）候はず、但三心四修《ただしさんじんししゅ》（いろいろな信心や修行）と申事《もうすこと》の候は、皆決定《みなけつじょう》して南無阿弥陀仏にて往生するぞと思ふ内に籠《こも》り候也。此外《このほか》におくふかき（奥深き）事を存せは二尊（釈迦・阿弥陀）のあはれみにはつれ、本願にもれ候へし。念仏を信せん人はたとひ一代の法（釈迦如来の生涯の教え）を能々《よくよく》学すとも一文不知の愚《ぐ》どん（愚鈍）の身になして尼入道《あまにゅうどう》の無ちのともからに同して、ちしや（智者）のふるまいをせすして、只《ただ》一かう（ただ一向）に念仏すへし。

為証以両手印《しようのためりようしゆいんをもつてす》

浄土宗の安心起行《あんじんきぎよう》　此一紙《このいつし》に至極《しごく》せり

源空《げんくう》か所存《しよぞん》此外《このほか》に全く別義を存せすも滅後の邪義をふせかん為めに所存を記し畢《おわんぬ》

【親鸞と浄土真宗（真宗）】

親鸞（一一七三～一二六三年）は貴族の日野《ひの》有範《ありのり》の子として京都伏見《ふしみ》に生まれ、九歳のとき、比叡山の青蓮院《しようれんいん》で慈円《じえん》（のちの天台座主）を師に出家し、範宴《はんねん》と称した（のちに法然門下に入って綽空《しやくくう》・善信《ぜんしん》、越後流罪後に親鸞と名乗る）。

建仁元年（一二〇一）二十九歳、親鸞は比叡山を下り、東山の吉水《よしみず》で専修念仏を説いていた法然の門弟になった。

建永二年（承元元年／一二〇七）三十五歳、念仏禁断によって法然と弟子七名が流罪。親鸞は越後の国府（新潟県上越市《じようえつし》）に流された（承元の法難）。このとき僧籍は剝奪され、藤井《ふじい》善信《よしざね》という俗名を与えられたのを機に愚禿釈親鸞《ぐとくしやくしんらん》と自称。このことを親鸞は晩年の和讃に「無《む》戒名字《かいみようじ》の比丘《びく》なれど末法濁世《まつぼうじよくせ》の世となりて舎利《しやり》弗目連《ほつもくれん》にひとしくて供養恭敬《くようくぎよう》をすすめしむ」（『正像《しようぞう》末和《まつわ》讃《さん》』）とうたう。

建暦元年（一二一一）三十九歳、流罪赦免。翌年正月には法然が寂。親鸞は信濃の善光寺に入った。

建保《けんぽう》二年（一二一四）四十二歳、関東に下る。関東で親鸞が暮らしたという草庵跡は茨城県・栃木県を中心に点々と散在している。そのなかで拠点となったのが常陸稲田の草庵（茨城県笠間市《かさまし》・西念寺《さいねんじ》）だった。

親鸞は関東で多くの信徒を得て、のちの真宗諸派の基がつくられた。

元仁《げんにん》元年（一二二四）五十二歳、親鸞は稲田草庵で主著『教行信証《きょうぎょうしんしょう》』の草稿を書き始めたと伝え、この年が立教開宗とされる。『教行信証』は詳しくは『顕浄土真実《けんじょうどしんじつ》教行証文類《きょうぎょうしょうもんるい》』といい「教」「行」「信」「証」「真仏土《しんぶつど》」「方便化身土《ほうべんけしんど》」の六巻に分けて諸経典や論書から浄土往生のための文類を集め、考察した書物である。その「行」巻に親鸞自作の偈文「正信念仏偈」(↓225ページ)がある。

嘉禎《かてい》元年（一二三五）六十三歳のころ、親鸞は関東から京都に戻り、本格的に執筆活動に入る。京都での晩年の親鸞は、自然《じねん》法爾《ほうに》といわれる絶対他力の念仏の生活を送った。関東の門弟・門徒には手紙を送って信仰を指導した。

弘長《こうちょう》二年（一二六三）十一月、九十歳で没。荼毘《だび》にふされ、遺骨は覚信尼の夫の小《お》野宮禅念《ののみやぜんねん》所有の土地に廟堂《びょうどう》を建てて納められた。覚信尼は廟堂の管理は自分の子孫があたる約定を関東の門弟と交わす。これが本願寺《ほんがんじ》の基になった。

親鸞の寂後、関東の門弟の唯円《ゆいえん》が親鸞の言行録をまとめて『歎異抄《たんにしょう》』を著した。その第三章に「悪人正機《あくにんしょうき》」が以下のように説かれている。

善人なほもって往生をとぐ、いはんや悪人をや。しかるを世のひと（人）つねにいはく、悪人なほ往生す、いかにいはんや善人をや。この条、一旦そのいはれあるに似たれども、本願他力の意趣《いしゅ》にそむけり。そのゆゑは、自力作善《じりきさぜん》のひとは、ひとへに他力をたのむこころかけたるあひだ、弥陀の本願にあらず。

その後、室町時代の蓮如《れんにょ》が奥書きを新たに付け加えて、『歎異抄』は「当流大事の聖教《しょうぎょう》」であるが、「無宿善《むしゅくぜん》の機においては、左右なく、これを許すべからざるものなり（他力念仏がわからない人にむやみに見せてはならない）」と記している。

その後、『歎異抄』は目立つことなく伝えられた。広く知られるようになったのは明治時代の清沢満之《きよざわまんし》・暁烏敏《あけがらすはや》らによる再発見以後である。

【一遍と時宗】

一遍（一二三九～一二八九年）は伊予《いよ》松《まつ》山《やま》（松山市）の武士で在地豪族の河野《こうの》氏に生まれた。十歳で母と死別。天台宗継教寺で出家し、随縁《ずいえん》の僧名を与えられる。建長《けんちょう》四年（一二五二）十四歳、九州にいた浄土宗の聖達《しょうたつ》（法然の孫弟子）の門に入る。以後、智真《ちしん》と名乗る。

弘長三年（一二六三）二十五歳、父が死亡。還俗《げんぞく》して伊予に戻って家督をつぎ、妻をめとるが、三十三歳のとき、所領をめぐる親族の争いがきっかけで再出家し、信濃善光寺に参籠《さんろう》し、二河白道（↓155ページ）の絵図をもちかえる。

文永《ぶんえい》十一年（一二七四）三十六歳の二月、妻と娘、侍女の三人をつれて四天王寺に参籠。人びとに「南無阿弥陀仏」の名号を記した念仏札を配る。それを算《さん》（札）を賦《くば》るという意味で賦算《ふさん》という。

それから一遍は妻子らを伊予に戻し、紀伊半島の高野山・熊野に向かった。一遍の賦算の旅の始まりである。ところが、高野山から熊野に行く道で、札を受け取ろうとしない僧がいた。しかし、熊野大社本宮《ほんぐう》に参籠して祈禱《きとう》していたとき、熊野権現が山伏の姿で現れて告げたという。「阿弥陀仏が十劫の過去に本願を成就したことで衆生の往生は決定しているのだから、信不信をえらばず、浄不浄をきらわず、その札をくばるべし」という神勅《しんちょく》である。そして「南無阿弥陀仏　決定往生《けつじょう》　六十万人」と刷った紙の札をくばる旅に改めて出立した。このことをもって時宗の開宗とする。一遍の廻国《かいこく》の遊行は九州から東北の各地におよぶ。その遊行の途上で踊念仏《おどりねんぶつ》を始める。

弘安《こうあん》九年（一二八六）四十八歳、一遍は大和の当麻寺《たいまでら》に詣《もう》で、弟子たちに念仏の心得を説く「誓願偈文《せいがんげもん》」を著す。その偈文に「我が弟子等、願はくは今身《こんしん》より未来際《みらいさい》を尽《つく》すまで身命《しんみょう》を惜しまず、本願に帰入《きにゅう》し、畢命《ひつみょう》を期《ご》として一向に称名し、善悪を説かず、善悪を行ぜず」という。

正応《しょうおう》二年（一二八九）五十一歳、摂津の兵庫津《ひょうごのつ》の観音堂で一遍は没した。

一遍は著述を残さなかったが、没後十年の正安《しょうあん》元年（一二九九）、弟子によって伝記絵巻『一遍上人絵伝』がつくられた。

一遍の廻国は各地で熱狂的な民衆に迎えられたが、一遍は一寺も建立しなかった。教団として組織されるのは弟子の代である。総本山清浄光寺《しょうじょうこうじ》（遊行寺／神奈川県藤沢市《ふじさわし》）は四世呑海《どんかい》（一二六五～一三二七年）がひらいた寺である。

◉蓮如と一向一揆

本願寺は親鸞の廟所にはじまり、子孫によって京都東山の大谷で代々受けつがれてきたが、比叡山の青蓮院に属する貧しい寺院だった。大教団に発展させたのは戦国の世になったころの蓮如《れんにょ》（一四一五～

一四九九年）だった。

康正《こうしょう》三年（一四五七）、父の跡をついで本願寺第八世となった蓮如は近江の村々をめぐって名号の掛け軸を本尊として与える方法で活発に布教を開始。それにたいして比叡山は、本願寺は古来の仏神をないがしろにしていると非難。寛正六年（一四六五）、大谷本願寺をおそって堂舎を破却した。蓮如は金森《かなもり》（滋賀県守山市《もりやまし》）の念仏道場に移ったが、そこにも比叡山の攻撃がおよんだため、門徒らは道場にたてこもって抵抗した。最初の一向一揆《いっき》とされるできごとである。

蓮如は争いを避けるために北陸方面に転出し、文明《ぶんめい》三年（一四七一）越前吉崎《よしざきご》（福井県あわら市）に吉崎御坊《ぼう》をたてた。ここで蓮如は「御文《おふみ》（御文章《ごぶんしょう》）」とよばれる手紙文体の法語を門徒に与えたほか、仏前で読誦する親鸞の「正信念仏偈」や「和讃」を出版し、勤行の形をととのえた。

吉崎御坊は入り江の小高い山にあり、多屋《たや》（他屋）とよばれる宿坊が建ち並んで寺内町《じないちょう》を形成した。それが諸勢力の警戒心を強めたため、蓮如は門徒の行動をいましめ、文明六年正月十一日の「御文」で「一《ひとつ》、諸法・諸宗ともにこれを誹謗《ひぼう》すべからず」「一、諸神・諸仏・菩薩をかろしむべからず」などの三か条を布告した。この三か条にそむく者は吉崎への立ち入りを禁じ、破門にするという。また、文明七年十一月二十一日の「御文」では「王法（世俗の決まり）をもって先とし、内心にはふかく本願他力の信心を本《もと》とすべき」とした。

同年八月には蓮如は吉崎を退去して畿内にもどり、文明十年に山科《やましな》本願寺（京都市山科区）の造営を開始。そこも広大・堅固な守りを堅めて寺内町を形成した。延徳《えんとく》元年（一四八九）蓮如は七十五歳で子の実如《じつにょ》に本願寺の住持職をゆずって摂津石山《せっついしやま》（大阪城の地）の坊舎に引退し、明応《めいおう》八年（一四九九）に没した。

その後、一向一揆は蓮如の制止にもかかわらず、各地の地侍《じざむらい》（在地武士）や土豪をまきこんで戦いをおこすようになった。一揆とは同志集団のことで、門徒を中心とした集団を一向一揆という。

◉石山本願寺の戦争

本願寺は「御開山聖人」とよばれる親鸞の御影（肖像）を奉安する寺である。山科本願寺にあった御影が石山坊舎にうつされたのは天文《てんぶん》二年（一五三三）、十世証如《しょうにょ》のときだった。以後、石山本願寺は大坂城ともよばれる城塞《じょうさい》となり、十一世顕如《けんにょ》が織田《おだ》信長《のぶなが》と戦った石山合戦で和睦《わぼく》して鷺森《さぎのもり》（和歌山市）に御影を奉じて移転するまで、各地の一向一揆の中心になった。

いわゆる石山合戦は石山本願寺だけでなく、教如が諸国の門徒に決起を命じ、元亀《げんき》元年（一五七〇）に伊勢長島、近江金森《かながもり》、越前などの一向一揆が蜂起。それらの一揆の主戦場が石山本願寺であったことから、この戦いの全体を石山戦争ともいう。

【東西本願寺の分立】

本願寺は天正《てんしょう》十九年（一五九一）に豊臣《とよとみ》秀吉《ひでよし》が京都堀川《ほりかわ》に寺地を寄進したことによって再興された。その本願寺を継いだのは教如の三男准如《じゅんにょ》だった。いっぽう、関ケ原の合戦後の慶長《けいちょう》七年（一六〇二）、徳川《とくがわ》家康《いえやす》が顕如の長男教如《きょうにょ》に京都烏丸《からすま》に寺地を与え、もうひとつの本願寺、すなわち東本願寺をつくった。それにより、本願寺教団は西本願寺（本願寺派）と東本願寺（大谷派）が並立して現在にいたる。

◉徳川家康の黒本尊

戦国の武士たちは戦《いくさ》に出るとき、鎧《よろい》の下に経文を書きこんだ経帷子《きょうかたびら》を着込んだ。びっしりと経文を書き込んだ死装束《しにしょうぞく》であるが、槍《やり》や矢が当たらないことを祈るものでもあった。

軍陣守《ぐんじんまもり》とよばれる小仏像もある。「厭離《おんり》穢土《えど》　欣求浄土《ごんぐじょうど》」を旗印にかかげた徳川家康は高さ約八十センチの阿弥陀仏立像を守り本尊とし、櫃《ひつ》に入れて軍陣にも運んだ。色が黒いので「黒本尊《くろほんぞん》」という。

伝によれば、この仏像は、平安時代の終わり頃には源氏の守り本尊になっていた。義経《よしつね》が兄の頼朝《よりとも》に追われて奥州に逃れる途上、阿弥陀像が無惨に敵に奪われることを恐れて三河の国で土地の人に預けた。

その四百年後、三河の領主の徳川家康が一向一揆に苦しんだとき、その仏像が安置されていた寺に参籠をして和合を祈願したところ、無血で一揆が収まった。家康はその仏像を譲り受けて守り本尊とした。以来、数々の危難を救ったということである。

黒本尊は江戸時代に徳川将軍家の菩提所となった増上寺《ぞうじょうじ》（東京都港区《みなとく》）の安国殿《あんこくでん》に安置されている。

❖日本の浄土教の歴史4　江戸時代以後

◉本末制度・檀家制度の確立

【本末制度】

室町・戦国時代まで辻《つじ》の村堂《そんどう》（集落ごとの仏堂）には宗派を問わず旅の僧が滞在して葬儀をおこなうなど、「宗」の形は不明確だったのだが、江戸幕府は各宗の「本山」と思われる寺ごとに法度《はっと》（通達）をだす形で本山を定め、末寺を組織させ、いわゆる本末《ほんまつ》制度をととのえた。

寛文《かんぶん》五年（一六六五）には「諸宗寺院法度」を発布。元禄《げんろく》五年（一六九二）には新寺建立を強く禁じる。それによって各宗の寺院数・僧侶《そうりょ》数はほぼ固定され、本末制度が確立した。

【檀家制度】

本山—末寺の本末制度とともに幕府の寺院統制の柱になったのが寺請《てらうけ》制度だった。それはキリシタン禁制を契機として、檀家がキリシタンではないことを寺が証明する一種の戸籍制度である。これによって人民は皆、どこかの寺に檀家として所属することになった。これを檀家制度とも寺檀《じだん》制度ともいう。

この本末制度・檀家制度によって多数の末寺・門徒をもつ東西本願寺が大寺院になった。また、徳川家の宗旨となった天台宗・浄土宗が権威を高めて発展した。

【江戸時代の信教の自由】

本末制度・檀家制度が確立した元禄のころ、神君家康公が定めたという『宗門檀那《しゅうもんだんな》請合之掟《うけあいのおきて》』が寺々に置かれた。それに葬儀・法事は菩提寺の僧によることと厳しく定められている。奉公先や旅先で死んだときも菩提寺と同じ宗の僧によって葬儀をするので、誰かが死んでから「何宗だ？」ということが問題になるようになった。

そうした檀家の義務さえ怠らなければ、どこの寺社に詣でようと、どんな信心をしようと自由だった。『宗門檀那請合之掟』では、他宗の寺や僧にかかわることを禁じた日蓮宗不受不施《ふじゅふせ》派《は》がキリシタンとともに禁圧されている。

◉御本山詣でと霊場めぐり

江戸時代には各宗で開祖の絵伝をつくり、信徒に絵解きで教えるようになった。「御本山」をはじめ、宗祖ゆかりの寺々への参詣も盛んになった。

また、出羽三山、大山、御嶽山、大峰・熊野など、修験《しゆげん》の山岳霊場が各地にうまれ、霊場ごとの講によって登山がおこなわれるようになった。富士山も山頂に阿弥陀仏が来迎するという山岳霊場である。左図は地獄・極楽めぐりの霊場として知られた越中富山の立山の参詣曼荼羅である。

◉明治以降の仏教と寺々

江戸時代までの寺社は神仏一体だったが、明治維新による神仏分離によって大きな変革をせまられた。また、西洋のキリスト教神学や哲学を導入して教義の刷新がはかられたほか、宗門学校（のちの宗立大学）を中心とする教育の普及、社会福祉事業の実施などが盛んになった。

いっぽう、檀家制度は先祖の鎮魂と供養を基盤として根づいており、ほぼ江戸時代のまま継続して、ゆらぐことはなかった。

本山の権威にも根強いものがある。京都駅近くに巨大な伽藍《がらん》をもつ東西本願寺、京都市街を見下ろす東山に壮大な三門（山門）をかまえる浄土宗総本山知恩院などはその象徴である。

むしろ、大きな社会変動がおこっている今、伝統仏教の寺々に檀家の減少、葬儀・法事などの供養の仏事に価値を見いだせないなどの危機的な状況が生じている。

立山曼荼羅　立山の登山者に御師（先導者）が霊場の絵解きをした図画で、左半分は地獄・餓鬼・畜生など、いわゆる悪道の世界。針の山、閻魔大王、血の池など、もっぱら地獄が描かれている。左端下から中央上部の山にかけては霊場の始まりを語る立山開山縁起。中央下は布橋灌頂会（→158ページ）で、閻魔堂から姥堂（浄土堂）に渡る。

右端下は三途の川。そこから上へ登山者が死出の旅路に出発する。美女杉、鏡石、姥石、餓鬼の田んぼ（精霊田）、地獄谷、称名の滝などの伝説の場所が実際にあり、一部は今も残っている。その頂上には来迎の阿弥陀仏が諸菩薩とともに極楽に迎えに来ている。（吉祥坊本／立山博物館蔵）

――おわりに　極楽浄土を信じられるか――

本書では浄土三部経に説かれていることに関連して「日本の浄土教と文化」というコーナーをもうけました。日本の古典文学は極楽浄土への思いに彩られています。『方丈記』で「ゆく河の流れは絶えずして、しかも、もとの水にあらず」と無常を詠じるのも、生死流転《しょうじるてん》の向こうにあるという永遠の世界を思うためでした。諸行無常《しょぎょうむじょう》、盛者必衰《じょうしゃひっすい》の理《ことわり》を語る『平家物語』も、むすびの「灌頂巻《かんじょうのまき》」は「韋提希夫人《いだいけぶにん》の如くに、みな往生の素懐《そがい》をとげけるとぞきこえし」という言葉で終わります。「亡んだ平家の一門は皆、日頃から願っていた極楽往生を遂げたと聞いている」ということです。韋提希夫人は、本書の読者には言うまでもなく、釈迦《しゃか》如来から観無量寿経を説かれた悲劇の王妃です。

今のお寺でも、きらきら輝く天蓋《てんがい》や幢幡《どうばん》で飾られた内陣《ないじん》に金色《こんじき》の阿弥陀《あみだ》像が坐《ざ》して極楽浄土を表している仏堂が多く見られます。極楽より地獄話のほうがおもしろいという方もおられますが、日本の古典文学や建築・絵画・芸能などを見れば、地獄より極楽が圧倒的に多く語られています。

ところが、なぜそれほどに極楽往生が願われたのかが今ではわからなくなってきました。誰もがいつか死ぬことは昔も今も変わらぬことですが、来し方・行く末の「行く末」のほうは考えにくくなり、もっぱら「来し方」をふりかえって「いい人生だったと満足して死にたい」というふうになりました。

親やきょうだいが死にゆくときにも、「幸せな人生だったよね」「きっと病気は治るよ」と、心を現世に引き戻すような元気づけをしたりします。

一九六〇年代からの大きな社会変動以前には、そういう慰めだけではありません。臨終のときには家族・親族が集まって死に水をとりました。それは「末期《まつご》の水」ともいわれる別れの作法で、水を含ませた綿を臨終の人の唇につけて看取《みと》りをしたのです。臨終に立ち会うことは親族の重い義務で、どんな事情があろうと親の死に目に会えないなどということは大きな不孝として強く戒められました。

その看取りのときには、先に逝った祖父母やきょうだい、あるいは亡くなった子の名をあげて、「向こうでみんな待っているよ」と言ったりし、死にゆく人の心を来世に向けたものでした。

はたして来世というものがあるのかどうか。それはわかりません。けれども、「向こうに行けば安らかだよ」「もう苦労しなくていいよ」と、来世のことを語りかけたのです。阿弥陀仏像の手から糸を引いて臨終の人の手に結びつけて看取る臨終行儀という形もありました。

そうした看取りが生きていた頃には、来世の極楽往生を願うのが当然です。それが古典文学や阿弥陀堂などに見られる濃密な浄土教文化を生み出したのでした。

また、生死は流転し、人生は一度きりではないという感覚がありました。そして、この世のことはとにもかくにも、来世を大事に思って生きていくというのが一般の常識にもなり、それを「後生大事《ごしょうだいじ》」と言いました。

そんな言葉が死語に近くなった今は、極楽浄土を信じることも難しくなりました。看取りの文化も、伝統の葬儀や盆・彼岸などの習俗に込められていた死の文化も薄くなり、浄土は消滅してしまったかのようです。しかし、心の底には欣求浄土《ごんぐじょうど》（浄土を欣《ねが》い求めよ）の思いがあります。たとえ霊魂や来世があるとは信じられなくても、逝った人が「天国で安らか」であることを祈らずにはいられません。「天国」はキリスト教の言葉ですが、クリスチャンでなくても「どこか明るく幸せなところに行ってほしい」という気持ちが「天国」という言葉になるのでしょう。

それは自然な気持ちですから、極楽浄土の由来を説く無量寿経でも「上天《じょうてん》（天界に生まれること）」という言葉があります。たとえ極楽に生まれても、長い間、蓮華《れんげ》の蕾《つぼみ》の中で過ごして外に出られないといった言葉もあります。その人は阿弥陀仏の本願の力を信じることができず、心に疑惑をもっていたからです。

だから、極楽浄土を心から信じるということでなくてもいいし、たとえ満足できない人生を送って罪深く不幸な死を迎えることになったとしても、仏は赦《ゆる》しを与えるでしょう。今は「一度きり」の現世のみに価値が求められるいっぽう、生き方は複雑で難しくなり、孤独な死が多くなりました。このような現在、どんな人でも安心していいという赦しがあるところにこそ浄土三部経の大きな意味があるといえます。

この三つの経典に順序はありません。四十八願が説かれていることから教義の面で重視される無量寿経を最初に掲載するのが通例ですが、そうすると、極楽浄土を理屈で理解しようとする傾向が生じて、釈然としない思いにとらわれがちです。たとえば、法蔵菩薩《ほうぞうぼさつ》は五劫《ごこう》も思惟《しゆい》して四十八願を立て、十劫の過去に成就したということに対して、「法蔵菩薩は一人の国王だったそうですが、人間がそんなに長生きできたのですか？　十劫もの昔から人類がいたのですか？」という質問が来たことがあります。

西方十万億の仏土についても、仏土を現代の宇宙物理学でいう銀河にたとえて無数にあると説明している仏教入門書がよくあります。では、その仏土ごとにいるという仏は、どう考えられるのでしょうか。

なんとか科学的に説明したいということなのでしょうが、仏の世界のことは自然科学とは別の次元にありますから、自然科学の言葉で理解することはできません。安易に科学用語を用いると、科学的な響きのあるカタカナ語を多用するカルトの狂信を招き寄せる危険性もあります。

そもそも経典は、通常の論理を超えたところにあります。そこで本書では阿弥陀経、観無量寿経、無量寿経の順に掲載しました。

阿弥陀経は「お経」として読誦《どくじゅ》される経典で、写経にも用いられます。読経や写経は教義を理解していなければならないということではありません。

次に観無量寿経は阿弥陀三尊の仏像や阿弥陀堂、浄土庭園、浄土曼荼羅《まんだら》などのもとになった経典で、説かれていることが目に見えるものに表されています。

無量寿経は上巻で法蔵菩薩の四十八願が説かれ、下巻では大乗仏教の菩薩のありかたが具体的に項目をあげて説かれています。衆生済度の菩薩の道を示す巻なので、本書ではそれを第四部とし、全体のむすびとしました。

なお、本書は既刊の『阿弥陀仏と極楽浄土の物語　全訳・浄土三部経』（勉誠出版二〇一三）に手を入れ、新たに小事典を加えたものです。

角川ソフィア文庫では本年三月刊の『全品現代語訳　法華経』と合わせて日本の仏教と文化の基本経典である法華経と浄土三部経がそろうことになります。文庫版にて改訂の機会を与えてくださったＫＡＤＯＫＡＷＡ文芸局の大林哲也編集長、装丁の芦澤泰偉氏ほか、お世話になった多くの方々に改めて感謝いたします。

二〇一八年　秋　　　　大角　修

◉参考・引用文献

［浄土三部経］
中村元・紀野一義・早島鏡正著『浄土三部経』（上下）岩波文庫1990／浄土宗総合研究所編『浄土三部経　現代語訳』浄土宗出版室2011／浄土真宗教学研究所浄土真宗聖典編纂委員会編『浄土三部経』本願寺出版社1996
［法然・親鸞・一遍］
法然『選択本願念仏集』「一枚起請文」（大橋俊雄注釈『法然・一遍』「日本思想大系」10）岩波書店1972／『念仏往生要義抄四』（国立国会図書館デジタルコレクション『黒谷上人語燈録巻第二』）
親鸞『教行信証』「和讃」／唯円『歎異抄』／蓮如「御文（御文章）」（以上は（教学伝道研究センター編『浄土真宗聖典第二版』）本願寺出版社
一遍「誓願偈文」「道具秘釈」（前掲『法然・一遍』）
［歌集］
『拾遺和歌集』（奥村恒哉校注『八代集』2）平凡社・東洋文庫1986／『新古今和歌集』（峯村文人校註・訳「新編日本古典文学全集」43）小学館1995／『玉葉和歌集抄』（菅野禮行ほか校注・訳「新編日本古典文学全集」49）小学館2000／西行『山家集』（後藤重郎校注「新潮日本古典集成・新装版」）新潮社2015／斎藤茂吉『赤光』岩波文庫1953
［その他］
「法隆寺金堂釈迦三尊像光背銘」（石田尚豊編『聖徳太子事典』柏書房1997）／『続日本紀』三（青木和夫ほか校注「新日本古典文学大系」14）岩波書店1992／景戒『日本霊異記』（出雲路修校註「新日

本古典文学大系」30）岩波書店１９９６／空海『性霊集』（「弘法大師空海全集」6）筑摩書房１９８４／『当麻曼荼羅縁起　稚児観音縁起』（小松茂美編「日本絵巻大成」24）中央公論社１９７９／藤原道綱母『蜻蛉日記』（木村正中ほか校注・訳「新編日本古典文学全集」13）小学館１９９５／慶滋保胤『池亭記』（大曽根章介ほか校注『本朝文粋』「新日本古典文学大系」27）岩波書店１９９２／慶滋保胤『日本往生極楽記』（大曽根章介ほか校注『往生伝・法華験記』「日本思想大系」7）岩波書店１９７４／三善為康『拾遺往生伝』（前掲『往生伝・法華験記』）／源信『往生要集』（石田瑞麿訳注『源信』「日本思想大系」6）岩波書店１９７０／源信「二十五三昧会定起請」「二十五三昧式」「二十五三昧会過去帳」（叡山学院「恵心僧都全集（復刻版）」全五巻）思文閣１９８４／源信『本覚讃釈』（多田厚隆ほか校註『天台本覚論』「日本思想大系」9）岩波書店１９７１／紫式部『源氏物語』「柏木」「鈴虫」（阿部秋生校注・訳「新編日本古典文学全集」23）小学館１９９６／『栄花物語』３巻（山中裕ほか校注・訳「新編日本古典文学全集」33）小学館１９９８／覚鑁『五輪九字明秘密釈』（中野達慧編『興教大師全集』全二冊）世相軒１９３５／皇円『扶桑略記』（黒板勝美編『扶桑略記　帝王編年記』「新訂増補國史大系」12）吉川弘文館１９９９／『末法燈明記』（村中祐生編『天台宗教聖典Ⅲ』）山喜房佛書林２００３／貞慶『愚迷発心集』（高瀬承厳校注岩波文庫１９８６／後白河法皇『梁塵秘抄』（佐佐木信綱校訂・新版）岩波文庫１９４１／九条兼実『玉葉』（高橋貞一『訓読玉葉』全八巻）高科書店１９８８・90／平康頼『宝物集』（小泉弘ほか校註「新日本古典文学大系」40）岩波書店１９９３／鴨長明『方丈記』（簗瀬一雄訳注）角川ソフィア文庫１９６７／『平家物語』（市古貞次校注・訳「新編日本古典文学全集」45・46）小学館１９９４／『宗門檀那請合之掟』（石井良助校訂『徳川禁令考』前集五）創文社１９５９／近松門左衛門『曾根崎心中』（鳥越文蔵ほか校注・訳『近松門左衛門集②』「新編日本古典文学全集」75）小学館１９９８／仰誓『妙好人伝』（柏原祐泉ほか校注『近世仏教の思想』「日本思想大系」57）岩波書店１９７３

な

は

た

さ

索引

各語句について説明のあるページ、または主に登場するページを示す。

本書は、二〇一三年七月に勉誠出版株式会社から発行された『阿弥陀仏と極楽浄土の物語［全訳］浄土三部経』を大幅に加筆修正し、改題のうえ文庫化したものです。

全文現代《ぜんぶんげんだい》語訳《ごやく》　浄《じょう》土《ど》三《さん》部《ぶ》経《きょう》

大角《おおかど》修《おさむ》＝訳・解説

平成30年 10月25日　初版発行
令和６年 10月10日　16版発行

発行者●山下直久

発行●株式会社KADOKAWA
〒102-8177　東京都千代田区富士見2-13-3
電話　0570-002-301（ナビダイヤル）

角川文庫 21250

印刷所●株式会社KADOKAWA
製本所●株式会社KADOKAWA

表紙画●和田三造

●お問い合わせ
https://www.kadokawa.co.jp/（「お問い合わせ」へお進みください）
※内容によっては、お答えできない場合があります。
※サポートは日本国内のみとさせていただきます。
※Japanese text only

ISBN 978-4-04-400420-0　C0115

◆◇◇

角川文庫発刊に際して

角　川　源　義

第二次世界大戦の敗北は、軍事力の敗北であった以上に、私たちの若い文化力の敗退であった。私たちの文化が戦争に対して如何に無力であり、単なるあだ花に過ぎなかったかを、私たちは身を以て体験し痛感した。西洋近代文化の摂取にとって、明治以後八十年の歳月は決して短かすぎたとは言えない。にもかかわらず、近代文化の伝統を確立し、自由な批判と柔軟な良識に富む文化層として自らを形成することに私たちは失敗して来た。そしてこれは、各層への文化の普及滲透を任務とする出版人の責任でもあった。

一九四五年以来、私たちは再び振出しに戻り、第一歩から踏み出すことを余儀なくされた。これは大きな不幸ではあるが、反面、これまでの混沌・未熟・歪曲の中にあった我が国の文化に秩序と確たる基礎を齎らすためには絶好の機会でもある。角川書店は、このような祖国の文化的危機にあたり、微力をも顧みず再建の礎石たるべき抱負と決意とをもって出発したが、ここに創立以来の念願を果すべく角川文庫を発刊する。これまで刊行されたあらゆる全集叢書文庫類の長所と短所とを検討し、古今東西の不朽の典籍を、良心的編集のもとに、廉価に、そして書架にふさわしい美本として、多くのひとびとに提供しようとする。しかし私たちは徒らに百科全書的な知識のジレッタントを作ることを目的とせず、あくまで祖国の文化に秩序と再建への道を示し、この文庫を角川書店の栄ある事業として、今後永久に継続発展せしめ、学芸と教養との殿堂として大成せんことを期したい。多くの読書子の愛情ある忠言と支持とによって、この希望と抱負とを完遂せしめられんことを願う。

一九四九年五月三日